低碳背景下供应链碳减排决策及协调研究

曹细玉　著

东北师范大学出版社
·长　春·

图书在版编目（CIP）数据

低碳背景下供应链碳减排决策及协调研究/曹细玉著. —长春：东北师范大学出版社，2024.6. — ISBN 978-7-5771-1503-0

Ⅰ.F252.1

中国国家版本馆 CIP 数据核字第 202482ZH25 号

□责任编辑：曲　喆　　□封面设计：寒　露
□责任校对：何家会　　□责任印制：许　冰

东北师范大学出版社出版发行
长春净月经济开发区金宝街 118 号（邮政编码：130117）
电话：0431—84568017
网址：http：//www.nenup.com
东北师范大学音像出版社制版
河北万卷印刷有限公司印装
河北省石家庄市栾城区裕翔街未来科技城
165 号 1 区 8 号楼 B 座一层
2024 年 6 月第 1 版　　2024 年 10 月第 1 次印刷
幅面尺寸：170 mm×240 mm　印张：13.25　字数：237 千

定价：78.00 元

前　言

　　自 20 世纪 80 年代以来,全球气候开始变暖,世界各国和国际组织开始寻求共同合作以应对全球气候变暖问题,联合国于 1990 年启动政府间气候谈判,1992 年《联合国气候变化框架公约》获得通过,并提出了国际合作应对气候变化的基本原则;1997 年《〈联合国气候变化框架公约〉京都议定书》获得通过,对缔约国温室气体减排总量、减排多种温室气体和履约机制做出规定;2015 年《巴黎协定》获得通过,对 2020 年后应对气候变化国际机制做出安排。在《巴黎协定》框架下,碳减排成为全球共识,全球气候治理新格局逐步形成,越来越多的国家正在将其转化为国家战略,提出无碳未来的愿景。面对全球范围内开展气候行动的趋势,我国积极推动应对气候变化的措施,主动承担起大国责任,为实现人类社会的健康发展做出努力。习近平在第七十五届联合国大会一般性辩论上提出"二氧化碳排放力争于 2030 年前达到峰值,努力争取 2060 年前实现碳中和",指明我国面对气候变化问题要实现的"双碳"目标。

　　然而,如何降低碳排放实现经济的可持续发展,是各国政府共同面临的问题。目前,学术界认为解决碳减排问题主要存在以下两种机制:一是行政控制机制,即采用行政手段强行控制碳排放的限额配置;二是贸易机制,即基于市场的碳排放交易机制以及碳税政策。国际上,碳排放配额分配方式主要有免费分配、拍卖分配和混合分配,碳排放权的分配是开展碳排放权交易的前提和基础,因此,选择何种碳排放分配方法及给予多大的碳排放配额将直接影响碳排放交易的效率和碳减排效果。澳大利亚、日本、美国、欧盟等先后建立了碳排放权交易所;中国从 2013 年在 7 个城市先后对碳排放权交易进行试点,2017 年 12 月全国碳排放交易正式启动。1990 年芬兰首先开征碳税,随后丹麦、瑞典、荷兰也加入征收碳税国家行列。

　　在低碳背景下,企业为碳排放的主体,需要加大碳减排力度,并根据碳排放约束对自身生产运作进行优化。进入 21 世纪后,供应链管理成为企业适应新的竞争环境的一种有效途径,未来的竞争将是供应链与供应链之间的竞争。在碳排放约束下,企业的碳减排决策与供应链上下游企业的碳减排决策息息相关,但是只关注单个企业,而不能有效地解决碳排放约束下供应链上下游企业的协作问题,则不能从根本上推进碳减排工作,因此,从供应链的视角进行研究才能实现整体减少碳排放的最终目标。

碳排放政策的出台和实施给供应链的运作增加了约束条件并产生了新的碳排放成本,进而对供应链系统产生了巨大的影响。针对供应链的碳减排,考虑不同碳排放机制,综合供应链管理优化策略及协调方法,本书对碳排放约束机制下的供应链碳减排决策优化及协调进行了一系列研究。本书可作为管理科学与工程、工商管理、供应链管理、物流管理、电子商务等相关专业本科生、研究生的课外学习参考。

本书的撰写和顺利出版得益于广东省自然科学基金(2014A030313644)、广东省教育厅科研项目(2019WTSCX139)、广东省教育厅质量工程项目(SZYD201401)等的资助。

曹细玉

2024 年 3 月

目 录

第一部分 研究概述篇

第1章 低碳供应链碳减排决策优化概述 ·················· 3
    1.1 研究背景 ·· 3
    1.2 问题的提出 ·· 5

第二部分 供应链碳减排决策与协调篇

第2章 碳减排补贴与碳税下的供应链碳减排决策与协调 ·············· 9
    2.1 问题描述与相关假设 ·· 10
    2.2 模型的构建与分析 ··· 11
    2.3 模型的优化分析 ·· 12
    2.4 算例分析与数值计算 ·· 14
    2.5 本章小结 ·· 15

第3章 政府不同补贴模式下的供应链碳减排决策与协调 ·············· 17
    3.1 问题描述与相关假设 ·· 18
    3.2 模型的构建与分析 ··· 19
    3.3 模型的优化分析 ·· 21
    3.4 算例分析与数值计算 ·· 23
    3.5 本章小结 ·· 26

第三部分 企业社会责任与供应链碳减排决策篇

第4章 碳交易及企业社会责任情景下的供应链碳减排决策 ·············· 29
    4.1 问题描述与相关假设 ·· 30
    4.2 模型的构建与分析 ··· 31
    4.3 供应链协调 ·· 36

4.4 数值仿真分析 ……………………………………………………… 37
　　4.5 本章小结 …………………………………………………………… 45
第5章 碳交易下考虑制造商企业社会责任的供应链碳减排决策 ……… 47
　　5.1 问题描述与相关假设 ……………………………………………… 48
　　5.2 模型的构建与分析 ………………………………………………… 49
　　5.3 供应链协调 ………………………………………………………… 54
　　5.4 数值仿真分析 ……………………………………………………… 56
　　5.5 本章小结 …………………………………………………………… 67

第四部分　双渠道供应链碳减排决策与协调篇

第6章 碳限额及交易下零售商低碳宣传的双渠道供应链决策与协调 …… 71
　　6.1 问题描述与相关假设 ……………………………………………… 72
　　6.2 模型的构建与分析 ………………………………………………… 73
　　6.3 数值计算与分析 …………………………………………………… 78
　　6.4 本章小结 …………………………………………………………… 82
第7章 碳限额及交易下双重低碳宣传的双渠道供应链减排决策与协调 …… 83
　　7.1 问题描述与相关假设 ……………………………………………… 84
　　7.2 模型的构建与分析 ………………………………………………… 85
　　7.3 数值计算与分析 …………………………………………………… 90
　　7.4 本章小结 …………………………………………………………… 94
第8章 碳税政策下双渠道供应链碳减排技术创新投入决策与协调 …… 96
　　8.1 问题描述与相关假设 ……………………………………………… 97
　　8.2 模型的构建与分析 ………………………………………………… 98
　　8.3 制造商碳减排技术创新投入下双渠道供应链 Pareto 改进
　　　　契约设计 ………………………………………………………… 102
　　8.4 算例分析 ………………………………………………………… 104
　　8.5 本章小结 ………………………………………………………… 114

第五部分　资金约束与双渠道供应链碳减排决策篇

第9章 考虑零售商资金约束的双渠道供应链碳减排决策 …………… 119
　　9.1 问题描述与相关假设 …………………………………………… 120

9.2　模型的构建与分析 ································· 122
　　9.3　数值分析 ··· 128
　　9.4　本章小结 ··· 137
第10章　考虑制造商资金约束的双渠道供应链碳减排决策 ··· 139
　　10.1　问题描述与相关假设 ····························· 140
　　10.2　模型的构建与分析 ································· 142
　　10.3　数值计算与分析 ···································· 149
　　10.4　本章小结 ··· 156

第六部分　闭环供应链碳减排决策篇

第11章　碳税政策下考虑消费者低碳偏好的闭环供应链碳减排策略 ····· 161
　　11.1　问题描述与相关假设 ····························· 162
　　11.2　模型的构建与分析 ································· 163
　　11.3　数值计算与分析 ···································· 172
　　11.4　本章小结 ··· 177
第12章　碳限额与交易约束下的闭环供应链碳减排决策及协调 ··· 179
　　12.1　问题描述与相关假设 ····························· 180
　　12.2　模型的构建与分析 ································· 181
　　12.3　模型的优化分析 ···································· 183
　　12.4　数值计算与分析 ···································· 185
　　12.5　本章小结 ··· 188

参考文献 ·· 190

第一部分

研究概述篇

第1章　低碳供应链碳减排决策优化概述

1.1　研究背景

随着经济的快速发展和商业活动的不断增加,人们对物质的需求也与日俱增,这就需要生产大量商品投放市场以满足人们的需求,导致全球能源消耗不断上升。然而,在产品生产及相关商业活动中会产生大量的碳排放和有害气体,直接造成了全球变暖、臭氧耗竭、极端天气以及其他严重的环境问题。由此,碳排放环境问题成为社会各界关注的重点,如何进行低碳生产、绿色生活、减少碳排放已成为世界各国亟待解决的问题。

《〈联合国气候变化框架公约〉京都议定书》的签订与生效,促使各国纷纷制定碳减排目标和实施碳减排政策以降低碳排放。中国作为碳排放大国和负责任的大国,为应对全球气候变暖,在2020年气候雄心峰会上提出力争在2030年前二氧化碳排放达到峰值,在2060年前努力争取实现碳中和。气候变化催生了低碳社会的发展,世界正在向低碳经济转变,经济发展进入新常态。在低碳经济环境下,低碳经济通过技术跨越式发展和制度约束得以实现,表现为能源效率的提高、能源结构的优化、生产技术和工艺的优化,将环境外部性问题合理转变为内部性发展。与此同时,政府及社会各界积极进行低碳宣传,消费者在购买商品时开始关注产品的低碳程度且愿意为其支付较高的价格,低碳商品的需求日益上升,消费者对环境的日益关注要求企业进行低碳转型并开展低碳生产活动。

近年来,面对全球气候变化,众多企业纷纷开展碳减排行动。宝钢股份奉行绿色制造和制造绿色的可持续发展理念,积极探索并掌握绿色低碳的关键核心技术,依托智慧制造打造极致效率,实现生产过程和产品使用全生命周期的绿色化。为此,宝钢股份积极开展挖潜节能增效的活动,建立节能低碳商业最佳可行技术库,通过全流程能效提升专项行动及装备升级改造,近6年来累计技术节能量已达70万吨标准煤;宝钢股份倡导清洁能源利用,持续加大厂房屋顶光伏项目的开发力度,大力推进绿电交易与绿证交易,探索冶金低碳技术,与八一钢铁合作,共同开展富氢碳循环氧气高炉的工艺验证试验,试验高炉的固体燃料消耗降低达 30%，碳减排超 21%。格力电器早在 2013 年就提出"让天空更蓝、大地更绿"战略，在之后的发展中始终遵循绿色、节能的原则进行创新研发，研发了全球首创"零碳源"空调系统，通过研发高效节能的产品减少对化石燃料的依赖，可以降低空调碳排放 85.7%，实现资源节约、环境保护，助力构建高品质生活环境。沃尔玛旨在应对气候变化上设定了科学碳目标，包括在 2040 年实现自身运营的零排放，以及通过"10 亿吨减排项目"与供应商合作，实现到 2030 年之前，在全球供应链减少 10 亿吨碳排放，即通过邀请沃尔玛供应商在 6 大主要领域（能源，产品设计和使用，废弃物，包装，自然和运输）设定目标和采取行动，实现到 2030 年在全球价值链中避免 10 亿吨温室气体的产生。

供应链作为一个功能网络结构模式，通过物流、信息流和资金流将供应商、制造商、零售商及最终客户联系起来并形成一个系统。越来越多我国知名企业在供应链管理上的成功，让人们坚信供应链管理是新时代企业适应新的竞争环境的有效途径，供应链与供应链之间的竞争将成为未来企业竞争的主要方式。针对供应链中各节点企业之间存在的利益冲突与竞争，企业需要设计适当的协调机制，使得供应链企业间能够更好地合作，减少冲突，实现供应链整体绩效的最大化，也就是实现供应链协调。当前，企业间竞争体现为供应链与供应链间的竞争。供应链作为经济社会活动的主要功能枢纽，消耗了全球绝大部分能源，是全球温室气体排放的主要贡献者，因而，低碳经济转型与供应链的低碳管理密不可分。低碳供应链管理以产品的全生命周期评价为基础，包括从原材料采购、制造、包装、仓储、运输、使用到最终处置或回收的全流程。这些流程中的碳排放影响因素将最终决定供应链的碳排放量，因而将对低碳供应链管理产生较大影响。

根据科学碳目标倡议组织 SBTi（Science-Based Targets initiative）和联合国全球契约组织的数据，全球供应链上已有 2800 多家企业共同参与并采取行动，以减少温室气体排放。这些企业横跨五大洲的 70 多个国家，覆盖了供应链上的 52 个行业，这些企业共同响应并应对气候变化，以实现气候目标所需的速度和规模进行温室气体减排行动，积极履行应对气候变化的责任；同时带领和激励了更多的同行、供应商和客户加入这一行列。

2013 年，华为启动了供应商碳减排试点项目，当时就有 100 余家供应商参与了试点项目。此后，华为持续加强对供应商碳排放的管理，并于 2020 年开始推动占采购金额 80% 以上的顶级供应商制定碳减排目标并实施碳减排行动。2021 年，华为将碳减排要求纳入供应商管理全流程，对所有供应商提出碳减排要求,并鼓励领先供应商提前实现碳中和。2022年,华为在供应商碳减排大会上表示:华为已将绿色环保要求融入采购质量优先战略及采购业务全流程,在供应商认证、选择、现场审核及绩效管理等全流程各环节中明确了绿色环保要求,华为将与供应商一起,持续降低供应链碳排放总量,以实现整个供应链绿色低碳可持续发展。

1.2 问题的提出

全球气候变化问题是21世纪人类社会面临的最严峻挑战之一,降低碳排放已经成为国际社会的普遍共识。传统的粗放型发展模式不可持续,企业需要提质增效,改变过去高耗能、高排放的生产方式,采用更节能低碳的新技术。为此,政府部门制定碳减排政策,如政府部门出台碳排放限额及实施碳交易机制、对企业碳排放征收碳税等,此时碳排放将成为企业或供应链的成本因素,碳排放的多少将影响供应链企业的成本结构,进而影响供应链决策。同时,随着消费者低碳环保意识的不断提升,越来越多的消费者愿意以更高的价格购买低碳产品,如英国有75%的受访者表示,他们愿意支付较高价格购买绿色产品,欧美国家50%以上的消费者在购物时会考虑商品的环保性能,并愿为之多支付30%～100%的费用。据某媒体在全球完成的一项项目调研显示:中国民众采取更为环保的生活方式的意愿位居全球第二,93%的中国被调查者愿意购买试图降低对全球变暖影响的商家的产品,56%的中国被调查者在未来一年中愿意购买更为环保的产品,38%的人愿意支付更多一点的费用来购买更为环保的产品。因此,控制产品的碳排放也是供应链需要考虑的问题。当然,供应链要降低碳排放,不仅会直接增加碳减排投入,影响碳排放成本,也会影响产品的市场需求。因此,要从供应链整体来考虑碳减排问题,这样才能实现供应链碳减排及运作的优化。

随着电子商务的快速发展,越来越多的制造企业在传统销售渠道的基础上开设网络直销渠道,从而由单渠道供应链扩展为双渠道供应链。在碳排放约束机制下,双渠道供应链一方面可以通过网络直销扩大市场需求,另一方面由于网上销售不需要零售商,进而可减少零售商销售活动中的碳排放,从而降低双渠道供应链的碳排放。另外,随着人们生活水平的不断提高和产品更新换代速度的加快,产品的生命周期越来越短。为了减少原材料的消耗、降低能源消耗和减少碳排放,越来越多的制造商实施废旧产品回收再制造,从而由单渠道供应链扩展为闭环供应链。在碳排放约束机制下,闭环供应链通过旧产品回收再制造既可降低生产成本,又能够减少供应链的碳排放。

目前,单纯的供应链模式、双渠道供应链模式和闭环供应链模式在现实中都大量存在,不同供应链模式下碳排放及碳减排都存在差异,进而影响供应链各节点企业的收益、供应链的利润和供应链碳减排水平。因此,在低碳背景下,由于供应链自身存在"双重边际效应",供应链如何进行生产运作及碳减排决策优化并实现供应链协调,具有较强的现实意义和理论意义。

本书的研究是对前人低碳供应链管理研究的一些扩展,并用博弈论的方法研究如何系统应用碳排放约束下的供应链管理。

第二部分

供应链碳减排决策与协调篇

第 2 章 碳减排补贴与碳税下的供应链碳减排决策与协调

减少和控制碳排放已经成为人类社会亟须解决的问题,在此背景下企业面临新的环境空间:一方面,碳排放权在碳排放政策下变成一种稀缺资源,使得碳排放企业的运营成本增加,企业在进行生产决策时必须考虑碳排放的成本因素;另一方面,越来越多的消费者具有环保意识,对低碳产品具有更高的购买意愿,这要求企业有效降低碳排放以满足消费者对低碳产品日益增长的需求。与此同时,企业的碳减排决策并不是孤立的,而是与其所在供应链的上下游企业碳减排决策密切相关。因此,必须有效地解决碳排放约束下供应链上下游企业间的协作问题,才能从根本上推进碳减排工作,因而,从供应链的视角进行研究才能实现碳减排的最终目标。

近年来,基于碳排放政策约束下的供应链运作优化问题成为大家关注的焦点,国内外学者对此进行了广泛而深入的研究,相关成果不断涌现。覃艳华等(2015)研究了供应链在不同碳排放政策下的最优碳减排率与协调问题;赵道致等(2014)研究了考虑碳排放交易政策和消费者具有低碳偏好的供应链碳减排策略及协调问题。上述研究主要针对碳排放政策及消费者低碳偏好下的供应链碳减排决策与协调,并没有考虑政府的碳减排补贴对供应链碳减排决策的影响。事实上,政府给予企业碳减排补贴可有效地促进企业改善对环境的负外部性,激励企业加大碳减排技术投入,从而降低产品的碳排放。

针对碳减排补贴问题,Petrakis 和 Poyago(2002)针对碳排放税和补贴政策,研究了在此政策下企业的研发水平和社会福利问题;李友东等(2014)针对低碳供应链碳减排问题,研究了政府如何通过补贴激励企业减少碳排放问题;朱庆华等(2014)针对确定型市场,分别就政府给予低碳供应链中的制造商补贴和消费者补贴两种情形,分析低碳产品制造商和普通产品制造商的竞争问题;柳键和邱国斌(2011)针对制造商和零售商合作与非合作类型,分析了政府给予消费者补贴的政策对供应链销售量、销售价格、利润等方面的影响;高举红等(2014)研究了确定型市场下考虑碳税和碳补贴的闭环供应链定价问题。但这些研究要么是针对单个企业,要么是针对供应链确定型市场需求,没有针对随机需求市场的需求,也没有在随机需求市场下把碳税、消费者低碳偏好结合起来研究政府对供应链制造企业的碳补贴问题。

本章针对一个市场需求为随机型市场需求的两阶段供应链,消费者具有低碳偏好,在碳税及政府对制造商碳减排技术创新补贴的环境下,主要研究如下几个问题:(1)政府对制造商碳减排技术创新投入进行补贴的情况下,供应链如何实现协调?供应链如何进行碳减排决策?(2)碳减排技术创新补贴强度如何影响供应链碳减排量、订货量及期望利润?(3)在碳减排量一定的情况下,碳税与碳减排技术创新补贴的关系如何?

2.1 问题描述与相关假设

考虑一个生产短生命周期产品的供应链,制造商处于主导地位,制造商和零售商构成 Stackelberg 博弈。假设只有制造商在产品生产过程中产生碳排放,零售商产生的碳排放较少,这里把零售商的碳排放忽略不计。设在不考虑碳排放成本的情况下制造商的单位产品成本为 c,在没有进行碳减排技术创新投入时制造过程中单位产品的碳排放量为 e_0,政府对制造商单位碳排放征收的碳税为 λ;单位产品的批发价格由制造商确定并设其为 w,销售价格为外部市场确定并设其为 p;制造商在碳排放税及消费者低碳偏好的双重压力下推行碳减排工作,设进行碳减排技术创新后生产单位产品对应碳排放量的减少量(简称为碳减排量)为 $e(e<e_0)$,这里 e 为制造商的决策变量。制造商的碳减排技术创新投入为一次性投入,且是单位产品碳减排量 e 的二次可微的增函数,参照 Aspremont 和 Jacquenmin(1988)、王芹鹏和赵道致(2014)文献的解释和创新投入成本形式,设碳减排技术创新投入成本为 $\frac{\beta e^2}{2}$,这里 β 为碳减排技术创新成本系数。在消费者具有低碳偏好的情况下,碳减排量影响市场需求量,即需求 x 为碳减排量 e 的函数,设 $f(x|e)$ 为其概率密度函数,$F(x|e)$ 为其累积分布函数,且 $\frac{\partial F(x|e)}{\partial e}<0$,$\overline{F}(x)=1-F(x)$,设随机市场的期望需求为 μ,设 Q 为零售商的订货量,这里 Q 为零售商的决策变量,此时零售商的期望销售量为 $S(Q,e)$,即 $S(Q,e)=\min(Q,x)$,且 $S(Q,e)=Q-\int_0^Q F(x|e)dx$,$\frac{\partial S(Q,e)}{\partial e}>0$,这里借鉴徐最等(2008)文献的思想和方法,假设 $S(Q,e)$ 是关于订货量和碳减排量的二元凹函数。设产品在销售期结束后没有销售出去的数量为 $I(Q,e)$,消费者在产品销售过程中未能满足的期望需求量为 $L(Q,e)$,则有 $I(Q,e)=Q-S(Q,e)$,$L(Q,e)=\mu-S(Q,e)$。设未能满足消费者需求的单位产品机会损失为 h,单位剩余产品的残值为 s。设 Q^* 为政府给予制造商碳减排技术创新投入

总费用补贴下的供应链最优订货量或生产量,e^* 为政府给予制造商碳减排技术创新投入总费用补贴下的供应链最优碳减排量。根据一般常识有 $p>w>c>s$。

2.2 模型的构建与分析

当政府对制造商碳减排技术创新投入总费用进行补贴时,设政府给予制造商碳减排技术创新投入成本补贴的比例为 t,则供应链的期望利润为

$$\pi_c(Q,e) = pS(Q,e) + sI(Q,e) - hL(Q,e) - (c + \lambda e_0 - \lambda e)Q - \frac{(1-t)\beta e^2}{2}$$

$$= (p+h-s)S(Q,e) - (c + \lambda e_0 - \lambda e - s)Q - h\mu - \frac{(1-t)\beta e^2}{2}。$$

(2-1)

由于前面假定 $S(Q,e)$ 是关于订货量和碳减排量的二元凹函数,则 $\frac{\partial^2 \pi_c(Q,e)}{\partial Q^2}<0$,$\frac{\partial^2 \pi_c(Q,e)}{\partial e^2}<0$,由式(2-1)可知供应链的期望利润函数也是关于订货量和碳减排量的凹函数,因此存在最优解。

令 Q^* 为在给定碳减排量下的最优订货量,则 Q^* 需要满足式子(2-2):

$$\frac{\partial \pi_c(Q,e)}{\partial Q} = (p+h-s)\frac{\partial S(Q,e)}{\partial Q} - (c+\lambda e_0 - \lambda e - s) = 0。 \quad (2-2)$$

令 e^* 为给定订货量下的最优碳减排量,则 e^* 需要满足式子(2-3):

$$\frac{\partial \pi_c(Q,e)}{\partial e} = (p+h-s)\frac{\partial S(Q,e)}{\partial e} + \lambda Q - (1-t)\beta e = 0。 \quad (2-3)$$

在分散式供应链下,零售商和制造商的期望利润分别为

$$\pi_r(Q,e) = pS(Q,e) + sIS(Q,e) - hLS(Q,e) - wQ$$

$$= (p+h-s)S(Q,e) - (w-s)Q - h\mu, \quad (2-4)$$

$$\pi_m(Q,e) = (w - c - \lambda e_0 + \lambda e)Q - \frac{(1-t)\beta e^2}{2}。 \quad (2-5)$$

根据供应链协调的要求,供应链最优碳减排量 e^* 需要满足式子(2-6):

$$\frac{\partial \pi_m(Q,e)}{\partial e} = \lambda Q - (1-t)\beta e = 0。 \quad (2-6)$$

比较式(2-3)和式(2-6)可知,在碳排放税及政府给予制造商碳减排技术创新总投入进行补贴时,在批发价格契约下供应链不能实现协调。

要实现供应链协调,一方面制造商的碳减排技术创新总投入成本由零售商分摊 φ 比例,同时,零售商还分担制造商 φ 比例碳税的成本;另一方面采用收益共享契约使制造商分享零售商 θ 比例的销售收入,此时零售商和制造商的期望利润分别为

$$\pi_r(Q,e) = [(1-\theta)(p-s)+h]S(Q,e) - [(1-\theta)(w-s)+\varphi\lambda(e_0-e)]Q$$
$$-h\mu - \frac{\varphi\beta e^2}{2}, \tag{2-7}$$

$$\pi_m(Q,e) = \theta(p-s)S(Q,e) + [w-\theta(w-s)-c-\lambda(1-\varphi)(e_0-e)]Q - \frac{(1-t-\varphi)\beta e^2}{2}。 \tag{2-8}$$

根据供应链协调的要求,由式(2-7)可知最优订货量 Q^* 必须满足下面的条件:

$$\frac{\partial \pi_r(Q,e)}{\partial Q} = [(1-\theta)(p-s)+h]\frac{\partial S(Q,e)}{\partial Q} - [(1-\theta)(w-s)+\varphi\lambda(e_0-e)] = 0。 \tag{2-9}$$

根据供应链协调的要求,由式(2-8)可知最优碳减排量 e^* 必须满足下面的条件:

$$\frac{\partial \pi_m(Q,e)}{\partial e} = \theta(p-s)\frac{\partial S(Q,e)}{\partial e} + \lambda(1-\varphi)Q - (1-t-\varphi)\beta e = 0。 \tag{2-10}$$

由式(2-2)和式(2-9)、式(2-3)和式(2-10)的对比分析可知,在供应链协调的情况下,契约参数满足下列条件:

$$\begin{cases} \theta^* = 1 - \dfrac{h[(\lambda Q - \beta e)(c-s) - \lambda\beta e(e_0-e)t]}{(\beta e - \lambda Q)[(p-s)(c-w)-h(w-s)] + \lambda\beta e(p-s)(e_0-e)t}, \\ \varphi^* = \dfrac{[\lambda Q - (1-t)\beta e](w-s)h}{(\lambda Q - \beta e)[(p-s)(w-c)+h(w-s)] + \lambda\beta e(p-s)(e_0-e)t}。 \end{cases} \tag{2-11}$$

2.3 模型的优化分析

由前面的分析可知,供应链在碳减排补贴下采用收益共享契约及成本分摊的策略可实现协调。因此,供应链的优化就转变为在碳减排补贴与碳税约束下求最优。

设产品的需求函数为 $x = D_0 - a(e_0-e) + \varepsilon$,其中 D_0 为只受价格等因素而不考虑碳排放因素时需求且假定其为常数,a 为消费者对产品低碳偏好的敏感系数,ε 为不依赖于其他因素的随机变量,随机变量 ε 的概率密度函数为 $f(\varepsilon)$,累积分布函数为 $F(\varepsilon)$。由此可知,需求 x 的概率密度函数为 $f(x|e) = f(x - D_0 - ae_0 + ae)$,累积分布函数为 $F(x|e) = F(x - D_0 - ae_0 + ae)$,则有

$$S(Q,e) = Q - \int_{D_0-ae_0+ae}^{Q} F(x - D_0 - ae_0 + ae)\mathrm{d}x。$$

由此可得供应链的期望利润为

第2章 碳减排补贴与碳税下的供应链碳减排决策与协调

$$\pi_c(Q,e) = (p+h-c-\lambda e_0+\lambda e)Q - h\mu - \frac{(1-t)\beta e^2}{2} -$$
$$(p+h-s)\int_{D_0-ae_0+ae}^{Q} F(x-D_0-ae_0+ae)\mathrm{d}x。 \quad (2-12)$$

对式(2 - 12)求关于订货量 Q 的偏导数并令其等于 0，则有

$$\frac{\partial \pi_c(Q,e)}{\partial Q} = (p+h-c-\lambda e_0+\lambda e) - (p+h-s)F(Q-D_0-ae_0+ae) = 0。$$
$$(2-13)$$

由此可得最优订货量 $Q^* = F^{-1}\left(\frac{p+h-c-\lambda e_0+\lambda e}{p+h-s}\right) + D_0 - a(e_0-e)$。

把 Q^* 和 $\varepsilon = x - D_0 - a(e_0-e)$ 代入式(2 - 12)，化简得

$$\pi_c(Q(e),e) = (p+h-c-\lambda e_0+\lambda e)[D_0-a(e_0-e)] + (p+h-s)\int_0^{F^{-1}\left(\frac{p+h-c-\lambda e_0+\lambda e}{p+h-s}\right)} \varepsilon f(\varepsilon)\mathrm{d}\varepsilon - h\mu - \frac{(1-t)\beta e^2}{2}。 \quad (2-14)$$

设 ε 为区间 $[A,B]$ 上的均匀分布，则可得 $f(\varepsilon) = \frac{1}{B-A}$，$F(\varepsilon) = \frac{\varepsilon-A}{B-A}$，$F^{-1}(\varepsilon) = A + (B-A)\varepsilon$，将其代入式(2 - 14)化简可得

$$\pi_c(Q(e),e) = (p+h-c-\lambda e_0+\lambda e)\left[D_0-a(e_0-e)+A+\frac{(B-A)(p+h-c-\lambda e_0+\lambda e)}{2(p+h-s)}\right] + \frac{A^2(p+h-s)}{2(B-A)} - h\mu - \frac{(1-t)\beta e^2}{2}。 \quad (2-15)$$

由式(2 - 15)求关于 e 的一阶导数并令其等于 0，则有

$$\frac{\mathrm{d}\pi_c(Q(e),e)}{\mathrm{d}e} = (p+h-c-\lambda e_0+\lambda e)\left[a+\frac{(B-A)\lambda}{2(p+h-s)}\right] - (1-t)\beta e + \lambda\left[D_0-a(e_0-e)+A+\frac{(B-A)(p+h-c-\lambda e_0+\lambda e)}{2(p+h-s)}\right] = 0,$$

可得供应链最优碳减排率为

$$e^* = \frac{(p+h-c-\lambda e_0)\left[a+\frac{(B-A)\lambda}{p+h-s}\right] + \lambda(D_0-ae_0+A)}{(1-t)\beta - \frac{(B-A)\lambda^2}{p+h-s} - \lambda a}, \quad (2-16)$$

进而可得最优的订货量

$$Q^* = F^{-1}\left(\frac{(p+h-c-\lambda e_0)(1-t)\beta + \lambda^2(D_0-ae_0+A)}{(p+h-s)\left[(1-t)\beta - \frac{(B-A)\lambda^2}{p+h-s} - \lambda a\right]}\right) + D_0 - ae_0 +$$

$$\frac{a(p+h-c-\lambda e_0)\left[a+\frac{(B-A)\lambda}{p+h-s}\right]+\lambda a(D_0-ae_0+A)}{(1-t)\beta-\frac{(B-A)\lambda^2}{p+h-s}-\lambda a}。 \quad (2-17)$$

2.4 算例分析与数值计算

假定制造商生产一种短生命周期产品,零售商负责产品的市场销售。设 $p=100, w=60, c=30, s=10, h=30, a=5, A=10, B=20, D_0=1000, e_0=30, \beta=100, \lambda=0.4, t=0.5$。

在碳税政策约束下,当政府对制造商碳减排技术创新投入总费用进行补贴时,根据前面给定的参数数值,由式(2-16)可得供应链的最优碳减排量为 $e^*=16.40$,由式(2-17)可得 $Q^*=949.88$,由式(2-15)可得供应链的期望利润 $\pi_c(Q^*,e^*)=52784$。

进一步分析政府给予制造商碳减排技术创新投入补贴比例变化对碳减排量、最优订货量、供应链期望利润的影响,通过数值分析得图 2-1~图 2-3,由图 2-1~图 2-3 分析可得如下结论:

①图 2-1 中,在其他参数不变的情况下,当政府采用对制造商碳减排总投入费用进行补贴时,由式(2-16)知政府的碳减排补贴比例 t 要满足 $(1-t)\beta-\frac{(B-A)\lambda^2}{p+h-s}-\lambda a>0$,且碳减排量 $e\leqslant e_0$。由此可得,在上述给定参数赋值下政府的碳减排补贴比例 t 要满足 $0\leqslant t\leqslant 0.7175$ 才有意义。当 $0\leqslant t\leqslant 0.7175$ 时,政府的碳减排补贴比例 t 与碳减排量成正向变化关系,当政府碳减排补贴比例越大时,供应链的碳减排量越大。

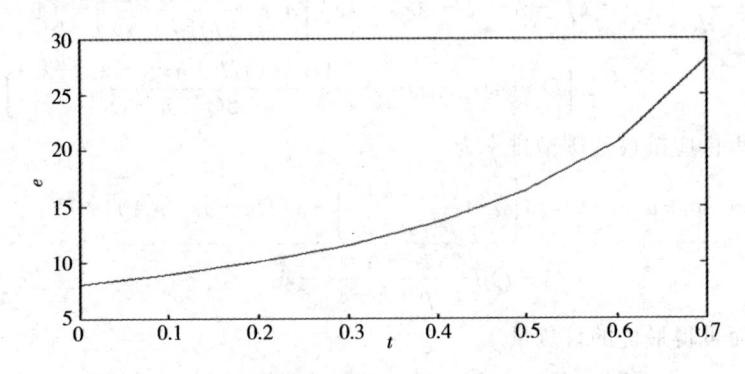

图 2-1 政府碳补贴比例 t 对供应链碳减排量的影响

②由图 2-2 可知,当政府的碳减排补贴比例 t 满足 $0\leqslant t\leqslant 0.7175$ 时,在其

他参数不变的情况下,政府的碳减排补贴比例 t 与供应链最优订货量成正向变化关系,当政府碳减排补贴比例越大时,供应链的最优订货量也越大。

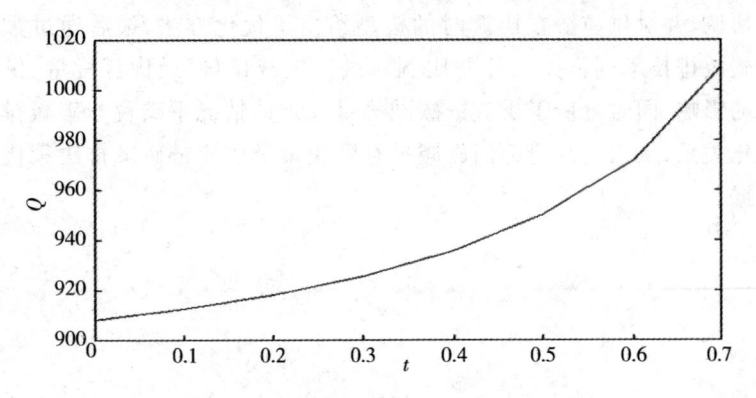

图 2-2　政府碳补贴比例 t 对供应链订货量的影响

③由图 2-3 可知,当政府的碳减排补贴比例 t 满足 $0 \leqslant t \leqslant 0.7175$ 时,当其他参数不变时,政府补贴比例 t 与供应链期望利润之间成正向变化关系,当政府碳减排补贴比例越大时,供应链的期望利润也越大。

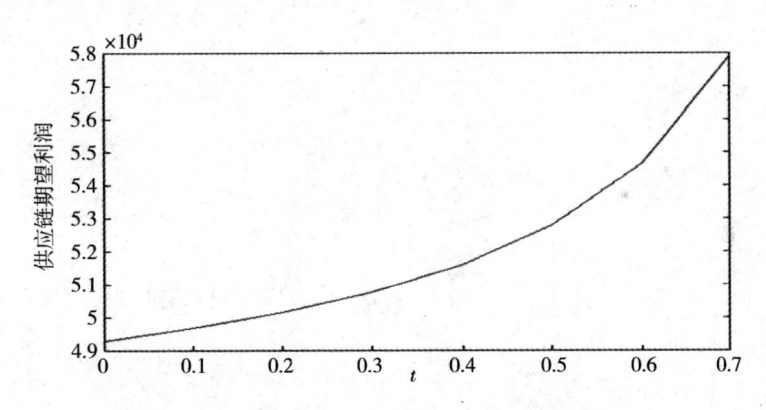

图 2-3　政府碳补贴比例 t 对供应链期望利润的影响

④由式(2-16)可知,在其他参数不变且供应链碳减排量一定的情况下,碳税的变化与政府对碳减排技术创新投入补贴的变化成反向变化关系,即若单位碳排放征收的碳税越高,则政府对制造商碳减排技术创新投入补贴的比例越小。

2.5　本章小结

本章在碳税政策约束且不确定型需求与碳排放具有相关性的前提下,通过构建碳减排补贴的博弈模型,指出在简单的批发价格契约下供应链不能实现协调,而在碳税约束及碳减排技术创新投入补贴下,供应链通过采用组合策略能够实现协调,并对供应链在协调时的模型给出了优化方法,最后通过数值实例分析了碳减排技术创新投入补贴比例对最优碳减排量、最优订货量、供应链期望利润的影响,同时分析了供应链碳减排量一定的情况下碳税与碳减排补贴之间的变化关系,从而为政府部门碳减排补贴决策及供应链碳减排决策优化提供科学依据。

第 3 章　政府不同补贴模式下的供应链碳减排决策与协调

受《联合国气候变化框架公约》和《京都议定书》里程碑文件的政策牵引,各国政府根据本国国情确定其碳减排目标,研究制定本国的碳排放政策,积极推行"碳足迹"核算和"碳标签"制度,促进碳排放的减少。碳排放的约束使得碳排放企业的运营成本增加,在生产决策中必须考虑碳排放的成本因素;同时,Chitra(2007)、帅传敏和张钰坤(2013)等认为消费者的环保意识已经成为影响其支付意愿的重要因素,环保意识越强的消费者越愿意购买低碳产品,并且愿意为低碳产品支付更高的价格,这要求企业有效降低碳排放以满足对低碳产品的需求。因此,企业在新的环境空间下必须对其决策进行优化,以实现企业最优的经济效益和社会效应。但企业的碳减排决策与供应链上下游企业的碳减排决策息息相关,必须有效地解决碳排放约束下供应链上下游企业间的协作问题,才能从根本上推进碳减排工作,因而,从供应链的视角进行研究才能实现碳减排的最终目标(Matthews 等,2009)。

目前,国内外学者对基于碳排放政策约束下的供应链运作优化问题进行了广泛而深入的研究,并取得了丰硕的成果。Jaber 等(2013)研究了在碳排放交易政策下碳排放成本由制造商承担的供应链协调优化问题;骆瑞玲等(2014)针对碳排放交易政策,通过构建供应链碳减排技术投入博弈模型,给出了供应链碳减排技术投入的最优策略。这些研究对碳排放政策约束下供应链的运作优化及碳减排策略具有很好的指导意义,但考虑的只是在外部压力下供应链自身如何优化决策的问题,并没有考虑政府对企业碳减排的补贴激励。事实上,为了实现碳减排目标,减少产品的碳排放,需要政府、企业和消费者的共同努力,而政府给予企业碳减排补贴可有效地促进企业改善对环境的负外部性,激励企业加大碳减排技术投入,从而降低产品的碳排放。目前,国家层面和各级政府都出台了一系列节能减排的补贴政策和实施办法,如 2014 年 5 月 15 日国务院办公厅发布了《2014—2015 年节能减排低碳发展行动方案》,2015 年 5 月 12 日财政部发布了《节能减排补助资金管理暂行办法》,这些政策和办法的出台,为我国企业加大碳减排投入,降低碳排放具有重要的促进作用。在碳减排补贴理论研究方面,孟卫军(2010)针对确定型市场,研究了政府在碳减排投入补贴下企业的碳减排效果；Petrakis(2002)针对碳排放税和补贴政策，研究了在此政策下企业的研发水平和社会福利问题；李友东和赵道致(2014)针对考虑消费者低碳偏好的确定型市场，政府分别对制造商和零售商实施碳减排技术研发补贴，研究供应链中零售商对制造商碳减排研发成本的分担问题；杨仕辉和付菊(2015)研究了政府给予消费者补贴下的供应链碳减排优化与协调问题。但这些研究要么是针对单个企业，要么是针对供应链确定型市场需求，没有针对随机市场需求和消费者低碳偏好下政府对供应链制造企业的碳补贴问题。

本章针对一个两阶段供应链，市场需求为随机型市场需求，消费者具有低碳偏好，即随机市场需求与产品的碳减排率具有相关性，考虑政府对制造商碳减排补贴的不同模式，主要研究如下几个问题：(1)政府对供应链制造商碳减排投入总费用进行补贴的模式下，供应链如何进行碳减排决策？(2)政府对制造商单位产品碳减排量所得费用进行补贴的模式下，供应链如何进行碳减排决策？(3)不同碳减排补贴模式对供应链订货量、碳减排率及供应链的期望利润的影响如何？(4)碳减排补贴的强度如何影响供应链碳减排率、订货量及期望利润？哪种补贴模式更好？

3.1　问题描述与相关假设

考虑一个生产短生命周期产品的供应链，假定制造商在产品生产过程中产生碳排放，零售商在销售过程中产生的碳排放较少，为了研究的方便，零售商的碳排放不予考虑。设在不考虑碳排放成本的情况下制造商的单位产品成本为c，制造过程中单位产品的碳排放量为e，在碳排放交易市场单位碳排放权的交易价格为p_0；单位产品的批发价格由制造商确定并设其为w，销售价格为外部市场确定并设其为p；制造商在碳排放约束及消费者低碳偏好的双重压力下推行碳减排工作，设推行碳减排工作后单位产品碳减排率为τ，制造商推行碳减排所付出的总成本为$C(\tau)$，借鉴 Liu 等(2012)文献的碳减排成本函数，设碳减排成本函数为$C(\tau)=\beta\ln\left(\dfrac{1}{1-\tau}\right)$，这里$\beta$为碳减排成本系数。在消费者具有低碳偏好的情况下，产品的碳减排率与随机市场需求具有相关性，即需求x为碳减排率的函数，设$f(x|\tau)$为其概率密度函数，$F(x|\tau)$为其累积分布函数，且$\dfrac{\partial F(x|\tau)}{\partial \tau}<0$，$\overline{F}(x)=1-F(x)$，设随机市场的期望需求为$\mu$。设$Q$为零售商的订货量或者制造商的生产量，此时零售商的期望销售量为$S(Q,\tau)$，即$S(Q,\tau)=\min(Q,x)$，且$S(Q,\tau)=Q-\int_0^Q F(x|\tau)\,\mathrm{d}x$，$\dfrac{\partial S(Q,\tau)}{\partial \tau}>0$。设销售期结

束后剩余的产品数量为 $I(Q,\tau)$,销售过程中未能满足消费者的期望需求量为 $L(Q,\tau)$,则有 $I(Q,\tau)=Q-S(Q,\tau)$,$L(Q,\tau)=\mu-S(Q,\tau)$。设因缺货导致的单位产品机会损失为 h,没有销售出去的单位剩余产品的残值为 s。设 Q^*, $Q^\#$ 分别为政府给予制造商碳减排投入总费用补贴、政府给予制造商单位产品碳减排量补贴下的供应链最优订货量或生产量,τ^*,$\tau^\#$ 分别为政府给予制造商碳减排投入总费用补贴、政府给予制造商单位产品碳减排量补贴下的供应链最优碳减排率。根据一般常识有 $p>w>c>s$。

3.2 模型的构建与分析

3.2.1 政府对制造商碳减排投入总费用补贴的模式

当政府对制造商碳减排投入总费用进行补贴时,设政府给予制造商碳减排总投入费用补贴的比例为 t,则供应链的期望利润为

$$\pi_c(Q,\tau)=(p+h-s)S(Q,\tau)-(c-s)Q-h\mu-(1-t)\beta\ln\frac{1}{(1-\tau)}。$$

(3-1)

在给定碳减排率下设 Q^* 为最优订货量,则 Q^* 需要满足式(3-2):

$$\frac{\partial\pi_c(Q,\tau)}{\partial Q}=(p+h-s)\frac{\partial S(Q,\tau)}{\partial Q}-(c-s)=0。 \quad (3-2)$$

在给定订货量下设 τ^* 为最优碳减排率,则 τ^* 需要满足式(3-3):

$$\frac{\partial\pi_c(Q,\tau)}{\partial\tau}=(p+h-s)\frac{\partial S(Q,\tau)}{\partial\tau}-\frac{(1-t)\beta}{1-\tau}=0。 \quad (3-3)$$

零售商的期望利润在分散式供应链下为

$$\pi_r(Q,\tau)=pS(Q,\tau)+sI(Q,\tau)-hL(Q,\tau)-wQ$$
$$=(p+h-s)S(Q,\tau)-(w-s)Q-h\mu。 \quad (3-4)$$

根据供应链协调的要求,最优订货量 Q^* 需要满足式(3-5):

$$\frac{\partial\pi_r(Q,\tau)}{\partial Q}=(p+h-s)\frac{\partial S(Q,\tau)}{\partial Q}-(w-s)=0。 \quad (3-5)$$

对比式(3-5)和式(3-2)可知,式(3-5)只有当 $w=c$ 时才成立,然而 $w=c$ 不可能成立。因此,当政府对制造商碳减排投入总费用进行补贴时,供应链的批发价格契约不能实现协调。

要实现供应链协调,一方面制造商的碳减排技术总投入成本由零售商分摊 φ 比例;另一方面采用收益共享契约使制造商分享零售商 θ 比例的销售收入,可得零售商的期望利润为

$$\pi_r(Q,\tau) = (1-\theta)[pS(Q,\tau)+sI(Q,\tau)-wQ]-hL(Q,\tau)-\varphi\beta\ln\frac{1}{1-\tau}$$
$$=[(1-\theta)(p-s)+h]S(Q,\tau)-(1-\theta)(w-s)Q-h\mu-\varphi\beta\ln\frac{1}{1-\tau}\text{。}$$
$$(3-6)$$

由式(3-6)可知在供应链协调的情况下,最优订货量 Q^* 需要满足式(3-7):
$$\frac{\partial \pi_r(Q,\tau)}{\partial Q}=[(1-\theta)(p-s)+h]\frac{\partial S(Q,\tau)}{\partial Q}-(1-\theta)(w-s)=0\text{。} \quad (3-7)$$

由式(3-6)可知在供应链协调的情况下,最优碳减排率 τ^* 需要满足式(3-8):
$$\frac{\partial \pi_r(Q,\tau)}{\partial \tau}=[(1-\theta)(p-s)+h]\frac{\partial S(Q,\tau)}{\partial \tau}-\frac{\varphi\beta}{(1-\tau)}=0\text{。} \quad (3-8)$$

由式(3-2)与式(3-7)以及式(3-3)与式(3-8)的对比分析可知,在供应链协调的情况下,契约参数满足式(3-9):
$$\begin{cases}\theta=\dfrac{(p+h-s)(w-c)}{(p+h-s)(w-c)+h(c-s)},\\ \varphi=\dfrac{(1-t)h(w-s)}{(p+h-s)(w-c)+h(c-s)}\text{。}\end{cases} \quad (3-9)$$

3.2.2 政府对制造商单位产品碳减排量所得费用补贴的模式

当政府对制造商单位产品的碳减排量按照市场碳交易所得费用进行补贴时,设政府给予制造商单位产品碳减排量按照市场碳交易所得费用补贴比例也为 t,可得供应链的期望利润为
$$\pi_c(Q,\tau)=(p+h-s)S(Q,\tau)-(c-s-tp_0\tau e)Q-h\mu-\beta\ln\frac{1}{(1-\tau)}\text{。}$$
$$(3-10)$$

在给定碳减排率下设 $Q^\#$ 为最优订货量,则 $Q^\#$ 需要满足式(3-11):
$$\frac{\partial \pi_c(Q,\tau)}{\partial Q}=(p+h-s)\frac{\partial S(Q,\tau)}{\partial Q}-(c-s-tp_0\tau e)=0\text{。} \quad (3-11)$$

在给定订货量下设 $\tau^\#$ 为最优碳减排率,则 $\tau^\#$ 需要满足式(3-12):
$$\frac{\partial \pi_c(Q,\tau)}{\partial \tau}=(p+h-s)\frac{\partial S(Q,\tau)}{\partial \tau}+tp_0eQ-\frac{\beta}{1-\tau}=0\text{。} \quad (3-12)$$

零售商的期望利润在分散式供应链下为
$$\pi_r(Q,\tau)=pS(Q,\tau)+sIS(Q,\tau)-hLS(Q,\tau)-wQ$$
$$=(p+h-s)S(Q,\tau)-(w-s)Q-h\mu\text{。} \quad (3-13)$$

根据供应链协调的要求,最优碳减排率 $\tau^\#$ 需要满足式(3-14):

$$\frac{\partial \pi_r(Q,\tau)}{\partial \tau}=(p+h-s)\frac{\partial S(Q,\tau)}{\partial \tau}=0。 \qquad (3-14)$$

由式(3-14)与式(3-12)对比分析可知,在政府给予制造商单位产品碳减排量按照市场碳交易所得费用补贴的模式下,供应链在批发价格契约下不能实现协调。

要实现供应链协调,一方面制造商的碳减排技术总投入成本由零售商分担 φ 比例,但零售商分享 φ 比例的制造商所得的碳减排补贴费;另一方面采用收益共享契约使制造商分享零售商 θ 比例的销售收入,可得零售商的期望利润为

$$\pi_r(Q,\tau)=[(1-\theta)(p-s)+h]S(Q,\tau)-[(1-\theta)(w-s)-\varphi t p_0 \tau e]Q - h\mu - \varphi\beta\ln\frac{1}{(1-\tau)}。 \qquad (3-15)$$

由式(3-15)可知在供应链协调的情况下,最优订货量 $Q^{\#}$ 需要满足式(3-16):

$$\frac{\partial \pi_r(Q,\tau)}{\partial Q}=[(1-\theta)(p-s)+h]\frac{\partial S(Q,\tau)}{\partial Q}-[(1-\theta)(w-s)-\varphi t p_0 \tau e]=0。$$

$$(3-16)$$

由式(3-15)可知在供应链协调的情况下,最优碳减排率 $\tau^{\#}$ 需要满足式(3-17):

$$\frac{\partial \pi_r(Q,\tau)}{\partial \tau}=[(1-\theta)(p-s)+h]\frac{\partial S(Q,\tau)}{\partial \tau}+\varphi t p_0 eQ - \frac{\varphi\beta}{(1-\tau)}=0。$$

$$(3-17)$$

由式(3-11)与式(3-16)以及式(3-12)与式(3-17)的对比分析可知,在供应链协调的情况下,契约参数满足式(3-18):

$$\begin{cases} \theta^{\#} = \dfrac{(p+h-s)(w-c)}{(p+h-s)(w-c)+h(c-s)}, \\ \varphi^{\#} = \dfrac{h(w-s)}{(p+h-s)(w-c)+h(c-s)}。 \end{cases} \qquad (3-18)$$

3.3 模型的优化分析

由前面的分析可知,供应链在不同碳减排补贴模式下采用收益共享契约及成本分摊或补贴分享的策略可实现协调。因此,供应链的优化就转变为在不同碳减排补贴模式下求最优订货量和碳减排率的问题。

借鉴 Liu 等(2012)的文献,设产品随机需求函数为 $x=D_0+a\tau+\varepsilon$,其中 D_0 为固定常量需求,不受其他因素的影响,a 为消费者低碳偏好,即消费者需求对碳减排率的敏感系数,ε 为不依赖其他因素的随机变量,随机变量 ε 的概率密度函数为 $f(\varepsilon)$,累积分布函数为 $F(\varepsilon)$。由此可知,需求 x 的概率密度函数为 $f(x|\tau)=f(x-D_0-a\tau)$,累积分布函数为 $F(x|\tau)=F(x-D_0-a\tau)$,则有

$S(Q,\tau)=Q-\int_{D_0+a\tau}^{Q}F(x-D_0-a\tau)\mathrm{d}x$。下面分不同碳减排补贴模式进行讨论分析。

（Ⅰ）政府对制造商碳减排总投入补贴的模式

将 $S(Q,\tau)=Q-\int_{D_0+a\tau}^{Q}F(x-D_0-a\tau)\mathrm{d}x$ 代入式(3-1)可得

$$\pi_c(Q,\tau)=(p+h-c)Q-(p+h-s)\int_{D_0+a\tau}^{Q}F(x-D_0-a\tau)\mathrm{d}x-h\mu-(1-t)\beta\ln\frac{1}{(1-\tau)}。 \qquad (3-19)$$

求订货量 Q 在式(3-19)中的偏导数并令其等于 0，则有

$$\frac{\partial \pi_c(Q,\tau)}{\partial Q}=(p+h-c)-(p+h-s)F(Q-D_0-a\tau)=0。 \qquad (3-20)$$

由此可得最优订货量 $Q^*=F^{-1}\left(\frac{p+h-c}{p+h-s}\right)+D_0+a\tau$。

把 Q^* 和 $\varepsilon=x-D_0-a\tau$ 代入式(3-19)化简可得

$$\pi_c(Q(\tau),\tau)=(p+h-c)(D_0+a\tau)+(p+h-s)\int_0^{F^{-1}\left(\frac{p+h-c}{p+h-s}\right)}\varepsilon f(\varepsilon)\mathrm{d}\varepsilon-h\mu-(1-t)\beta\ln\frac{1}{(1-\tau)} \qquad (3-21)$$

设 ε 为区间 $[A,B]$ 上的均匀分布，则可得 $f(\varepsilon)=\frac{1}{B-A}$，$F(\varepsilon)=\frac{\varepsilon-A}{B-A}$，$F^{-1}(\varepsilon)=A+(B-A)\varepsilon$，将其代入式(3-21)化简可得

$$\pi_c(Q(\tau),\tau)=(p+h-c)\left[D_0+a\tau+A+\frac{(B-A)(p+h-c)}{2(p+h-s)}\right]+\frac{A^2(p+h-s)}{2(B-A)}-h\mu-(1-t)\beta\ln\frac{1}{(1-\tau)}。 \qquad (3-22)$$

求碳减排率 τ 在式(3-22)中的一阶导数并令其等于 0，可得

$$\frac{\mathrm{d}\pi_c(Q(\tau),\tau)}{\mathrm{d}\tau}=(p+h-c)a-\frac{(1-t)\beta}{(1-\tau)}=0,$$

进而可得供应链最优碳减排率为

$$\tau^*=1-\frac{(1-t)\beta}{(p+h-c)a}, \qquad (3-23)$$

从而可得最优的订货量为

$$Q^*=F^{-1}\left(\frac{p+h-c}{p+h-s}\right)+D_0+a-\frac{(1-t)\beta}{(p+h-c)}。 \qquad (3-24)$$

(Ⅱ)政府给予制造商单位产品碳减排量所得费用补贴的模式

将 $S(Q,\tau) = Q - \int_{D_0+a\tau}^{Q} F(x - D_0 - a\tau) dx$ 代入式(3-10)可得

$$\pi_c(Q,\tau) = (p+h-c+tp_0\tau e)Q - (p+h-s)\int_{D_0+a\tau}^{Q} F(x-D_0-a\tau)dx - h\mu - \beta\ln\frac{1}{(1-\tau)}. \tag{3-25}$$

求订货量 Q 在式(3-25)中的偏导数并令其为0,可得

$$\frac{\partial \pi_c(Q,\tau)}{\partial Q} = (p+h-c+tp_0\tau e) - (p+h-s)F(Q-D_0-a\tau) = 0$$

由此可得最优订货量

$$Q^{\#} = F^{-1}\left(\frac{p+h-c+tp_0\tau e}{p+h-s}\right) + D_0 + a\tau. \tag{3-26}$$

把 $Q^{\#}$ 和 $\varepsilon = x - D_0 - a\tau$ 代入式(3-25),化简得

$$\pi_c(Q(\tau),\tau) = (p+h-c+tp_0\tau e)(D_0+a\tau) + (p+h-s)\int_0^{F^{-1}\left(\frac{p+h-c+tp_0\tau e}{p+h-s}\right)} \times \varepsilon f(\varepsilon)d\varepsilon - h\mu - \beta\ln\frac{1}{(1-\tau)}. \tag{3-27}$$

设在区间$[A,B]$上 ε 为均匀分布,因而有 $f(\varepsilon) = \frac{1}{B-A}$,$F(\varepsilon) = \frac{\varepsilon-A}{B-A}$,$F^{-1}(\varepsilon) = A + (B-A)\varepsilon$,将其代入式(3-27),通过化简可得

$$\pi_c(Q(\tau),\tau) = (p+h-c+tp_0\tau e)\left[D_0+a\tau+A+\frac{(B-A)(p+h-c+tp_0\tau e)}{2(p+h-s)}\right] + \frac{A^2(p+h-s)}{2(B-A)} - h\mu - \beta\ln\frac{1}{(1-\tau)}. \tag{3-28}$$

求 τ 在式(3-28)中的一阶导数并令其为0,可得

$$\frac{d\pi_c(Q(\tau),\tau)}{d\tau} = (p+h-c+tp_0\tau e)\left[a + \frac{(B-A)tp_0 e}{2(p+h-s)}\right] + tp_0 e\left[D_0+a\tau+A+\frac{(B-A)(p+h-c+tp_0\tau e)}{2(p+h-s)}\right] - \frac{\beta}{(1-\tau)} = 0. \tag{3-29}$$

通过对式(3-29)求解,可得最优的碳减排率 $\tau^{\#}$,由式(3-26)可得最优的订货量 $Q^{\#}$。

3.4 算例分析与数值计算

在短生命周期产品的供应链中,设 $p=100, w=60, c=30, s=10, h=30, a=5, A=10, B=20, D_0=1000, e=1, p_0=1, \beta=100, t=0.5$。通过式(3-9)、

式(3-18)可求得 $\theta^* = \theta^\# = 0.8571$，$\varphi^* = 0.1786$，$\varphi^\# = 0.3571$。

在政府对制造商碳减排投入总费用进行补贴模式下，通过上面给定的参数数值，由式(3-23)可得 $\tau^* = 0.9$，由式(3-24)可得 $Q^* = 1022.8$，由式(3-22)可得 $\pi_c(Q^*, \tau^*) = 71812$，此时政府给予制造商碳减排补贴为115.13。在政府对制造商单位产品碳减排量所得费用进行补贴的模式下，由式(3-29)可得 $\tau^\# = 0.9019$，由式(3-26)可得 $Q^\# = 1022.9$，由式(3-28)可得 $\pi_c(Q^\#, \tau^\#) = 72157$，此时政府给予制造商碳减排补贴为461.32。

进一步分析政府在不同模式下碳减排补贴比例变化对碳减排率、最优订货量、供应链期望利润的影响，通过数值分析得图3-1~图3-4(这里带有箭头的线为政府对制造商单位产品碳减排量所得费用补贴的模式，没有箭头的线为政府对制造商碳减排投入总费用补贴的模式)，由图3-1~图3-4分析可得如下结论：

①在其他参数不变的情况下，当政府采用对制造商碳减排总投入费用进行补贴的模式时，政府的碳减排补贴比例 t 与供应链碳减排率 τ、最优订货量 Q 成线性的正方向变化关系，而政府的碳减排补贴比例 t 与供应链的期望利润 π_c 成非线性的正向变化关系；当政府采用对制造商单位产品碳减排量所得费用进行补贴的模式时，政府的碳减排补贴比例 t 与供应链碳减排率 τ、最优订货量 Q 与供应链的期望利润 π_c 都成非线性的正向变化关系。

②通过对图3-1的分析可知，当碳减排补贴比例 t 满足 $t < 0.52$ 时，政府采用对制造商单位产品碳减排量所得费用补贴的模式下供应链碳减排的效果比对制造商碳减排总投入费用补贴模式下的效果要好，而当补贴比例 t 满足 $t > 0.52$ 时，政府采用对制造商单位产品碳减排量所得费用补贴的模式下供应链碳减排的效果比对制造商碳减排总投入费用补贴模式下的效果要差。

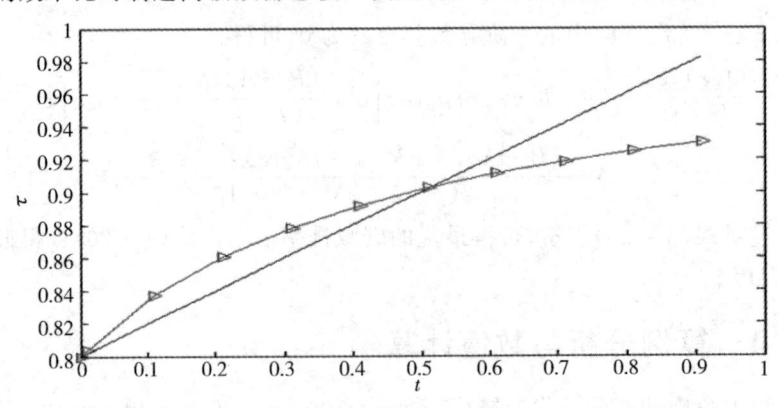

图3-1 不同碳补贴模式下补贴比例变化对碳减排率的影响

③通过对图3-2的分析可知,当碳减排补贴比例 t 满足 $t<0.58$ 时,政府采用对制造商单位产品碳减排量所得费用补贴的模式下供应链的最优订货量比对制造商碳减排总投入费用补贴的效果要高,而当补贴比例 t 满足 $t>0.58$ 时,政府采用对制造商单位产品碳减排量所得费用补贴的模式下供应链的最优订货量比对制造商碳减排总投入费用补贴模式下的订货量要低。

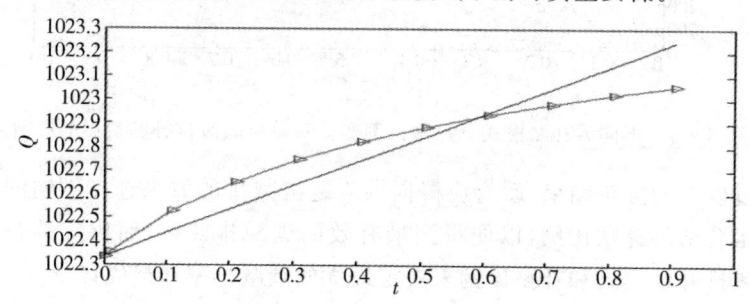

图3-2　不同碳补贴模式下补贴比例变化对供应链订货量的影响

④通过对图3-3的分析可知,在碳减排补贴比例相同时,政府采用对制造商单位产品碳减排量所得费用补贴的模式下供应链的期望利润比对制造商碳减排总投入费用补贴模式下的供应链期望利润要大。

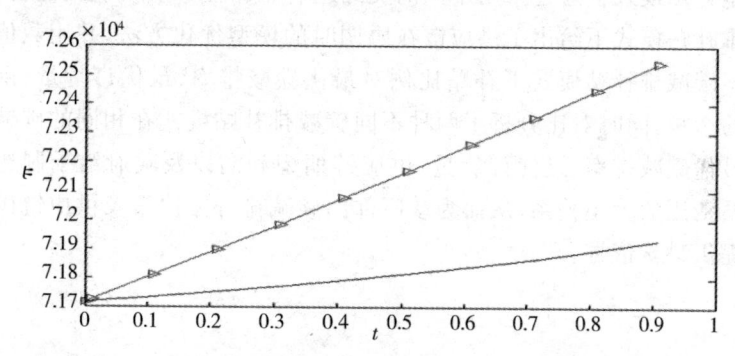

图3-3　不同碳补贴模式下补贴比例变化对供应链期望利润的影响

⑤通过对图3-4的分析可知,不同碳减排补贴模式在相同碳减排补贴比例下政府给予制造商补贴的费用是不同的。在相同的补贴比例下,政府对制造商单位产品碳减排量所得费用的补贴明显大于政府对制造商碳减排总投入费用的补贴。因此,政府可以根据不同碳减排的效果选择不同的补贴模式并确定合适的补贴比例,以便得到最有效的碳减排效果。

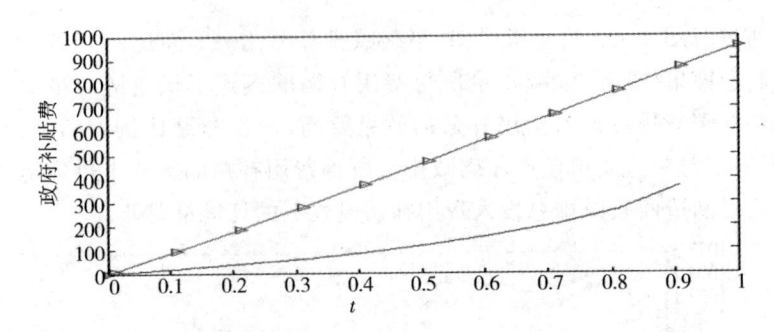

图 3-4　不同碳补贴模式下补贴比例变化对政府碳减排补贴费用的影响

通过以上的分析结果,政府应根据供应链碳减排的效果选择不同的补贴模式并确定合适的补贴比例,以便得到最有效的碳减排效果,而供应链企业也可根据碳减排补贴模式和补贴比例来决定最优的碳减排率和最优订货量。

3.5　本章小结

本章在不确定需求与碳减排率具有相关性的前提下,通过构建不同碳减排补贴的博弈模型,指出在简单的批发价格契约下供应链不能实现协调,而在不同碳减排补贴模式下通过采用不同的契约组合策略能够实现供应链协调;在不同碳减排补贴模式下给出了供应链在协调时的模型优化方法,并用数值实例分析了不同碳减排补贴模式下补贴比例对最优碳减排率、最优订货量、供应链期望利润的影响,同时对比分析了两种不同碳减排补贴模式在相同的碳减排补贴比例下最优碳减排率、最优订货量、供应链期望利润以及政府给予制造商的碳减排补贴费用的大小关系,从而为政府部门碳减排补贴决策及供应链碳减排决策优化提供科学依据。

第三部分

企业社会责任与供应链碳减排决策篇

第二部分

第4章 碳交易及企业社会责任情景下的供应链碳减排决策

为了减少和控制碳排放，欧盟、美国、中国等纷纷制订了碳减排计划，并建立了碳排放交易系统，以促进企业碳减排。与此同时，各国政府对低碳经济和低碳生活的倡导，使得消费者的低碳意识不断提高。Mao等(2017)指出，超过90%的碳排放来自供应链，实施低碳供应链能使企业拥有良好的声誉和环境风险管理能力，进而改善企业的财务绩效。为此，供应链企业不再只单纯考虑自身的经济利润，而是开始将环境效益纳入其运营规划中来，积极开展碳减排实践。目前，国内外学者就供应链碳减排问题进行了广泛而深入的研究，研究内容主要围绕低碳供应链网络设计与优化（如 Paksoy(2010)、Chaabane 等(2011)）、碳减排机制下的供应链碳减排决策与协调（如 Ji 等(2017)、杨磊等(2017)、李金溪和易余胤(2019)）、供应链碳减排技术研发合作策略与协调（如叶同等(2017)、赵道致等(2016)、王道平和王婷婷(2020)）等方面展开。

中国近年来一些企业社会责任缺失的新闻事件连续曝光，企业社会责任问题受到社会各界的广泛关注。为此，国务院印发的《中国制造2025》中明确说明，要"强化企业社会责任建设""推行企业社会责任报告制度"。根据 Freeman(1984)的利益相关者理论，将企业为改善其利益相关者福利而进行的一系列活动界定为CSR。目前，国内外学者关于CSR行为在运作管理方面的研究主要有两种类型：一部分学者将企业的CSR行为等同为企业的CSR投入行为，并将企业的CSR水平刻画为企业的CSR投入水平。Hsueh等(2014)探讨了制造商进行CSR投入时的供应链决策问题，并通过收益共享契约实现了供应链协调；倪得兵等(2015)就供应链成员实施CSR的配置问题进行了探讨，指出分散决策模式下供应链成员共同承担CSR可提高供应链系统的经济利润；曹裕等(2020)研究了主导企业实施CSR的情况下供应链的最优决策，并分析了政府对承担企业社会责任成本的主导者进行补贴对供应链最优生产与社会责任投入决策的影响。另一部分学者是从利益相关者的定义出发来定义企业的CSR行为，将企业的CSR水平刻画为企业对消费者剩余的关注程度。Panda等(2014)就制造商和零售商分摊CSR配置进行了研究，并指出采用收益共享契约能够实现供应链协调；Gregory(2012)分别就制造商和零售商CSR行为下的决策问题进行了研究,并对供应链协调的条件进行了探讨;范建昌等(2017)针对制造商和零售商不同权利结构下,制造商或零售商承担 CSR 对产品质量及盈利的影响进行了研究。

通过对现有的文献分析可知,当前仅有少数研究探讨了 CSR 对供应链碳减排策略的影响。林志炳和鲍蕾(2020)探讨了零售商实施 CSR 对供应链碳减排决策及政府补贴效率的影响,并指出二部定价+成本分担契约能够实现供应链协调。但这些文献并没有讨论针对碳限额及交易下制造商实施 CSR 行为或者制造商和零售商分摊 CSR 配置时供应链如何进行碳减排和订货量的决策。为此,本章考虑由一个制造商和零售商组成的供应链,在碳限额及交易机制下,将企业的 CSR 水平刻画为企业对消费者剩余的关注程度,主要研究如下内容:(1)制造商和零售商分摊 CSR 配置比例如何影响碳减排决策、订货量决策、供应链企业经济利润及利益相关者的效用;(2)在制造商和零售商分摊 CSR 配置的情况下,如何通过契约设计来实现供应链的协调;(3)集中决策下,参数变化如何影响供应链的碳减排率、订货量、供应链系统经济利润及利益相关者的效用。

4.1 问题描述与相关假设

由一个制造商和一个零售商组成的供应链中:制造商负责产品的生产,且碳排放主要由制造商在生产过程中产生,因此主要考虑其碳排放情况;零售商负责产品的销售,而且零售商的碳排放占比较小,不予考虑。因为消费者具有低碳偏好且政府推行碳限额及交易机制,所以制造商进行碳减排投入,努力减少碳排放。参照 Panda 等(2015)的假设,将供应链系统 CSR 水平 t 刻画为供应链系统对消费者剩余的关注程度,且制造商和零售商共同分摊 CSR 配置,即制造商分摊 CSR 配置的比例为 λ,零售商分摊 CSR 配置的比例为 $1-\lambda$,其他符号及含义如表 4-1 所示。

表 4-1 相关符号及含义

符号	含义
p	零售商单位产品的销售价格
c	制造商单位产品的生产成本
w	制造商给予零售商单位产品的批发价格
Q_0	不进行碳减排和社会责任履行时的市场规模
η	制造商的碳减排成本系数

续　表

符号	含义
τ	碳减排率,其碳减排率下的碳减排技术创新投入满足:$C(\tau)=0.5\eta\tau^2$
e	制造商实施碳减排技术前生产单位产品的碳排放量
τe	制造商实施碳减排技术后生产单位产品的碳减排量
β	消费者对低碳产品的偏好系数
p_e	单位碳排放的市场交易价格
E_0	政府给予制造商的免费碳排放限额
γ	零售价格对产品需求的敏感系数
Q	市场需求量,且满足 $p=Q_0+\beta\tau-\gamma Q$
t	供应链系统 CSR 履行水平,$0\leqslant t\leqslant 1$,$t=0$ 为供应链系统不履行 CSR,$t=1$ 为供应链系统完全履行 CSR
λ	制造商分摊供应链系统 CSR 的比例,则零售商分摊供应链系统 CSR 的比例为 $1-\lambda$
π_c	供应链系统的经济利润
CS	消费者剩余,参照 Panda 等(2015)的文献,设其满足:$CS=0.5\gamma Q^2$
W	社会福利,参照曼昆(2015)的文献,设其满足:$W=\pi_c+CS$
π_r	零售商的经济利润
Π_r	零售商实施 CSR 时的效用目标,其满足 $\Pi_r=\pi_r+t(1-\lambda)CS$
π_m	制造商的经济利润
Π_m	制造商实施 CSR 时的效用目标,其满足 $\Pi_m=\pi_m+t\lambda CS$
Π_c	实施 CSR 时的供应链系统效用目标,其满足 $\Pi_c=\pi_c+tCS$

4.2　模型的构建与分析

4.2.1　分散式决策

在分散式决策下,制造商和零售商各自分摊相应的 CSR 配置,碳减排率 τ 和批发价格 w 为制造商的决策变量,订货量 Q 为零售商的决策变量,制造商为领导者,零售商为追随者,制造商和零售商进行 Stackelberg 博弈,根据前面的假设可得零售商和制造商的效用目标函数分别为

$$\Pi_r=\pi_r+t(1-\lambda)CS=(Q_0+\beta\tau-\gamma Q-w)Q+t(1-\lambda)\gamma\frac{Q^2}{2}, \quad (4-1)$$

$$\Pi_m=\pi_m+t\lambda CS=(w-c)Q+t\lambda\gamma\frac{Q^2}{2}-\frac{1}{2}\eta\tau^2-p_e[Q(1-\tau)e-E_0]。$$

$$(4-2)$$

由式(4-1)可知$\frac{\partial^2 \Pi_r}{\partial Q^2}<0$，所以零售商的效用目标函数存在关于订货量的最优解，对式(4-1)求关于订货量Q的偏导数并令其等于0，则可得

$$\frac{\partial \Pi_r}{\partial Q}=(Q_0+\beta\tau-w)-[2\gamma-t(1-\lambda)\gamma]Q=0。 \quad (4-3)$$

由式(4-3)可得零售商的订货量为$Q=\frac{Q_0+\beta\tau-w}{2\gamma-t(1-\lambda)\gamma}$，将其代入式(4-2)可得

$$\Pi_m=\frac{(w-c)(Q_0+\beta\tau-w)}{2\gamma-t(1-\lambda)\gamma}+\frac{t\lambda\gamma(Q_0+\beta\tau-w)^2}{2[2\gamma-t(1-\lambda)\gamma]^2}-\frac{1}{2}\eta\tau^2-$$

$$p_e\left[\frac{(Q_0+\beta\tau-w)(1-\tau)e}{2\gamma-t(1-\lambda)\gamma}-E_0\right]。 \quad (4-4)$$

对式(4-4)求关于τ和w的二阶偏导数，则可得制造商效用目标函数的Hessian矩阵的行列式为

$$H_1=\begin{vmatrix} \frac{\partial^2 \Pi_m}{\partial \tau^2} & \frac{\partial^2 \Pi_m}{\partial \tau \partial w} \\ \frac{\partial^2 \Pi_m}{\partial w \partial \tau} & \frac{\partial^2 \Pi_m}{\partial w^2} \end{vmatrix}$$

$$=\begin{vmatrix} \frac{2\beta e p_e}{\gamma[2-t(1-\lambda)]}-\eta+\frac{t\lambda\beta^2}{\gamma[2-t(1-\lambda)]^2} & \frac{\beta-e p_e}{\gamma[2-t(1-\lambda)]}-\frac{t\lambda\beta}{\gamma[2-t(1-\lambda)]^2} \\ \frac{\beta-e p_e}{\gamma[2-t(1-\lambda)]}-\frac{t\lambda\beta}{\gamma[2-t(1-\lambda)]^2} & -\frac{2}{\gamma[2-t(1-\lambda)]}+\frac{t\lambda}{\gamma[2-t(1-\lambda)]^2} \end{vmatrix}$$

$$=\frac{\gamma\eta[4-t(2-\lambda)]-(\beta+e p_e)^2}{\gamma^2[2-t(1-\lambda)]^2}。$$

当$\gamma\eta[4-t(2-\lambda)]-(\beta+e p_e)^2>0$时，制造商的效用目标函数为关于$\tau$，$w$的凹函数，因而存在最优解，为此对式(4-4)求关于τ,w的一阶偏导数，并令其等于0，则有

$$\frac{\partial \Pi_m}{\partial \tau}=\frac{(w-c)\beta+e p_e(Q_0+2\beta\tau-\beta-w)}{\gamma[2-t(1-\lambda)]}-\eta\tau+\frac{t\lambda\beta(Q_0+\beta\tau-w)}{\gamma[2-t(1-\lambda)]^2}=0, \quad (4-5)$$

$$\frac{\partial \Pi_m}{\partial w}=\frac{Q_0+e p_e(1-\tau)+\beta\tau+c-2w}{\gamma[2-t(1-\lambda)]}-\frac{t\lambda(Q_0+\beta\tau-w)}{\gamma[2-t(1-\lambda)]^2}=0。 \quad (4-6)$$

当由式(4-5)、式(4-6)以及$Q=\frac{Q_0+\beta\tau-w}{2\gamma-t(1-\lambda)\gamma}$可得制造商的最优碳减排率、最优批发价格和零售商的最优订货量分别为

$$\begin{cases} \tau^{\#} = \dfrac{(\beta+ep_e)(Q_0-ep_e-c)}{\gamma\eta[4-t(2-\lambda)]-(\beta+ep_e)^2}, \\ w^{\#} = \dfrac{(c+ep_e)\{\gamma\eta[2-t(1-\lambda)]-\beta^2-\beta ep_e\}+[\gamma\eta(2-t)-ep_e(\beta+ep_e)]Q_0}{\gamma\eta[4-t(2-\lambda)]-(\beta+ep_e)^2}, \\ Q^{\#} = \dfrac{\eta(Q_0-ep_e-c)}{\gamma\eta[4-t(2-\lambda)]-(\beta+ep_e)^2}。 \end{cases}$$

(4-7)

将式(4-7)分别代入式(4-1)和式(4-2)，则可求得零售商的经济利润、制造商的经济利润、供应链系统经济利润、零售商的效用目标、制造商的效用目标、消费者剩余、社会福利分别为

$$\begin{cases} \pi_r^{\#} = \dfrac{\gamma\eta^2[1-t(1-\lambda)](Q_0-ep_e-c)^2}{\{\gamma\eta[4-t(2-\lambda)]-(\beta+ep_e)^2\}^2}, \\ \pi_m^{\#} = p_e E_0 + \dfrac{\eta[(4-2t)\gamma\eta-(\beta+ep_e)^2](Q_0-ep_e-c)^2}{2\{\gamma\eta[4-t(2-\lambda)]-(\beta+ep_e)^2\}^2}, \\ \pi_c^{\#} = p_e E_0 + \dfrac{\eta[(6-4t+2t\lambda)\gamma\eta-(\beta+ep_e)^2](Q_0-ep_e-c)^2}{2\{\gamma\eta[4-t(2-\lambda)]-(\beta+ep_e)^2\}^2}, \\ \Pi_r^{\#} = \dfrac{\gamma\eta^2[2-t(1-\lambda)](Q_0-ep_e-c)^2}{2\{\gamma\eta[4-t(2-\lambda)]-(\beta+ep_e)^2\}^2}, \\ \Pi_m^{\#} = p_e E_0 + \dfrac{\eta(Q_0-ep_e-c)^2}{2\{\gamma\eta[4-t(2-\lambda)]-(\beta+ep_e)^2\}}, \\ CS^{\#} = \dfrac{\gamma\eta^2(Q_0-ep_e-c)^2}{2\{\gamma\eta[4-t(2-\lambda)]-(\beta+ep_e)^2\}^2}, \\ W^{\#} = p_e E_0 + \dfrac{\eta[(7-4t+2t\lambda)\gamma\eta-(\beta+ep_e)^2](Q_0-ep_e-c)^2}{2\{\gamma\eta[4-t(2-\lambda)]-(\beta+ep_e)^2\}^2}。 \end{cases}$$

(4-8)

定理4-1 在制造商和零售商分摊CSR配置的供应链博弈模型中，制造商和零售商博弈的运作变量、经济利润、效益目标、消费者剩余和社会福利可分别由式(4-7)~式(4-8)给出。

定理4-2 当制造商实施CSR程度t增加时，则有：①制造商的碳减排率增加，零售商的订货量增加；当$2\gamma\eta\lambda-\beta^2-\beta ep_e+(1-\lambda)e^2p_e^2>0$时，制造商的批发价格减少；当$2\gamma\eta\lambda-\beta^2-\beta ep_e+(1-\lambda)e^2p_e^2\leq 0$时，制造商的批发价格增加。②当$\gamma\eta[2\lambda-t(1-\lambda)(2-\lambda)]+(1-\lambda)(\beta+ep_e)^2>0$时，零售商的经济利润增加，当$\gamma\eta[2\lambda-t(1-\lambda)(2-\lambda)]+(1-\lambda)(\beta+ep_e)^2\leq 0$时，零售商的均衡经济利润减少；当$\gamma\eta[4(1-\lambda)-t(2-\lambda)]-(1-\lambda)(\beta+ep_e)^2>0$时，制造商的经济利润增加，当$\gamma\eta[4(1-\lambda)-t(2-\lambda)]-(1-\lambda)(\beta+ep_e)^2\leq 0$时，制造商的

经济利润减少；供应链系统经济利润增加，消费者剩余增加，社会福利增加；零售商的效用目标增加，制造商的效用目标增加。

定理 4-3 当制造商分摊 CSR 配置 λ 增加时，则有：①制造商的碳减排率减少，零售商的订货量减少；当 $(2-t)\gamma\eta - ep_e(\beta + ep_e) > 0$ 时，制造商的批发价格减少，当 $(2-t)\gamma\eta - ep_e(\beta + ep_e) \leq 0$ 时，制造商的批发价格增加。②当 $(2-t\lambda)\gamma\eta - (\beta + ep_e)^2 < 0$ 时，零售商的经济利润减少，当 $(2-t\lambda)\gamma\eta - (\beta + ep_e)^2 \geq 0$ 时，零售商的经济利润增加；当 $\gamma\eta(4-2t) - (\beta + ep_e)^2 > 0$ 时，制造商的经济利润减少，当 $\gamma\eta(4-2t) - (\beta + ep_e)^2 \leq 0$ 时，制造商的均衡经济利润增加；供应链系统经济利润减少，消费者剩余减少，社会福利减少，零售商效用目标减少，制造商效用目标减少。

定理 4-4 制造商碳减排成本系数 η 增加时，则有：①碳减排率减少，订货量减少；当 $(2-t)\beta - [2-(1-\lambda)t]ep_e > 0$ 时，制造商的批发价格减少；当 $(2-t)\beta - [2-(1-\lambda)t]ep_e \leq 0$ 时，制造商的批发价格增加。②当 $1-t(1-\lambda) < 0$ 时，零售商的经济利润增加，当 $1-t(1-\lambda) \geq 0$ 时，零售商的经济利润减少；当 $\gamma\eta[4-t(2+\lambda)] - (\beta + ep_e)^2 < 0$ 时，制造商的经济利润增加，当 $\gamma\eta[4-t(2+\lambda)] - (\beta + ep_e)^2 \geq 0$ 时，制造商的均衡经济利润减少；当 $[8-3t(2-\lambda)]\gamma\eta - (\beta + ep_e)^2 > 0$ 时，供应链系统的经济利润减少，当 $[8-3t(2-\lambda)]\gamma\eta - (\beta + ep_e)^2 \leq 0$ 时，供应链系统的均衡经济利润增加；消费者剩余减少；当 $[10-3t(2-\lambda)]\gamma\eta - ep_e(\beta + ep_e) > 0$，社会福利减少，当 $[10-3t(2-\lambda)]\gamma\eta - ep_e(\beta + ep_e) \leq 0$，社会福利增加；零售商的效用目标减少，制造商的效用目标减少。

定理 4-5 制造商碳减排成本系数 β 增加时，则有：①碳减排率增加，订货量增加，当 $(4-2t)\beta\gamma\eta - ep_e[t\lambda\gamma\eta + (\beta + ep_e)^2] > 0$ 时，制造商的批发价格增加；当 $(4-2t)\beta\gamma\eta - ep_e[t\lambda\gamma\eta + (\beta + ep_e)^2] \leq 0$ 时，制造商的批发价格减少。②零售商的经济利润增加，制造商的经济利润增加，供应链系统的经济利润增加，消费者剩余增加；当 $[10-3t(2-\lambda)]\gamma\eta - ep_e(\beta + ep_e) > 0$ 时，社会福利增加，当 $[10-3t(2-\lambda)]\gamma\eta - ep_e(\beta + ep_e) \leq 0$ 时，社会福利减少；零售商效用目标增加，制造商效用目标增加。

4.2.2 集中式决策

在集中式供应链，以及供应链系统实施 CSR 和碳限额及交易情形下，碳减排率 τ 和产量 Q 是决策变量，此时供应链系统的目标函数为

$$\prod_c = \pi_c + tCS = (Q_0 + \beta\tau - \gamma Q - c)Q + t\frac{Q^2}{2} - \frac{1}{2}\eta\tau^2 - p_e[Q(1-\tau)e - E_0].$$

(4-9)

第4章 碳交易及企业社会责任情景下的供应链碳减排决策

对式(4-9)分别求关于 τ 和 Q 的二阶偏导数,则可得 Hessian 矩阵的行列式为

$$H_2 = \begin{vmatrix} \dfrac{\partial^2 \Pi_c}{\partial \tau^2} & \dfrac{\partial^2 \Pi_c}{\partial \tau \partial Q} \\ \dfrac{\partial^2 \Pi_c}{\partial \tau \partial Q} & \dfrac{\partial^2 \Pi_c}{\partial Q^2} \end{vmatrix} = \begin{vmatrix} -\eta & \beta + ep_e \\ \beta + ep_e & 2\gamma + t \end{vmatrix} = (2\gamma - t)\eta - (\beta + ep_e)^2 。$$

由此可得,当 $(2\gamma - t)\eta - (\beta + ep_e)^2 > 0$ 时, Π_c 是关于 τ 和 Q 的凹函数,因而存在最优解。对式(4-9)分别求关于碳减排率 τ 和产量 Q 的一阶偏导数并令其等于0,则有

$$\dfrac{\partial \Pi_c}{\partial \tau} = Q\beta - \eta\tau + ep_e Q = 0, \quad (4-10)$$

$$\dfrac{\partial \Pi_c}{\partial Q} = -c + tQ - 2Q\gamma + \beta\tau - ep_e(1-\tau) + Q_0 = 0 。 \quad (4-11)$$

由式(4-10)和式(4-11)可得集中式决策下供应链的最优碳减排率和最优产品需求量分别为

$$\begin{cases} \tau^* = \dfrac{(\beta + ep_e)(Q_0 - ep_e - c)}{(2\gamma - t)\eta - (\beta + ep_e)^2}, \\ Q^* = \dfrac{\eta(Q_0 - ep_e - c)}{(2\gamma - t)\eta - (\beta + ep_e)^2} 。 \end{cases} \quad (4-12)$$

将式(4-12)代入式(4-9),可得集中式决策下供应链系统最优经济利润、供应链系统最优整体利润、消费者剩余和社会福利分别为

$$\begin{cases} \pi_c^* = p_e E_0 + \dfrac{\eta[2(\gamma - t)\eta - (\beta + ep_e)^2](Q_0 - ep_e - c)^2}{2[\eta(2\gamma - t) - (\beta + ep_e)^2]^2}, \\ \Pi^* = p_e E_0 + \dfrac{\eta[(2\gamma - 2t + t\gamma)\eta - (\beta + ep_e)^2](Q_0 - ep_e - c)^2}{2[\eta(2\gamma - t) - (\beta + ep_e)^2]^2}, \\ CS^* = \dfrac{\gamma\eta^2(Q_0 - ep_e - c)^2}{2[\eta(2\gamma - t) - (\beta + ep_e)^2]^2}, \\ W^* = p_e E_0 + \dfrac{\eta[(3\gamma - 2t + t\gamma)\eta - (\beta + ep_e)^2](Q_0 - ep_e - c)^2}{2[\eta(2\gamma - t) - (\beta + ep_e)^2]^2} 。 \end{cases} \quad (4-13)$$

定理 4-6 在集中式供应链下,供应链系统的最优解和相应的利润分别由式(4-12)和式(4-13)给出。

定理 4-7 集中式决策和分散式决策相比,有:①集中式决策下的最优碳减排率、订货量、消费者剩余大于分散式决策下的最优碳减排率、订货量、消费者剩余。②当 $t \leqslant t_0$ 时, $\pi_c^* \geqslant \pi_c^\#$, $W^* \geqslant W^\#$;当 $t > t_0$ 时, $\pi_c^* \leqslant \pi_c^\#$, $W^* \leqslant W^\#$。其中 $A = [2\gamma\eta(3 + 2\gamma - \gamma\lambda) - (1 + 2\gamma - \gamma\lambda)(\beta + ep_e)^2]^2 - 16\gamma^2\eta(2-\lambda)[2\gamma\eta -$

$(\beta+ep_e)^2]$, $B=2\gamma\eta(3+2\gamma-\gamma\lambda)-(1+2\gamma-\gamma\lambda)(\beta+ep_e)^2$, $t_0=\dfrac{B-\sqrt{A}}{4\gamma\eta(2-\lambda)}$。

证明:通过比较定理 4-1 和定理 4-6 的结果,可得 $\tau^{*C}-\tau^*>0$, $Q^{*C}-Q^*>0$, $CS^{*C}-CS^*>0$;当 $t\leqslant t_0$ 时,$W^{*C}-W^*\geqslant 0$, $\pi^*-\pi^{\#}\geqslant 0$,当 $t>t_0$ 时,$\pi_c^*-\pi_c^{\#}<0$, $W^*-W^{\#}<0$。

4.3 供应链协调

为了实现供应链协调,这里采用二部定价与成本分摊契约组成的组合契约,即制造商首先确定碳减排率 τ 和基准批发价格 w_0,向零售商收取一笔固定的特许经营费用 R,最后由零售商决定分摊制造商碳减排成本的比例 $\theta(0\leqslant\theta\leqslant 1)$,并确定其订货量 Q,由此可得零售商的经济利润和制造商的整体利润分别为

$$\pi_r=(Q_0+\beta\tau-\gamma Q-w_0)Q+t(1-\lambda)\gamma\dfrac{Q^2}{2}-\dfrac{1}{2}\theta\eta\tau^2-R, \quad (4-14)$$

$$\Pi_m=(w_0-c)Q+t\lambda\gamma\dfrac{Q^2}{2}-\dfrac{1}{2}(1-\theta)\eta\tau^2+R-p_e[Q(1-\tau)e-E_0]。 \quad (4-15)$$

由式(4-14)可得 $Q=\dfrac{Q_0+\beta\tau-w_0}{[2-t(1-\lambda)]\gamma}$,将其代入式(4-15),则可求得最优碳减排率,并进一步可得最优订货量分别为

$$\begin{cases}\tau^{\#*}=\dfrac{ep_e[2-t(1-\lambda)](Q_0-\beta-w_0)+\beta[t\lambda Q_0+(2-t)w_0-2c+tc(1-\lambda)]}{\gamma\eta(1-\theta)[2-(1-\lambda)]^2-t\lambda\beta^2-2\beta ep_e[2-t(1-\lambda)]},\\ Q^{\#*}=\dfrac{\beta^2(w_0-c)+\gamma\eta(1-\theta)[2-t(1-\lambda)](Q_0-w_0)-\beta ep_e(Q_0+\beta-w_0)}{\gamma\{\gamma\eta(1-\theta)[2-(1-\lambda)]^2-t\lambda\beta^2-2\beta ep_e[2-t(1-\lambda)]\}}。\end{cases} \quad (4-16)$$

在供应链协调契约下,当 $\tau^{*C}=\tau^{\#}$ 且 $Q^{*C}=Q^{\#}$ 时,供应链系统达到最优,因而可得

$$\begin{cases}\theta=\dfrac{\beta\{2\gamma+t[1-\gamma(2-\lambda)]\}}{(\beta+ep_e)\gamma[2-t(1-\lambda)]},\\ w_0=\dfrac{(c+ep_e)\{[2-t(1-\lambda)]\gamma\eta-\beta^2-\beta ep_e\}-\{t\eta[1-\gamma(1-\lambda)]+ep_e(\beta+ep_e)\}Q_0}{(2\gamma-t)\eta-(\beta+ep_e)^2}。\end{cases} \quad (4-17)$$

由式(4-17)可进一步求得零售商的均衡经济利润、制造商的均衡经济利润分别为

$$\begin{cases}\Pi_r^{\#*} = -R + \dfrac{\eta\{2\gamma(2\gamma\eta-\beta^2)-t[4\gamma^2\eta(1-\lambda)+\beta^2-\beta^2\gamma(2-\lambda)]\}(Q_0-c-ep_e)^2}{2\gamma[2-t(1-\lambda)][\eta(2\gamma-t)-(\beta+ep_e)^2]^2} + \\
\qquad \dfrac{\{t^2\gamma^2\eta(1-\lambda)^2-\beta ep_e[2\gamma+t-t\gamma(2-\lambda)]\}(Q_0-c-ep_e)^2}{2\gamma[2-t(1-\lambda)][\eta(2\gamma-t)-(\beta+ep_e)^2]^2}, \\
\Pi_m^{\#*} = R + p_e E_0 - \dfrac{t\eta\{\beta^2(\gamma-1)+\gamma\eta[2-\gamma(2-\lambda)][2-t(1-\lambda)]\}(Q_0-c-ep_e)^2}{2\gamma[2-t(1-\lambda)][\eta(2\gamma-t)-(\beta+ep_e)^2]^2} - \\
\qquad \dfrac{\eta ep_e\{2\beta\gamma+\beta t(\gamma\lambda-1)+\gamma ep_e[2-t(1-\lambda)]\}(Q_0-c-ep_e)^2}{2\gamma[2-t(1-\lambda)][\eta(2\gamma-t)-(\beta+ep_e)^2]^2}。
\end{cases}$$

要保证渠道成员都能够接受二部定价+成本分摊的组合契约,需要满足参与约束条件。首先,制造商要给出二部定价+成本分摊的组合契约,需要满足条件$\Pi_m^{\#\#}\geqslant\Pi_m^{\#}$,则可得

$$R \geqslant \dfrac{t\eta\{\beta^2(\gamma-1)+\gamma\eta[2-\gamma(2-\lambda)][2-t(1-\lambda)]\}(Q_0-c-ep_e)^2}{2\gamma[2-t(1-\lambda)][\eta(2\gamma-t)-(\beta+ep_e)^2]^2}$$

$$+ \dfrac{\eta ep_e\{2\beta\gamma+\beta t(\gamma\lambda-1)+\gamma ep_e[2-t(1-\lambda)]\}(Q_0-c-ep_e)^2}{2\gamma[2-t(1-\lambda)][\eta(2\gamma-t)-(\beta+ep_e)^2]^2}$$

$$- \dfrac{\eta(Q_0-ep_e-c)^2}{2\{\gamma\eta[4-t(2-\lambda)]-(\beta+ep_e)^2\}} = \underline{R}。$$

随后,零售商要接受二部定价+成本分摊的组合契约,需要满足条件$\Pi_r^{\#\#}\geqslant\Pi_r^{\#}$,则可得

$$R \leqslant \dfrac{\eta\{2\gamma(2\gamma\eta-\beta^2)-t[4\gamma^2\eta(1-\lambda)+\beta^2-\beta^2\gamma(2-\lambda)]\}(Q_0-c-ep_e)^2}{2\gamma[2-t(1-\lambda)][\eta(2\gamma-t)-(\beta+ep_e)^2]^2}$$

$$+ \dfrac{\{t^2\gamma^2\eta(1-\lambda)^2-\beta ep_e[2\gamma+t-t\gamma(2-\lambda)]\}(Q_0-c-ep_e)^2}{2\gamma[2-t(1-\lambda)][\eta(2\gamma-t)-(\beta+ep_e)^2]^2}$$

$$- \dfrac{\gamma\eta^2[2-t(1-\lambda)](Q_0-ep_e-c)^2}{2\{\gamma\eta[4-t(2-\lambda)]-(\beta+ep_e)^2\}^2} = \overline{R}。$$

由于$\overline{R}-\underline{R}=\Pi^{*c}-\Pi^*>0$,因此可满足参与约束条件。

定理4-8 当批发价格

$$w_0 = \dfrac{(c+ep_e)\{[2-t(1-\lambda)]\gamma\eta-\beta^2-\beta ep_e\}-\{t\eta[1-\gamma(1-\lambda)]+ep_e(\beta+ep_e)\}Q_0}{(2\gamma-t)\eta-(\beta+ep_e)^2}$$

和成本分摊比例$\theta = \dfrac{\beta\{2\gamma+t[1-\gamma(2-\lambda)]\}}{(\beta+ep_e)\gamma[2-t(1-\lambda)]}$,且$R\in[\underline{R},\overline{R}]$时,供应链可实现协调。

4.4 数值仿真分析

前面分析了碳限额及交易下制造商和零售商分摊社会责任配置时的分散

式决策和集中式决策的最优碳排放率、最优订货量、零售商经济利润、制造商经济利润、制造商效用目标、零售商效用目标、供应链系统经济利润、供应链系统效用目标以及供应链实现协调的条件,这里通过数值计算分析不同情形下的决策结果及收益。考虑一个由制造商和零售商组成的二阶段供应链,为了进一步验证前面模型分析的结论,根据前面存在最优解的条件,并参考唐书传等(2020)、Panda等(2015)文献的数据,分析其对决策变量以及零售商、制造商和供应链利润的影响,基本运营的参数设定如表4-2所示。

表4-2 基本运营参数

e	p_e	t	γ	c	η	E_0	β	Q_0
2	2	0.5	2	20	1.0×10^4	50	10	100

4.4.1 最优值分析

在不同决策情况下,数值模拟如表4-3所示。由表4-3可知,供应链在集中式决策下的最优碳减排率、最优订货量、消费者剩余、社会福利、供应链系统经济利润都分别大于分散式决策下的最优碳减排率、最优低碳订货量、消费者剩余、社会福利、供应链系统经济利润;当采用二部定价+碳减排成本分摊时,供应链可实现协调。

表4-3 不同情形下的最优化结果

	决策变量			目标函数			契约参数	
	τ	Q	w/w_0	π_c	Π_c	CS	W	θ
分散式	0.016	11.72	59.12	717.57	786.34	137.54	855.11	—
集中式	0.031	21.84	—	810.58	1049.00	476.84	1347.00	—
协调	0.031	21.84	9.51	810.58	1049.00	476.84	1347.00	0.61

4.4.2 参数对最优值及利润的影响

在碳交易及供应链系统实施企业社会责任的情景下,当初始市场规模Q_0、单位产品初始碳排放量e、单位产品的生产成本c、零售价格对产品需求的敏感系数γ,以及政府给予的免费碳排放限额E取表4-2中的数值时,分散式决策下制造商和零售商分摊CSR配置比例变化对最优值及利润的影响如图4-1~图4-3所示。

第4章 碳交易及企业社会责任情景下的供应链碳减排决策

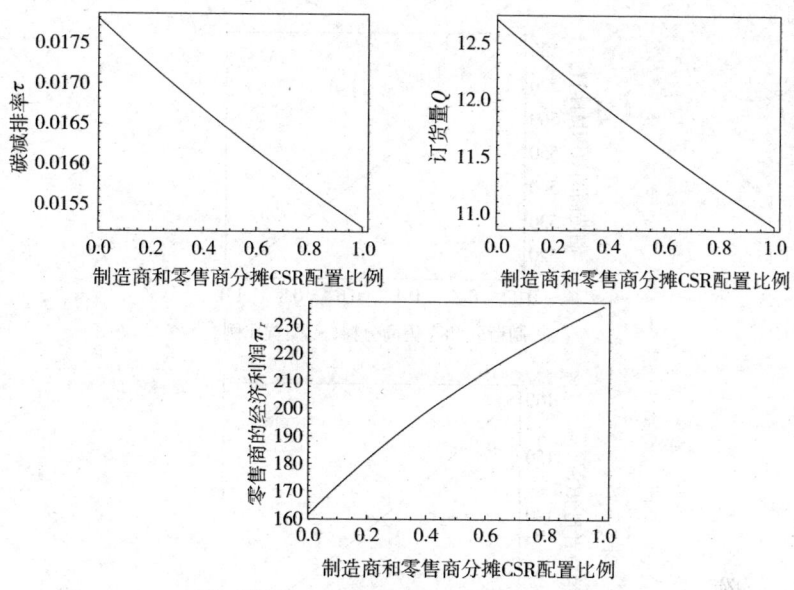

图 4-1 λ 对碳减排率 τ、订货量 Q 和零售商的经济利润 π_r 的影响

由图 4-1 可知，碳减排率、订货量与制造商和零售商分摊 CSR 配置比例成反向变化关系，零售商经济利润与制造商和零售商分摊 CSR 配置比例成正向变化关系。

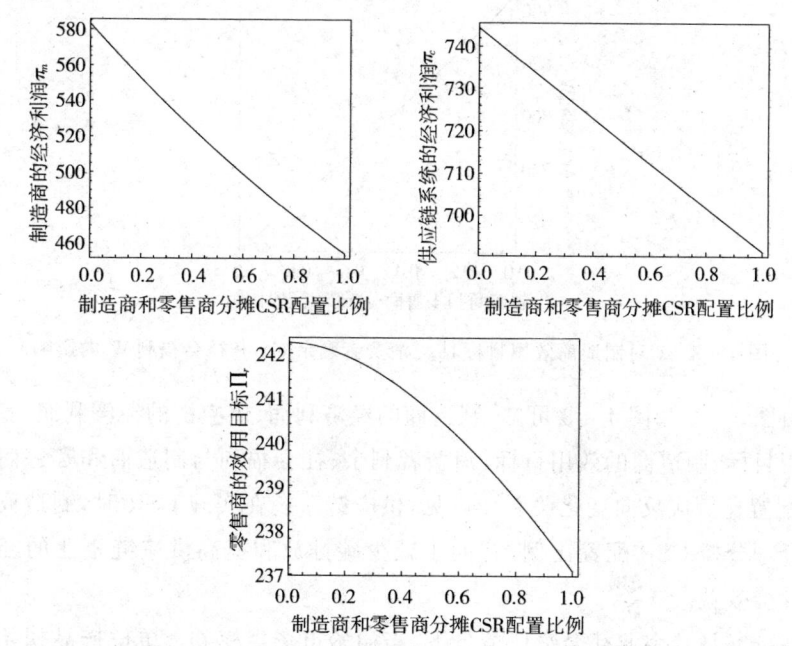

图 4-2 λ 对制造商的经济利润 π_m、供应链系统的经济利润 π_c 和零售商的效用目标 Π_r 的影响

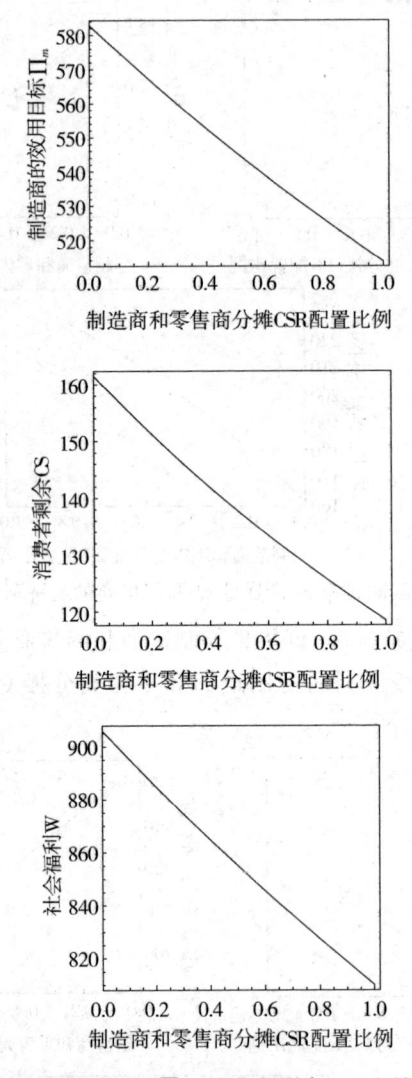

图 4-3 λ 对制造商效用目标 Π_m、消费者剩余 CS 和社会福利 W 的影响

由图 4-2 和图 4-3 可知，制造商的经济利润、供应链的经济利润、零售商的效用目标、制造商的效用目标、消费者剩余、社会福利与制造商和零售商分摊 CSR 配置比例成反向变化关系。可见，供应链系统在实施 CSR 时，制造商和零售商合理分摊 CSR 配置比例，有助于减少碳排放和提高供应链企业的经济效益与社会效益。

在碳交易及企业社会责任情景下，当初始市场规模 Q_0、单位产品初始碳排放量 e、单位产品的生产成本 c、零售价格对产品需求的敏感系数 γ，以及政府给予的免费碳排放限额 E。取表 4-2 中的数值时,集中式决策下各参数变化对最优值及利润的影响如图 4-4~图 4-9 所示。

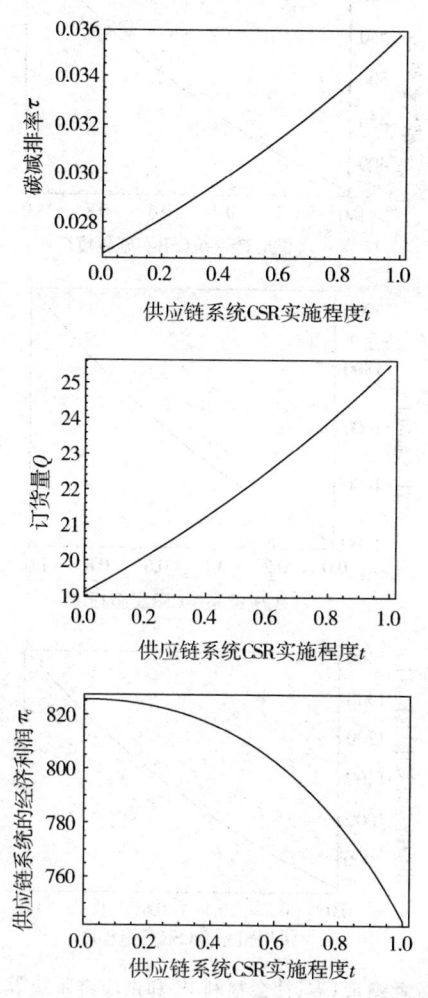

图 4-4 t 对碳减排率 τ、订货量 Q 和供应链系统的经济利润 π_c 的影响

由图 4-4 可知,碳减排率、订货量与供应链系统 CSR 实施程度成正向变化关系,供应链系统的经济利润与供应链系统 CSR 实施程度成反向变化关系。可见,政府通过宣传与监管,让供应链企业承担相应的社会责任,可促进供应链企业减少碳排放,同时有助于扩大市场需求。但供应链在实施 CSR 的同时,需要承担相应的成本,因而会降低供应链系统的经济利润,因此政府应该对实施 CSR 较好的企业给予补贴,以促进企业更好地履行社会责任。

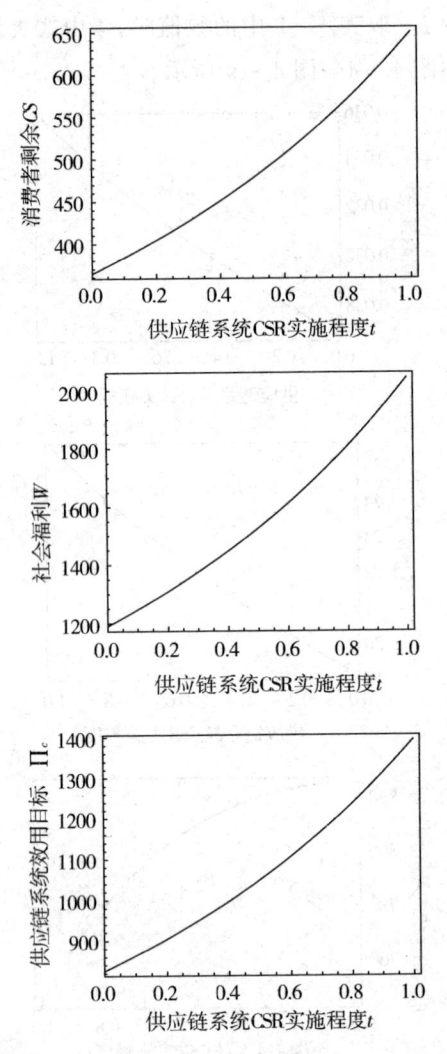

图4-5 t对消费者剩余CS、社会福利W和供应链系统效用目标Π_c的影响

由图4-5可知,消费者剩余、社会福利、供应链系统的效用目标都与供应链系统CSR实施程度成正向变化关系。可见,让供应链企业承担相应的社会责任,不仅可以增加消费者剩余,而且可以提高社会福利,进而增强供应链系统的效用,提高供应链的社会效益。

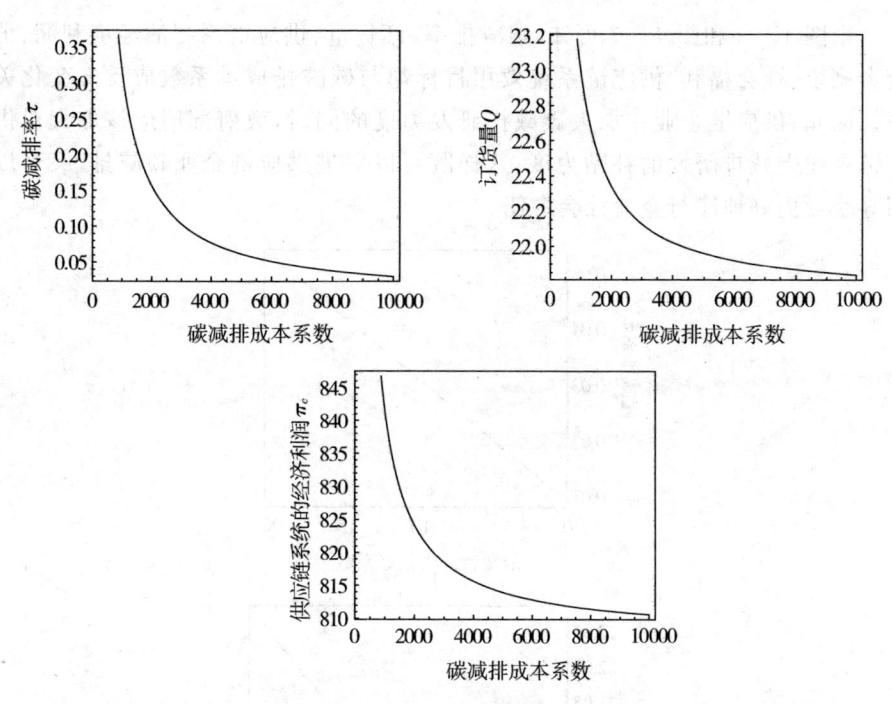

图 4-6 η 对碳减排率 τ、订货量 Q 和供应链系统的经济利润 π_c 的影响

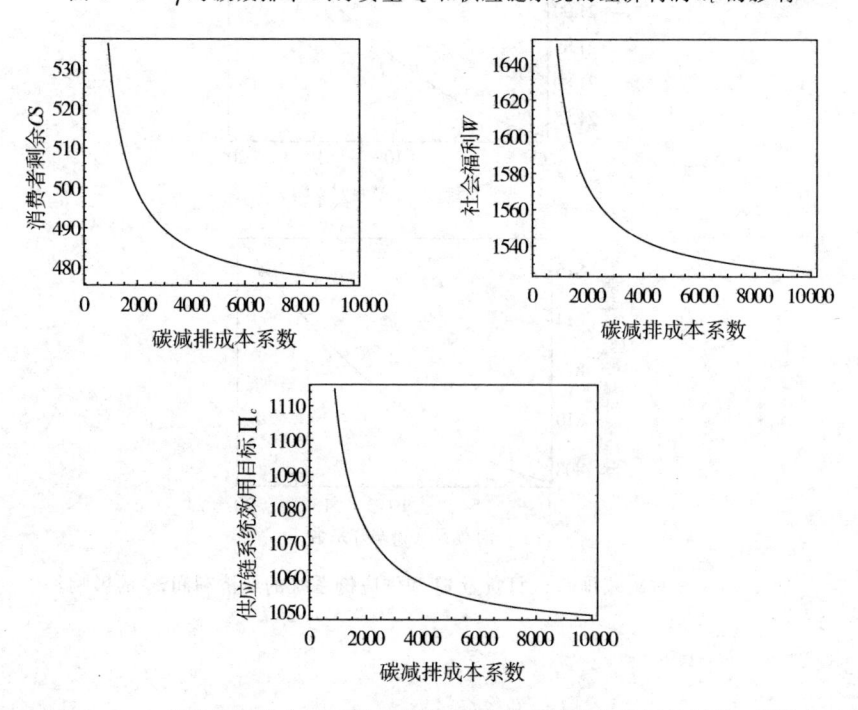

图 4-7 η 对消费者剩余 CS、社会福利 W 和供应链系统效用目标 Π_c 的影响

由图4-6和图4-7可知,碳减排率、订货量、供应链系统的经济利润、消费者剩余、社会福利、供应链系统效用目标都与碳减排成本系数成反向变化关系。因此,供应链企业在加大碳减排研发力度的同时,政府部门应该加大对供应链企业碳减排研发的补贴力度,这样既可以促进供应链企业碳减排,又可以引导企业更好地履行企业社会责任。

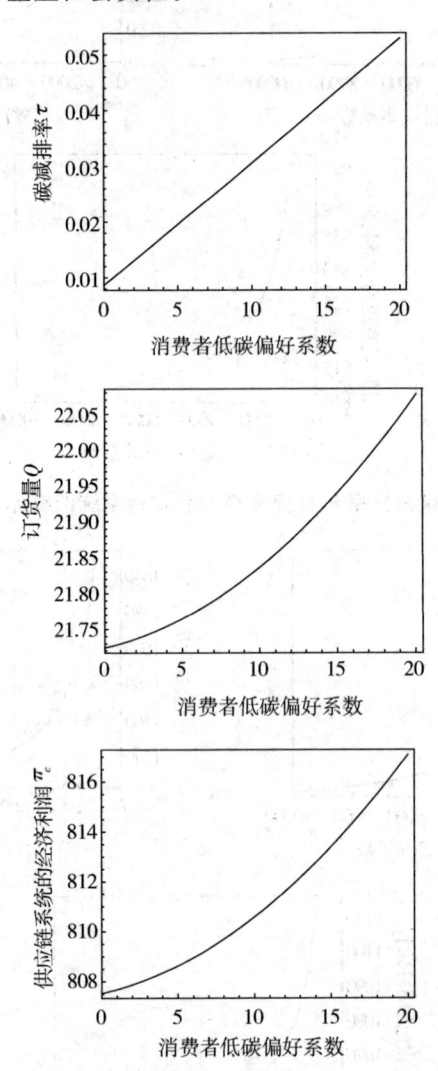

图4-8 β对碳减排率τ、订货量Q和供应链系统的经济利润π_c的影响

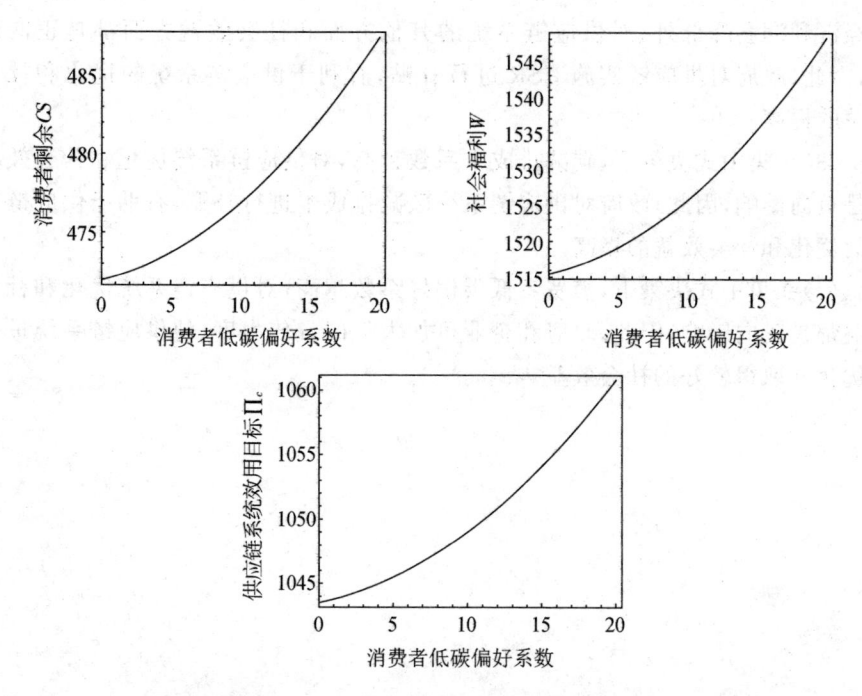

图4-9 β 对消费者剩余CS、社会福利W和供应链系统效用目标Π_c的影响

由图4-8和图4-9可知,碳减排率、订货量、供应链系统的经济利润、消费者剩余、社会福利、供应链系统效用目标都与消费者低碳偏好系数成正向变化关系。因此,供应链企业在加大碳减排研发力度的同时,企业和政府部门要加大低碳宣传力度,同时对履行社会责任好的供应链企业进行宣传,让更多的消费者愿意购买低碳产品,使供应链企业取得良好的经济效益和社会效益。

4.5 本章小结

本章以单个制造商和单个零售商组成的供应链为研究对象,在碳交易及供应链系统实施社会责任情景下,构建了供应链碳减排模型,探讨了实施碳交易和企业社会责任对碳减排策略的影响,设计了二部定价+成本分摊组织契约来实现供应链协调。

本章通过研究获得以下有意义的结论:

(1)在分散式决策下,制造商和零售商分摊CSR配置的比例越高,除了对零售商的经济利润有正向影响外,对供应链成员的其他方面以及社会效益都是负向影响,供应链系统实施CSR需要供应链成员共同分摊才有利于供应链系统的优化,并有助于取得良好的经济效益和社会效益。

(2)在集中式决策下,供应链系统实施CSR的水平越高,除了供应链系统的经济利润会降低外,对供应链系统的其他方面和社会效益方面都是正向影响,因此,政府对供应链实施 CSR 进行补贴,有利于供应链系统的优化和社会效益的提高。

(3)在集中式决策下,碳减排成本系数越高,对供应链系统优化和社会效益都是负向影响,因此,政府对供应链系统碳减排成本进行补贴,有助于供应链系统的优化和社会效益的提高。

(4)在集中式决策下,消费者低碳偏好系数越高,对供应链系统优化和社会效益都是正向影响,因此,政府和企业可加大低碳宣传力度,使供应链系统进一步优化并取得较好的社会效益。

第5章 碳交易下考虑制造商企业社会责任的供应链碳减排决策

碳限额及交易机制作为减少和控制碳排放最为有效的机制,目前在美国、欧盟、中国等国家和一些地区开始实施。在碳限额及交易机制下,单位产品碳排放量的多少将直接影响供应链企业的碳排放成本,因而将对供应链系统产生巨大的影响。近年来,随着社会对碳减排日益重视以及公众低碳意识的不断提高,越来越多的供应链企业将碳减排纳入其运营规划与管理中来,加大碳减排的经费投入,优化其运作策略,以减少碳排放并实现供应链整体效益的最优。为此,国内外众多学者对供应链碳减排问题进行了广泛的研究。Benjaafar等(2013)在供应链中考虑碳排放成本,建立了碳限额及交易下的供应链博弈模型,通过对模型的分析对供应链的运作优化策略进行了研究;谢鑫鹏和赵道致(2013)研究了低碳供应链的碳减排合作策略;付秋芳等(2016)研究了惩罚机制下供应链契约碳减排投入的演化博弈策略;覃艳华等(2017)针对不同的碳排放权交易政策,研究了供应链运作策略及协调条件;孙嘉楠和肖忠东(2018)研究了消费者双重偏好下的供应链碳减排策略;张令荣等(2020)研究了内外部碳配额交易路径下供应链碳减排决策问题。

自 Sheldon 于 1924 年最早提出企业社会责任(CSR)以来,企业社会责任一直成为业界和学术界备受争议的热门话题,国内外学者从不同角度探讨了企业社会责任(CSR)对企业的影响,如 McWilliams 和 Siegel(2001)、Axjonow 等(2018)、陈晓峰(2014)。随着经济全球化的发展,国际分工不断深化,现代商业的竞争逐渐由企业竞争向供应链竞争转变,企业社会责任也逐渐延伸至整个供应链,特别是近年来一些企业社会责任缺失的事件等频繁发生,使得供应链社会责任(SCSR)问题成为热点问题。Sanjeev 等(2020)指出,利益相关者对企业和供应链的期望促进了负责任的商业实践的发展;郭春香等(2011)针对由制造商和供应商组成的供应链,研究了社会责任分担及供应链利润优化问题;Panda 等(2015)研究了三级供应链中制造商 CSR 履行对供应链运作的影响,对供应链协调的契约进行了探讨;范建昌等(2017)研究了 CSR 履行程度对供应链产品质量以及运作的影响,指出制造商或零售商 CSR 履行程度的增加将促进产品质量的提升和对产品需求量的增加,并给出了供应链实现协调的契约设计;

李新然和李刚(2020)研究了企业社会责任承担的两阶段闭环供应链协调机制问题。

当前,我国经济已由粗放式高速增长转向高质量发展阶段,经济高质量发展的一项重要内容就是要求企业承担社会责任,推动经济、社会和环境的可持续发展。在当前现实商业环境中,企业社会责任履行和碳减排是供应链企业面临的双重压力,因此,针对碳减排和企业社会责任的供应链决策与协调问题成为研究的热点。为此,唐书传等(2020)研究了考虑社会责任的供应链定价和碳减排决策问题,林志炳和鲍蕾(2020)研究了企业社会责任对供应链减排决策的影响问题。从现有的文献来看,目前关于供应链碳减排以及供应链社会责任的研究较多,但把企业社会责任和碳减排两者结合起来研究供应链的运作决策及协调的文献比较缺乏。因此,本章研究碳限额及交易下考虑制造商企业社会责任的供应链运作策略与协调机制,主要拟研究以下问题:(1)在碳限额及交易下考虑制造商履行企业社会责任的供应链碳减排和订货量的最优决策;(2)如何实现供应链协调;(3)企业社会责任履行程度、碳减排成本系数、碳排放交易价格、消费者低碳偏好系数等参数变化对最优决策、制造商利润、零售商利润以及供应链利润的影响。

5.1 问题描述与相关假设

由一个制造商和一个零售商组成的供应链中,制造商负责产品的生产,且碳排放主要由制造商在生产过程中产生,因此主要考虑其碳排放情况;零售商负责产品的销售,而且零售商的碳排放占比较小,不予考虑。在碳限额及交易机制下,政府给予制造商一定的免费碳排放限额,超出或节省的碳排放量可以通过碳交易市场进行交易。假设消费者具有低碳偏好,即消费者愿意购买低碳产品并为其支付更高的价格,根据 Panda(2014)的 CSR 定义,将制造商关注社会福利的大小设定为 CSR 行为,制造商是一个具有社会责任感的企业,社会福利为企业利润和消费者剩余之和。本章相关的符号及含义如表 5-1 所示。

表 5-1 相关符号及含义

符号	含义
p	零售商单位产品的销售价格
c	制造商单位产品的生产成本
w	制造商给予零售商单位产品的批发价格
Q_0	不进行碳减排和社会责任履行时的市场规模
η	制造商的碳减排成本系数

续 表

符号	含 义
τ	碳减排率,其碳减排率下的碳减排技术创新投入满足：$C(\tau)=0.5\eta\tau^2$
e	制造商实施碳减排技术前生产单位产品的碳排放量
τe	制造商实施碳减排技术后生产单位产品的碳减排量
β	消费者对低碳产品的偏好系数
p_e	单位碳排放的市场交易价格
E_0	政府给予制造商的免费碳排放限额
γ	零售价格对产品需求的敏感系数
Q	市场需求量,且满足 $p=Q_0+\beta\tau-\gamma Q$
t	制造商 CSR 履行水平, $0\leqslant t\leqslant 1$, $t=0$ 为制造商不履行 CSR, $t=1$ 为制造商完全履行 CSR
π_c	供应链系统的经济利润
CS	消费者剩余,且满足：$CS=0.5\gamma Q^2$
W	社会福利,其满足：$W=\pi_c+CS$
π_r	零售商的经济利润
π_m	制造商的经济利润
Π_m	制造商实施 CSR 时的整体利润,其满足 $\Pi_m=\pi_m+tW$
Π_c	实施 CSR 时的供应链系统整体利润,其满足 $\Pi_c=\pi_c+tW$

5.2 模型的构建与分析

5.2.1 分散式决策

根据前面的假设可得零售商的经济利润函数和制造商的整体利润函数分别为

$$\pi_r=(p-w)Q=(Q_0+\beta\tau-\gamma Q-w)Q, \quad (5-1)$$

$$\Pi_m=(w-c)Q-\frac{1}{2}\eta\tau^2-p_e[Q(1-\tau)e-E_0]+t\{(Q_0+\beta\tau-\gamma Q-c)Q-p_e[Q(1-\tau)e-E_0]+\frac{1}{2}\gamma Q^2-\frac{1}{2}\eta\tau^2\}。 \quad (5-2)$$

由式(5-1)可知 $\dfrac{\partial^2\pi_r}{\partial Q^2}<0$,所以零售商存在最优订货量,对式(5-1)求关于 Q 的一阶偏导数并令其等于 0,则可得

$$Q(w,\tau)=\frac{Q_0+\beta\tau-w}{2\gamma}。 \quad (5-3)$$

将式(5-3)代入式(5-2),则有

$$\Pi_m = \frac{(w-c)(Q_0+\beta\tau-w)}{2\gamma} - \frac{1}{2}(1+t)\eta\tau^2 - (1+t)p_e\left[\frac{(Q_0+\beta\tau-w)(1-\tau)e}{2\gamma} - E_0\right] + \frac{t(Q_0+\beta\tau+w-2c)(Q_0+\beta\tau-w)}{4\gamma} + \frac{t(Q_0+\beta\tau-w)^2}{8\gamma}。 \qquad (5-4)$$

对式(5-4)分别求关于 τ 和 w 的二阶偏导数,则可得 Hessian 矩阵的行列式为

$$H_1 = \begin{vmatrix} \dfrac{\partial^2 \Pi_m}{\partial \tau^2} & \dfrac{\partial^2 \Pi_m}{\partial \tau \partial w} \\ \dfrac{\partial^2 \Pi_m}{\partial \tau \partial w} & \dfrac{\partial^2 \Pi_m}{\partial w^2} \end{vmatrix}$$

$$= \begin{vmatrix} -\dfrac{4(1+t)\gamma\eta-3t\beta^2-4\beta ep_e(1+t)}{4\gamma} & \dfrac{(2-t)\beta-2ep_e(1+t)}{4\gamma} \\ \dfrac{(2-t)\beta-2ep_e(1+t)}{4\gamma} & -\dfrac{4+t}{4\gamma} \end{vmatrix}$$

$$= \frac{4(4+t)(1+t)\gamma\eta - 4(1+t)^2(\beta+ep_e)^2}{16\gamma^2}。$$

由此可得,当 $(4+t)\gamma\eta - (1+t)(\beta+ep_e)^2 > 0$ 时,Π_m 是关于 τ 和 w 的凹函数,因而存在最优解。对式(5-4)求关于 τ 和 w 的一阶偏导数并令其等于 0,则有

$$\frac{\partial \Pi_m}{\partial \tau} = \frac{[(2-t)w-2c(1+t)]\beta + [3t\beta^2-4(1+t)\gamma\eta]\tau}{4\gamma} + \frac{2(1+t)ep_e(Q_0+2\beta\tau-w-\beta)+3t\beta Q_0}{4\gamma} = 0, \qquad (5-5)$$

$$\frac{\partial \Pi_m}{\partial w} = \frac{2c(1+t)-(4+t)w+(2-t)\beta\tau+2ep_e(1+t)(1-\tau)+(2-t)Q_0}{4\gamma} = 0。 \qquad (5-6)$$

由式(5-5)、式(5-6)可得碳减排率和批发价格分别为

$$\begin{cases} \tau^* = \dfrac{(1+t)(\beta+ep_e)(Q_0-c-ep_e)}{\gamma\eta(4+t)-(1+t)(\beta+ep_e)^2}, \\ w^* = \dfrac{(1+t)(c+ep_e)(2\gamma\eta-\beta^2-\beta ep_e)+Q_0[(2-t)\gamma\eta-(1+t)ep_e(\beta+ep_e)]}{\gamma\eta(4+t)-(1+t)(\beta+ep_e)^2}。 \end{cases} \qquad (5-7)$$

第5章 碳交易下考虑制造商企业社会责任的供应链碳减排决策

将式(5-7)代入式(5-3)和产品需求函数中,进而可得零售商的最优订货量和最优批发价格分别为

$$\begin{cases} Q^* = \dfrac{\eta(Q_0-c-ep_e)(1+t)}{\gamma\eta(4+t)-(1+t)(\beta+ep_e)^2}, \\ p^* = \dfrac{[3\gamma\eta-(1+t)ep_e(\beta+ep_e)]Q_0+(1+t)(c+ep_e)(\gamma\eta-\beta^2-\beta ep_e)}{\gamma\eta(4+t)-(1+t)(\beta+ep_e)^2}。 \end{cases}$$

(5-8)

将式(5-7)和式(5-8)分别代入式(5-1)和式(5-2),则可求得零售商的均衡经济利润、制造商的均衡经济利润和制造商的均衡整体利润分别为

$$\begin{cases} \pi_r^* = \dfrac{\gamma\eta^2(Q_0-c-ep_e)^2(1+t)^2}{[\gamma\eta(4+t)-(1+t)(\beta+ep_e)^2]^2}, \\ \pi_m^* = p_e E_0 + \dfrac{\eta(1+t)(Q_0-c-ep_e)^2[(4-2t)\gamma\eta-(1+t)(\beta+ep_e)^2]}{2[\gamma\eta(4+t)-(1+t)(\beta+ep_e)^2]^2}, \\ \Pi_m^* = (1+t)p_e E_0 + \dfrac{\eta(1+t)^2(Q_0-c-ep_e)^2}{2[\gamma\eta(4+t)-(1+t)(\beta+ep_e)^2]}。 \end{cases}$$

(5-9)

由式(5-9)可得供应链系统的经济利润、供应链系统的整体利润、消费者剩余和社会福利分别为

$$\begin{cases} \pi_c^* = p_e E_0 + \dfrac{\eta(1+t)(Q_0-c-ep_e)^2[6\gamma\eta-(1+t)(\beta+ep_e)^2]}{2[\gamma\eta(4+t)-(1+t)(\beta+ep_e)^2]^2}, \\ \Pi_c^* = (1+t)p_e E_0 + \dfrac{\eta(1+t)^2(Q_0-c-ep_e)^2[(6+t)\gamma\eta-(1+t)(\beta+ep_e)^2]}{2[\gamma\eta(4+t)-(1+t)(\beta+ep_e)^2]^2}, \\ CS^* = \dfrac{(1+t)^2\gamma\eta^2(Q_0-c-ep_e)^2}{2[\gamma\eta(4+t)-(1+t)(\beta+ep_e)^2]^2}, \\ W^* = p_e E_0 + \dfrac{\eta(1+t)(Q_0-c-ep_e)^2[(7+t)\gamma\eta-(1+t)(\beta+ep_e)^2]}{2[\gamma\eta(4+t)-(1+t)(\beta+ep_e)^2]^2}。 \end{cases}$$

(5-10)

定理 5-1 在制造商实施 CSR 行为的供应链博弈模型中,制造商和零售商博弈的均衡运作变量和相应的均衡利润、消费者剩余和社会福利可分别由式(5-7)~式(5-10)给出。

定理 5-2 当制造商实施 CSR 程度 t 增加时,则有:①制造商的碳减排率增加,零售商的订货量增加;当 $\beta^2+\beta ep_e > 2\gamma\eta$ 时,制造商均衡批发价格增加,当 $\beta^2+\beta ep_e \leq 2\gamma\eta$ 时,制造商均衡批发价格减少。②零售商的均衡经济利润增加,制造商的均衡经济利润减少,供应链系统经济利润增加,消费者剩余增加,社会福利增加;当

$p_eE_0 - \dfrac{\eta(1+t)(Q_0-c-ep_e)^2[\gamma\eta(7+t)-(1+t)(\beta+ep_e)^2]}{2[\gamma\eta(4+t)-(1+t)(\beta+ep_e)^2]^2} > 0$ 时,制造商的均衡整体利润增加,当 $p_eE_0 - \dfrac{\eta(1+t)(Q_0-c-ep_e)^2[\gamma\eta(7+t)-(1+t)(\beta+ep_e)^2]}{2[\gamma\eta(4+t)-(1+t)(\beta+ep_e)^2]^2} < 0$ 时,制造商的均衡整体利润减少。

证明:根据定理 5‑1 可求得供应链中各均衡结果对制造商 CSR 程度 t 的一阶偏导数,并根据假设条件可知 $\dfrac{\partial \tau^*}{\partial t} > 0, \dfrac{\partial Q^*}{\partial t} > 0, \dfrac{\partial \pi_r^*}{\partial t} > 0, \dfrac{\partial \pi_m^*}{\partial t} < 0, \dfrac{\partial \pi_C^*}{\partial t} > 0, \dfrac{\partial CS^*}{\partial t} > 0, \dfrac{\partial W^*}{\partial t} > 0$;当 $\beta^2 + \beta ep_e > 2\gamma\eta$ 时,$\dfrac{\partial w^*}{\partial t} > 0$;当 $\beta^2 + \beta ep_e \leqslant 2\gamma\eta$ 时,$\dfrac{\partial w^*}{\partial t} < 0$。当 $p_eE_0 - \dfrac{\eta(1+t)(Q_0-c-ep_e)^2[\gamma\eta(7+t)-(1+t)(\beta+ep_e)^2]}{2[\gamma\eta(4+t)-(1+t)(\beta+ep_e)^2]^2} > 0$ 时,$\dfrac{\partial \Pi_m^*}{\partial t} > 0$;当 $p_eE_0 - \dfrac{\eta(1+t)(Q_0-c-ep_e)^2[\gamma\eta(7+t)-(1+t)(\beta+ep_e)^2]}{2[\gamma\eta(4+t)-(1+t)(\beta+ep_e)^2]^2} < 0$ 时,$\dfrac{\partial \Pi_m^*}{\partial t} < 0$。

定理 5‑3 当制造商碳减排成本系数 η 增加时,则有:①制造商的碳减排率减少,零售商的订货量减少,制造商的批发价格减少。②零售商的均衡经济利润减少,供应链系统经济利润减少,消费者剩余减少,社会福利减少;当 $t \geqslant \dfrac{4}{5}$ 时或 $t < \dfrac{4}{5}$ 且 $\gamma\eta(-4+5t)+(1+t)(\beta+ep_e)^2 > 0$ 时,制造商的均衡经济利润增加,当 $t < \dfrac{4}{5}$ 且 $\gamma\eta(-4+5t)+(1+t)(\beta+ep_e)^2 \leqslant 0$ 时,制造商的均衡经济利润减少。

证明:根据定理 5‑1 可求得供应链各均衡结果对制造商碳减排成本系数 η 的一阶偏导数,并根据假设条件可知 $\dfrac{\partial \tau^*}{\partial \eta} < 0, \dfrac{\partial Q^*}{\partial \eta} < 0, \dfrac{\partial w^*}{\partial \eta} < 0, \dfrac{\partial \pi_r^*}{\partial \eta} < 0, \dfrac{\partial \pi_C^*}{\partial \eta} < 0, \dfrac{\partial CS^*}{\partial \eta} < 0, \dfrac{\partial W^*}{\partial \eta} < 0$;当 $t \geqslant \dfrac{4}{5}$ 时或 $t < \dfrac{4}{5}$ 且 $\gamma\eta(-4+5t)+(1+t)(\beta+ep_e)^2 > 0$ 时,$\dfrac{\partial \pi_m^*}{\partial \eta} > 0$;当 $t < \dfrac{4}{5}$ 且 $\gamma\eta(-4+5t)+(1+t)(\beta+ep_e)^2 \leqslant 0$ 时,$\dfrac{\partial \pi_m^*}{\partial \eta} \leqslant 0$。

定理 5‑4 当消费者低碳偏好系数 β 增加时,则有:①制造商的碳减排率增加,零售商的订货量增加;当 $(-4+2t)\beta\gamma\eta+[3\gamma\eta+(1+t)(\beta+ep_e)^2]ep_e > 0$ 时,制造商的批发价格减少,当 $(-4+2t)\beta\gamma\eta+[3\gamma\eta+(1+t)(\beta+ep_e)^2]ep_e \leqslant 0$ 时,制造商的批发价格增加。②零售商的经济利润增加,供应链系统的经济利

润增加,消费者剩余增加,社会福利增加;当 $t \geqslant \frac{4}{5}$ 时或 $t < \frac{4}{5}$ 且 $\gamma\eta(-4+5t)+(1+t)(\beta+ep_e)^2 > 0$ 时,制造商的均衡经济利润减少,当 $t < \frac{4}{5}$ 且 $\gamma\eta(-4+5t)+(1+t)(\beta+ep_e)^2 \leqslant 0$ 时,制造商的均衡经济利润增加。

证明:根据定理 5-1 可求得供应链各均衡结果对消费者低碳偏好系数 β 的一阶偏导数,并根据假设条件可知 $\frac{\partial \tau^*}{\partial \beta} > 0, \frac{\partial Q^*}{\partial \beta} > 0$。当 $(-4+2t)\beta\gamma\eta + [3\gamma\eta + (1+t)(\beta+ep_e)^2]ep_e > 0$ 时,$\frac{\partial w^*}{\partial \beta} < 0$;当 $(-4+2t)\beta\gamma\eta + [3\gamma\eta + (1+t) \cdot (\beta+ep_e)^2]ep_e \leqslant 0$ 时,$\frac{\partial w^*}{\partial \beta} \geqslant 0, \frac{\partial \pi_r^*}{\partial \beta} > 0, \frac{\partial \pi_c^*}{\partial \beta} > 0, \frac{\partial CS^*}{\partial \beta} > 0, \frac{\partial W^*}{\partial \beta} > 0$;当 $t \geqslant \frac{4}{5}$ 时或 $t < \frac{4}{5}$ 且 $\gamma\eta(-4+5t) + (1+t)(\beta+ep_e)^2 > 0$ 时,$\frac{\partial \pi_m^*}{\partial \beta} < 0$;当 $t < \frac{4}{5}$ 且 $\gamma\eta(-4+5t) + (1+t)(\beta+ep_e)^2 \leqslant 0$ 时,$\frac{\partial \pi_m^*}{\partial \beta} \geqslant 0$。

5.2.2 集中式决策

在集中式供应链,以及供应链系统实施 CSR 和碳限额及交易情形下,碳减排率 τ 和产量 Q 是决策变量,此时供应链系统的利润函数为

$$\Pi_c = (Q_0 + \beta\tau - \gamma Q - c)Q - \frac{1}{2}\eta\tau^2 - p_e[Q(1-\tau)e - E_0] + t\left\{(Q_0 + \beta\tau - \gamma Q - c)Q - p_e[Q(1-\tau)e - E_0] + \frac{1}{2}\gamma Q^2 - \frac{1}{2}\eta\tau^2\right\}. \quad (5-11)$$

对式(5-11)分别求关于 τ 和 Q 的二阶偏导数,则可得 Hessian 矩阵的行列式为

$$H_2 = \begin{vmatrix} \frac{\partial^2 \Pi_c}{\partial \tau^2} & \frac{\partial^2 \Pi_c}{\partial \tau \partial Q} \\ \frac{\partial^2 \Pi_c}{\partial \tau \partial Q} & \frac{\partial^2 \Pi_c}{\partial Q^2} \end{vmatrix} = \begin{vmatrix} -(1+t)\eta & (1+t)(\beta+ep_e) \\ (1+t)(\beta+ep_e) & -(2+t)\gamma \end{vmatrix} = (1+t)[(2+t)\gamma\eta - (1+t)(\beta+ep_e)^2].$$

由此可得,当 $(2+t)\gamma\eta - (1+t)(\beta+ep_e)^2 > 0$ 时,Π_c 是关于 τ 和 Q 的凹函数,因而存在最优解。对式(5-10)分别求关于碳减排率 τ 和产量 Q 的一阶偏导数并令其等于 0,则有

$$\frac{\partial \Pi_c}{\partial \tau} = (1+t)\beta Q - (1+t)\eta\tau + ep_e(1+t)Q = 0, \quad (5-12)$$

$$\frac{\partial \Pi_c}{\partial Q} = -c(1+t) - (2+t)\gamma Q + (1+t)[Q_0 + \beta\tau + (\tau-1)ep_e] = 0。$$

(5-13)

由式(5-12)和式(5-13)可得集中式决策下供应链的最优碳减排率和最优产品需求量分别为

$$\begin{cases} \tau^{*c} = \dfrac{(1+t)(\beta+ep_e)(Q_0-c-ep_e)}{(2+t)\gamma\eta-(1+t)(\beta+ep_e)^2}, \\ Q^{*c} = \dfrac{(1+t)\eta(Q_0-c-ep_e)}{(2+t)\gamma\eta-(1+t)(\beta+ep_e)^2}。 \end{cases}$$

(5-14)

将式(5-14)代入式(5-11),可得集中式决策下供应链系统最优经济利润、供应链系统最优整体利润、消费者剩余和社会福利分别为

$$\begin{cases} \pi_c^{*c} = p_e E_0 + \dfrac{\eta(1+t)(Q_0-c-ep_e)^2[2\gamma\eta-(1+t)(\beta+ep_e)^2]}{2[\gamma\eta(2+t)-(1+t)(\beta+ep_e)^2]^2}, \\ \Pi_c^* = (1+t)p_e E_0 + \dfrac{\eta(1+t)^2(Q_0-c-ep_e)^2}{2[\gamma\eta(2+t)-(1+t)(\beta+ep_e)^2]}, \\ CS^{*c} = \dfrac{(1+t)^2\gamma\eta^2(Q_0-c-ep_e)^2}{2[\gamma\eta(2+t)-(1+t)(\beta+ep_e)^2]^2}, \\ W^{*c} = p_e E_0 + \dfrac{\eta(1+t)(Q_0-c-ep_e)^2[(3+t)\gamma\eta-(1+t)(\beta+ep_e)^2]}{2[\gamma\eta(2+t)-(1+t)(\beta+ep_e)^2]^2}。 \end{cases}$$

(5-15)

定理5-5 在集中式供应链下,供应链系统的最优解和相应的利润分别由式(5-14)和式(5-15)给出。

定理5-6 集中式决策和分散式决策相比,有:①集中式决策下的最优碳减排率、订货量、消费者剩余和社会福利大于分散式决策下的最优碳减排率、订货量、消费者剩余和社会福利。②当 $t<\sqrt{3}-1$ 且 $[2-t(2+t)]\gamma\eta-(1-t^2)\cdot(\beta+ep_e)^2>0$ 时,供应链系统的均衡经济利润增加,供应链系统的均衡整体利润增加。

证明:通过比较定理5-1和定理5-5的结果,可得 $\tau^{*c}-\tau^*>0$, $Q^{*c}-Q^*>0$, $CS^{*c}-CS^*>0$, $W^{*c}-W^*>0$, $\Pi_c^{*c}>\Pi_c^*$;当 $t<\sqrt{3}-1$ 且 $[2-t(2+t)]\gamma\eta-(1-t^2)(\beta+ep_e)^2>0$ 时, $\pi_c^{*c}>\pi_c^*$。

5.3 供应链协调

为了实现供应链协调,这里采用二部定价与成本分摊契约组成的组合契约,即制造商首先确定碳减排率 τ 和基准批发价格 w_0,然后向零售商收取一笔

第5章 碳交易下考虑制造商企业社会责任的供应链碳减排决策

固定的特许经营费用 R，之后零售商决定分摊制造商碳减排成本的比例 θ（$0 \leqslant \theta \leqslant 1$），并确定其订货量 Q，由此可得零售商的经济利润和制造商的整体利润分别为

$$\pi_r = (Q_0 + \beta\tau - \gamma Q - w_0)Q - R - \frac{1}{2}\theta\eta\tau^2, \tag{5-16}$$

$$\Pi_m = (w_0 - c)Q - \frac{1}{2}(1-\theta)\eta\tau^2 + R - p_e[Q(1-\tau)e - E_0] + t\Big\{(Q_0 + \beta\tau - \gamma Q - c)Q - p_e[Q(1-\tau)e - E_0] + \frac{1}{2}\gamma Q^2 - \frac{1}{2}\eta\tau^2\Big\}。 \tag{5-17}$$

由式(5-16)可得 $Q = \dfrac{Q_0 + \beta\tau - w_0}{2\gamma}$，将其代入式(5-17)，则可求得最优碳减排率，并进一步可得最优订货量分别为

$$\begin{cases} \tau^{\#} = \dfrac{2ep_e(1+t)(Q_0 - \beta - w_0) + \beta[3tQ_0 + (2-t)w_0 - 2c(1+t)]}{4\gamma\eta(1+t-\theta) - 3t\beta^2 - 4\beta ep_e(1+t)}, \\[2mm] Q^{\#} = \dfrac{2\eta\gamma(1+t-\theta)(Q_0 - w_0) + (1+t)\beta^2(w_0 - c) - \beta ep_e(1+t)(Q_0 + \beta - w_0)}{\gamma[4\gamma\eta(1+t-\theta) - 3t\beta^2 - 4\beta ep_e(1+t)]}。 \end{cases} \tag{5-18}$$

在供应链协调契约下，当 $\tau^{*C} = \tau^{\#}$ 且 $Q^{*C} = Q^{\#}$ 时，供应链系统达到最优，因而可得

$$\begin{cases} \theta = \dfrac{\beta}{\beta + ep_e}, \\[2mm] w_0 = \dfrac{(1+t)(c + ep_e)(2\gamma\eta - \beta^2 - \beta p_e) - [t\gamma\eta + (1+t)ep_e(\beta + ep_e)]Q_0}{(2+t)\gamma\eta - (1+t)(\beta + ep_e)^2}。 \end{cases} \tag{5-19}$$

由式(5-19)可进一步求得零售商的均衡经济利润、制造商的均衡经济利润和制造商的均衡整体利润分别为

$$\begin{cases} \pi_r^{\#C} = -R + \dfrac{(1+t)^2\eta(Q_0 - c - ep_e)^2(2\gamma\eta - \beta^2 - \beta p_e)}{2[\gamma\eta(2+t) - (1+t)(\beta + ep_e)^2]^2}, \\[2mm] \pi_m^{\#C} = R + p_e E_0 - \dfrac{(1+t)\eta[2t\gamma\eta + (1+t)ep_e(\beta + ep_e)](Q_0 - c - ep_e)^2}{2[\gamma\eta(2+t) - (1+t)(\beta + ep_e)^2]^2}, \\[2mm] \Pi_m^{\#C} = R + (1+t)p_e E_0 + \dfrac{(1+t)^2\eta(Q_0 - c - ep_e)^2[t\gamma\eta - \beta ep_e - e^2p_e^2 - t(\beta + ep_e)^2]}{2[\gamma\eta(2+t) - (1+t)(\beta + ep_e)^2]^2}。 \end{cases}$$

要保证渠道成员都能够接受二部定价＋成本分摊的组合契约，需要满足参与约束条件。首先，制造商要给出二部定价＋成本分摊的组合契约，需要满足条件 $\Pi_m^{\#C} \geqslant \Pi^*$，则可得

· 55 ·

$$R \geqslant \frac{(1+t)^2 \eta (Q_0-c-ep_e)^2}{2[\gamma\eta(4+t)-(1+t)(\beta+ep_e)^2]} -$$

$$\frac{(1+t)^2 \eta (Q_0-c-ep_e)^2 [t\gamma\eta-\beta ep_e-e^2 p_e^2-t(\beta+ep_e)^2]}{2[\gamma\eta(2+t)-(1+t)(\beta+ep_e)^2]^2} = \underline{R}。$$

随后，零售商要接受二部定价+成本分摊的组合契约，需要满足条件 $\pi_r^{\#C} \geqslant \pi_r^*$，则可得

$$R \leqslant \frac{(1+t)^2 \eta (Q_0-c-ep_e)^2 (2\gamma\eta-\beta^2-\beta ep_e)}{2[\gamma\eta(2+t)-(1+t)(\beta+ep_e)^2]} -$$

$$\frac{\gamma\eta^2 (Q_0-c-ep_e)^2 (1+t)^2}{[\gamma\eta(4+t)-(1+t)(\beta+ep_e)^2]^2} = \overline{R}。$$

由于 $\overline{R} - \underline{R} = \Pi^{*C} - \Pi^* > 0$，因而可满足参与约束条件。

定理 5-7 当批发价格

$$w_0 = \frac{(1+t)(c+ep_e)(2\gamma\eta-\beta^2-\beta ep_e)-[t\gamma\eta+(1+t)ep_e(\beta+ep_e)]Q_0}{(2+t)\gamma\eta-(1+t)(\beta+ep_e)^2}$$ 和

成本分摊比例 $\theta = \frac{\beta}{\beta+ep_e}$，且 $R \in [\underline{R}, \overline{R}]$ 时，供应链可实现协调。

5.4 数值仿真分析

前面分析了碳限额及交易下制造商承担社会责任时分散式决策和集中式决策的最优碳排放率、最优订货量、零售商均衡经济利润、制造商均衡经济利润、制造商整体均衡利润、供应链系统经济利润、供应链系统整体利润以及供应链实现协调的条件，这里通过数值计算分析不同情形下的决策结果及收益。考虑一个由制造商和零售商组成的二阶段供应链，为了进一步验证前面模型分析的结论，根据前面存在最优解的条件，并参考 Panda 等 (2015)、范建昌等 (2017) 的文献中的数据，分析其对决策变量以及零售商、制造商和供应链利润的影响，基本运营的参数设定如表 5-2 所示。

表 5-2 基本运营参数

e	p_e	t	γ	c	η	E_0	β	Q_0
2	2	0.5	2	20	2.0×10^4	50	10	100

5.4.1 最优值分析

在不同决策情况下，数值模拟如表 5-3 所示。由表 5-3 可知，在集中式决策下的最优碳减排率、最优订货量、供应链系统经济利润、供应链系统整体利

润、消费者剩余、社会福利都分别大于分散式决策下的最优碳减排率、最优订货量、供应链系统经济利润、供应链系统整体利润、消费者剩余、社会福利;当采用二部定价+碳减排成本分摊时,供应链可实现协调。

表 5-3 不同情形下的最优化结果

	决策变量			目标函数			契约参数	
	τ	Q	w	π_c	Π_c	CS	W	θ
分散式	0.01	12.69	49.34	743.09	1195.10	160.97	904.06	—
集中式	0.02	22.87	—	794.65	1453.40	522.91	1317.60	—
协调	0.02	22.87	8.69	794.65	1453.40	522.91	1317.60	0.71

5.4.2 参数对最优值及利润的影响

在碳限额与交易机制及制造商实施 CSR 的情景下,当初始市场规模 Q_0、单位产品初始碳排放量 e、单位产品的生产成本 c、零售价格对产品需求的敏感系数 γ,以及政府给予的免费碳排放限额 E。取表 5-2 中的数值时,分散式决策下各参数变化对最优值及利润的影响如图 5-1~图 5-9 所示。

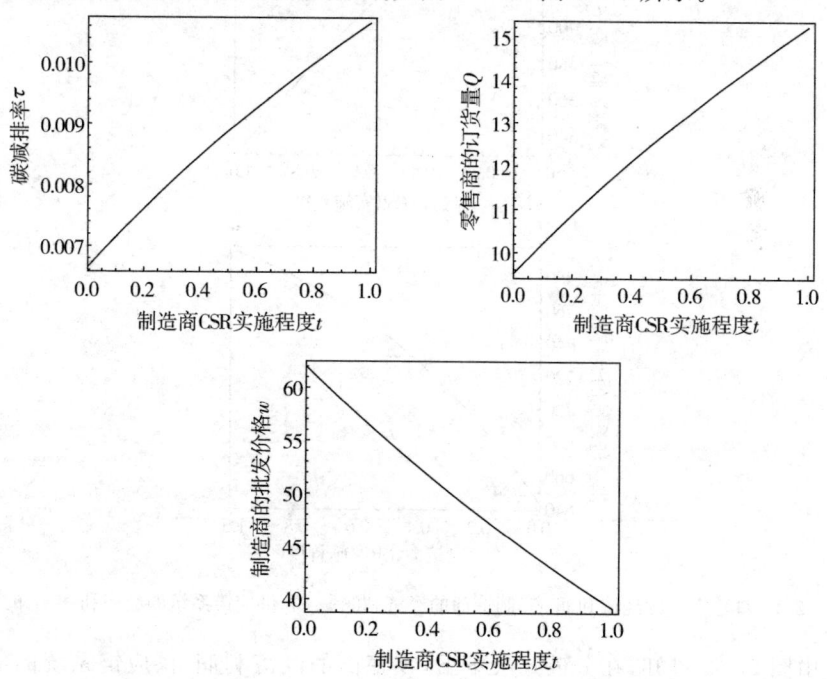

图 5-1 t 对碳减排率 τ、零售商订货量 Q 和批发价格 w 的影响

由图 5-1 可知，在分散式决策下，碳减排率、零售商的订货量与制造商 CSR 实施程度成正向变化关系，制造商的批发价格与制造商 CSR 实施程度成反向变化关系。可见，政府通过宣传与监管，让企业承担相应的社会责任，可促进企业减少碳排放，同时有助于零售商增加订货量，扩大市场需求，而且制造商也可在 CSR 实施程度与批发价格之间找到平衡。

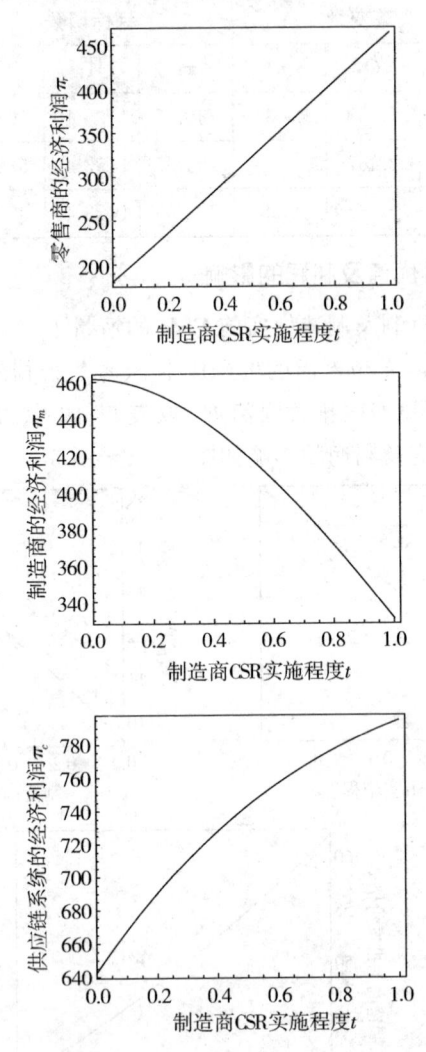

图 5-2　t 对零售商的经济利润 π_r、制造商的经济利润 π_m 和供应链系统的经济利润 π_c 的影响

由图 5-2 可知，在分散式决策下，零售商的经济利润、供应链系统的经济利润都与制造商 CSR 实施程度成正向变化关系，制造商的经济利润与制造商 CSR 实施程度成反向变化关系。可见，企业承担社会责任有助于零售商和供应

链系统取得较好的经济效益,但制造商因为承担社会责任成本导致利润下降,这需要政府部门和零售商给予相应的经济补偿。

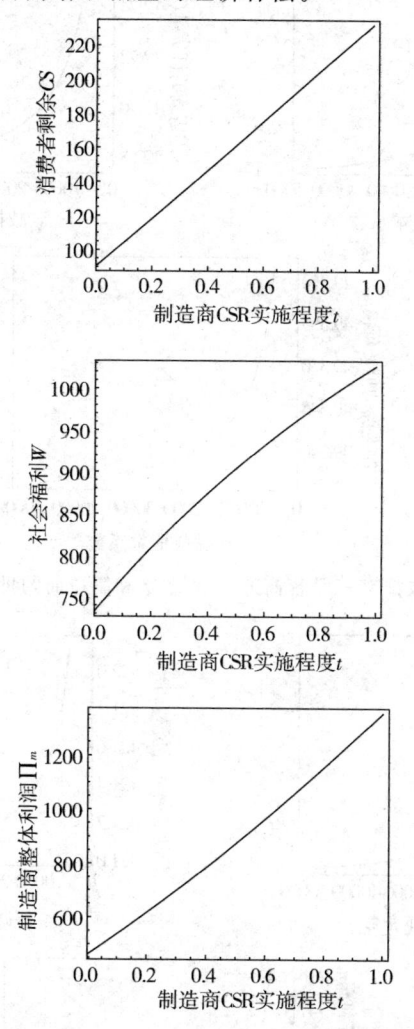

图 5-3 t 对消费者剩余 CS、社会福利 W 和制造商整体利润 Π_m 的影响

由图 5-3 可知,在分散式决策下,消费者剩余、社会福利、制造商整体利润都与制造商 CSR 实施程度成正向变化关系。可见,制造商承担社会责任有助于自身整体利润的提升,同时可取得良好的社会效益和经济效益。

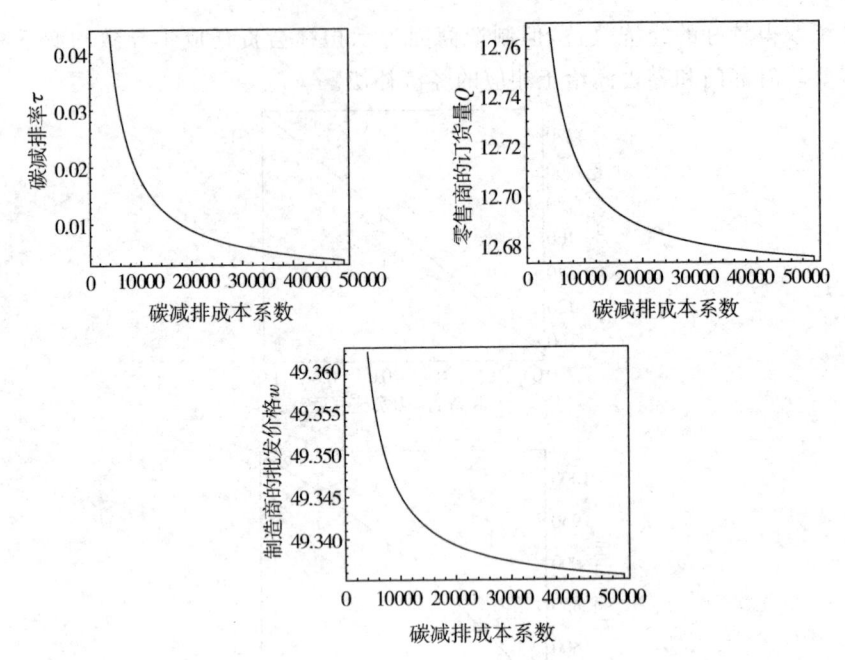

图 5-4　η 对碳减排率 τ、零售商的订货量 Q 和制造商的批发价格 w 的影响

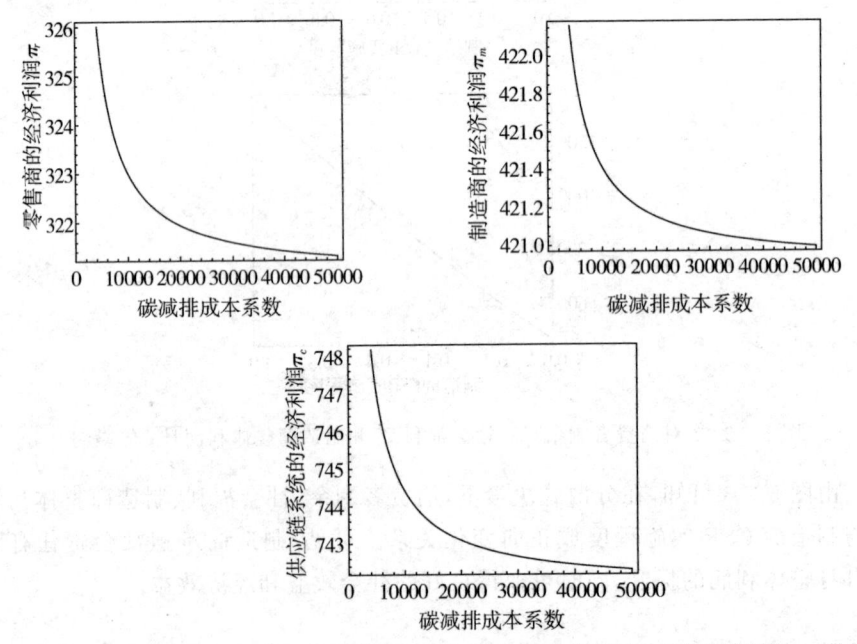

图 5-5　η 对零售商的经济利润 π_r、制造商的经济利润 π_m 和供应链系统的经济利润 π_c 的影响

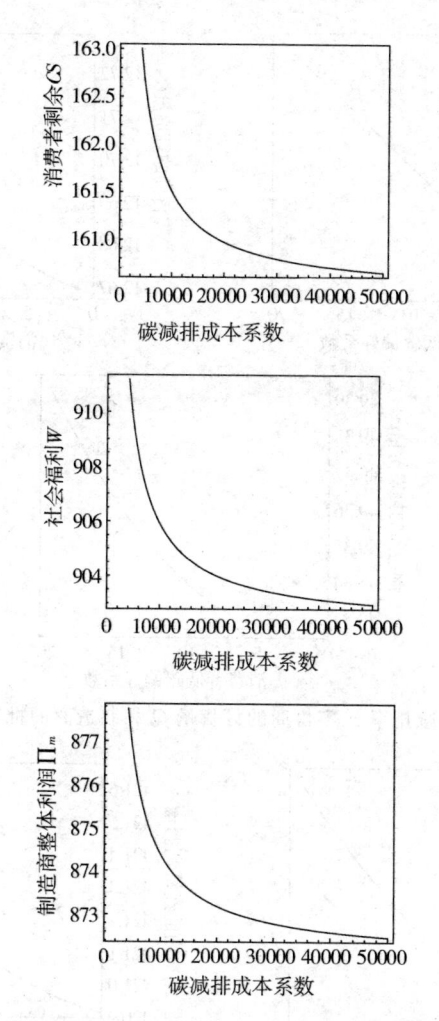

图5-6 η对消费者剩余CS、社会福利W和制造商整体利润Π_m的影响

由图5-4~图5-6可知,在分散式决策下,碳减排率、零售商的订货量、制造商的批发价格、零售商的经济利润、制造商的经济利润、供应链系统的经济利润、消费者剩余、社会福利、制造商整体利润都与碳减排成本系数成反向变化关系。因此政府需要加大对企业碳减排技术研发的补贴,激发企业碳减排技术研发的积极性,同时可以协调横向和纵向企业联合研发碳减排技术,以减低企业的碳减排成本。

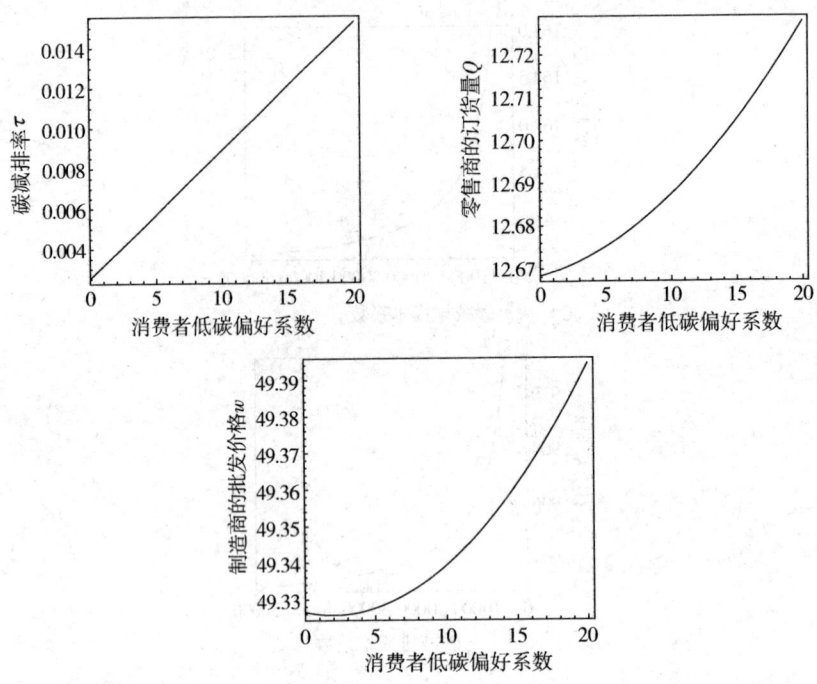

图 5-7 β 对碳减排率 τ、零售商的订货量 Q 和制造商的批发价格 w 的影响

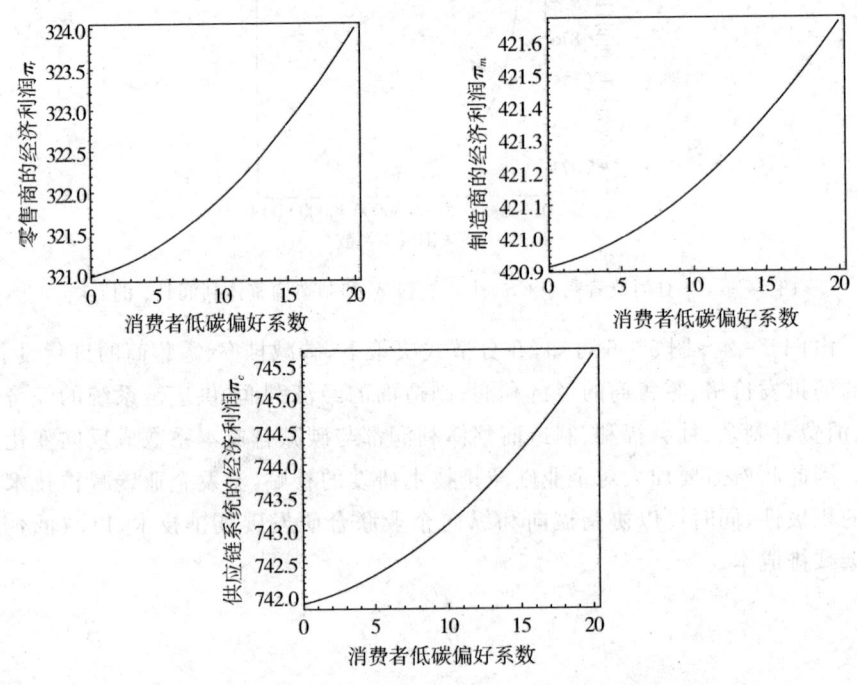

图 5-8 β 对零售商的经济利润 π_r、制造商的经济利润 π_m 和供应链系统的经济利润 π_c 的影响

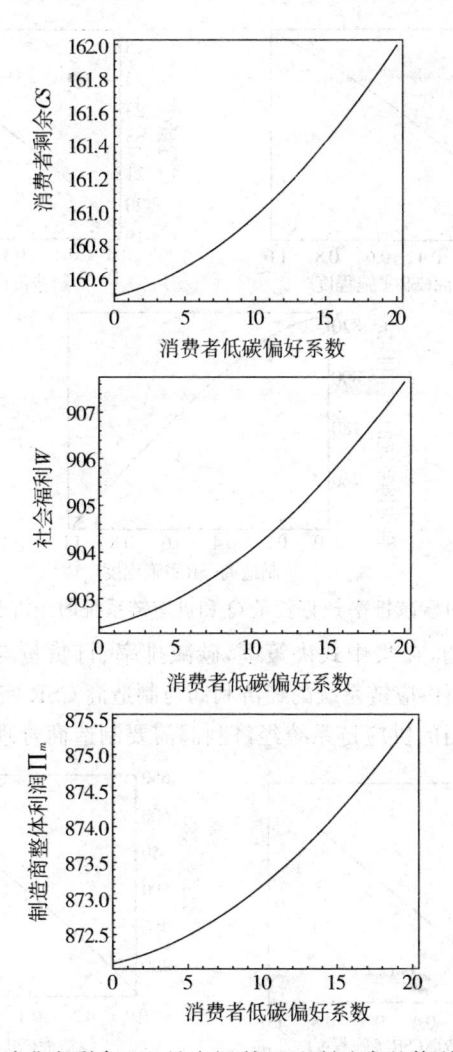

图 5-9　β 对消费者剩余 CS、社会福利 W 和制造商整体利润 Π_m 的影响

由图 5-7~图 5-9 可知,在分散式决策下,碳减排率、零售商的订货量、制造商的批发价格、零售商的经济利润、制造商的经济利润、供应链系统的经济利润、消费者剩余、社会福利、制造商整体利润都与消费者低碳偏好系数成正向变化关系。因此,一方面,企业要加大碳减排研发力度,减少碳排放;另一方面,政府部门要引导企业加大低碳宣传的力度,提升消费者对低碳产品的购买意愿。

在碳交易及制造商实施 CSR 情景下,当初始市场规模 Q_0、单位产品初始碳排放量 e、单位产品的生产成本 c、零售价格对产品需求的敏感系数 γ,以及政府给予的免费碳排放限额 E_0 取表 5-2 中的数值时,集中式决策下各参数变化对最优值及利润的影响如图 5-10~图 5-13 所示。

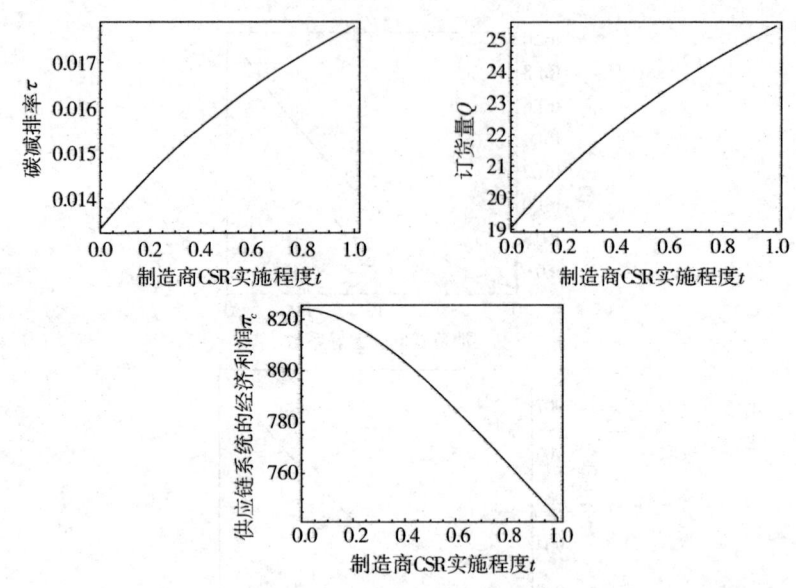

图 5-10　t 对碳减排率 τ、订货量 Q 和供应链系统的经济利润 π_c 的影响

由图 5-10 可知,在集中式决策下,碳减排率、订货量与制造商 CSR 实施程度成正向变化关系,而供应链系统的经济利润与制造商 CSR 实施程度成反向变化关系。可见,要维持适当的供应链系统经济利润需要制造商合理实施 CSR 水平。

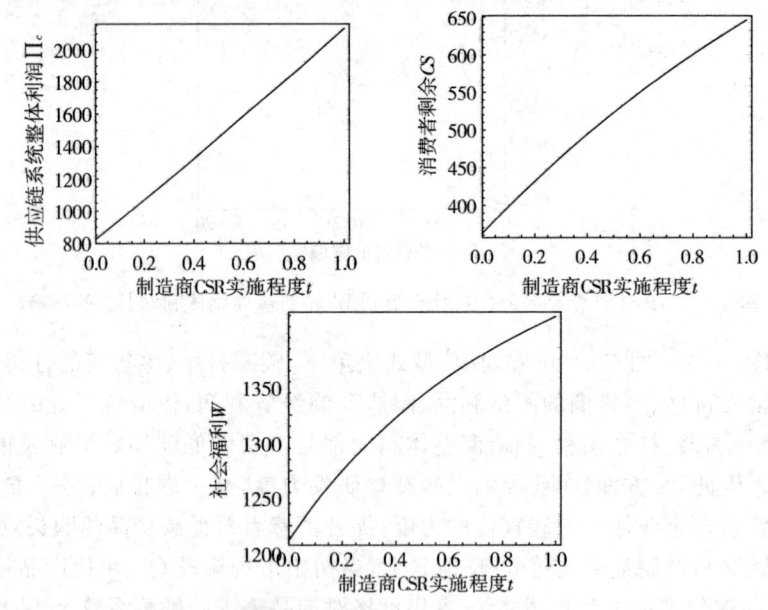

图 5-11　t 对供应链系统整体利润 Π_c、消费者剩余 CS、社会福利 W 的影响

由图 5-11 可知,在集中式决策下,供应链系统整体利润、消费者剩余、社

第5章 碳交易下考虑制造商企业社会责任的供应链碳减排决策

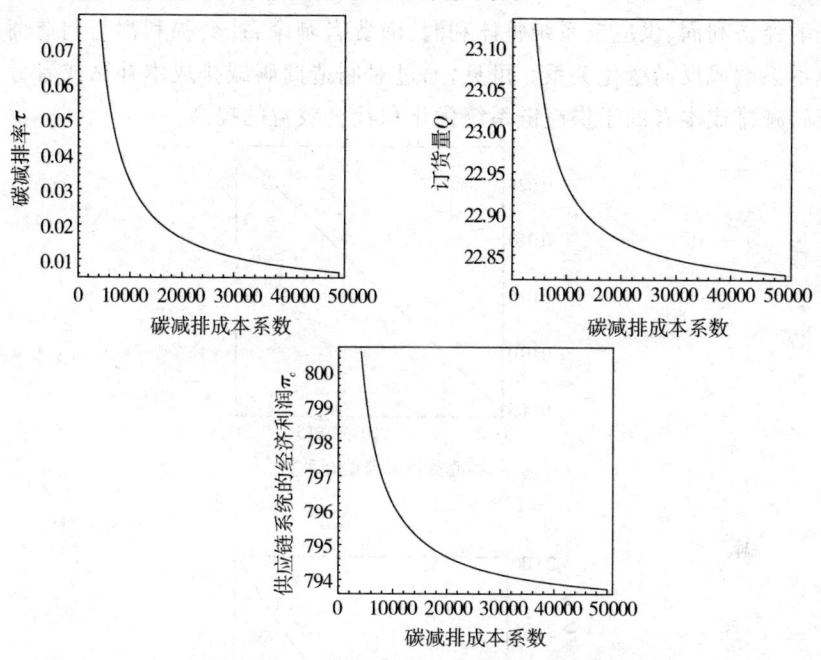

会福利与制造商实施 CRS 程度成正向变化关系。

图 5-12 η 对碳减排率 τ、订货量 Q 和供应链系统的经济利润 π_c 的影响

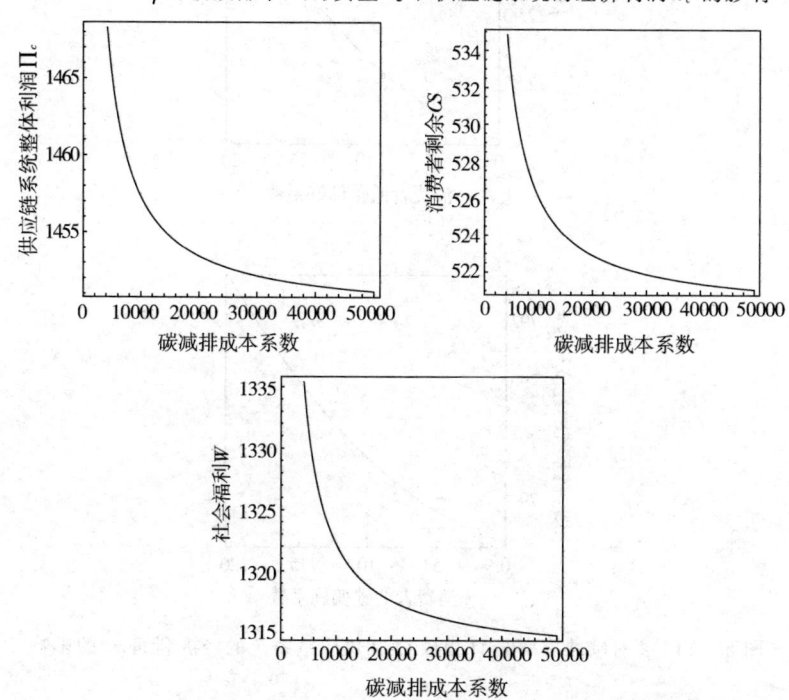

图 5-13 η 对供应链系统整体利润 Π_c、消费者剩余 CS、社会福利 W 的影响

· 65 ·

由图 5-12 和图 5-13 可知,在集中式决策下,碳减排率、订货量、供应链系统的经济利润、供应链系统整体利润、消费者剩余、社会福利都与制造商碳减排成本系数成反向变化关系。可见,通过对制造商碳减排成本补贴或者分摊制造商碳减排成本有助于供应链系统优化和社会效益的提高。

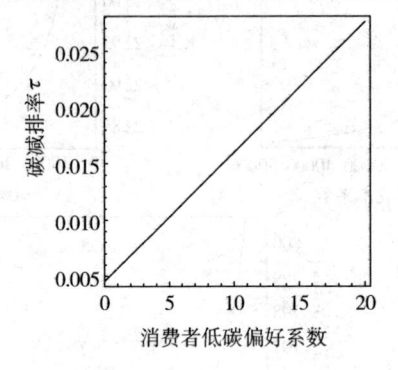

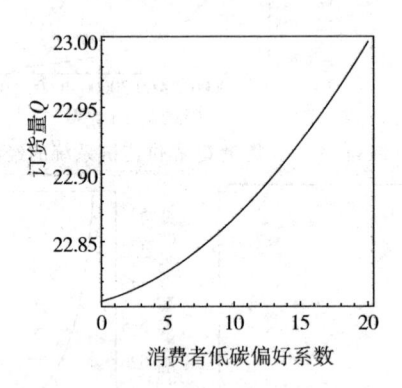

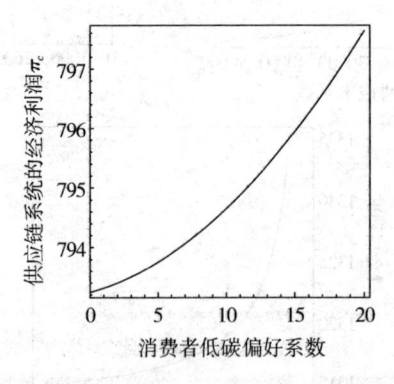

图 5-14 β 对碳减排率 τ、订货量 Q 和供应链系统的经济利润 π_c 的影响

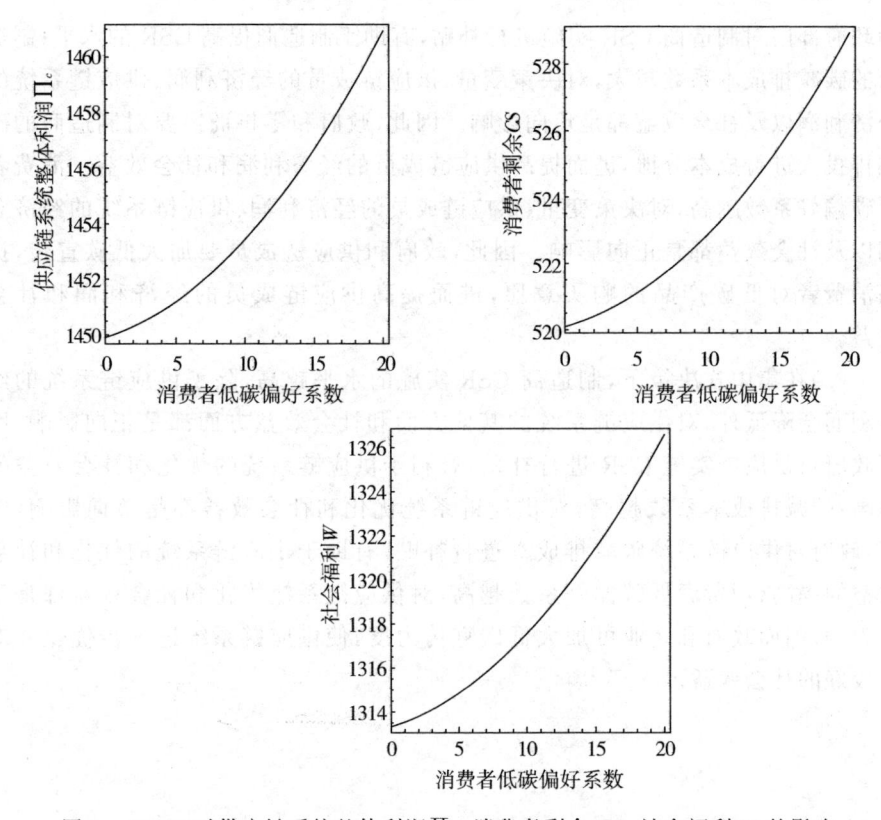

图 5-15　β 对供应链系统整体利润 Π_c、消费者剩余 CS、社会福利 W 的影响

由图 5-14 和图 5-15 可知,在集中式决策下,碳减排率、订货量、供应链系统的经济利润、供应链系统整体利润、消费者剩余、社会福利都与消费者低碳偏好系数成正向变化关系。可见,政府部门通过加大低碳宣传,提高消费者低碳偏好,将有助于供应链系统优化和提高社会效益。

5.5　本章小结

本章以单个制造商和单个零售商组成的供应链为研究对象,在碳交易及制造商实施社会责任情景下,构建了供应链碳减排模型,探讨了政府实施碳交易和制造商实施社会责任对碳减排策略的影响,设计了二部定价＋成本分摊组织契约来实现供应链协调。

本章通过研究获得以下有意义的结论:

(1)在分散式决策下,制造商 CSR 实施程度越高,除了对制造商的批发价格和制造商的经济利润有负向影响外,对决策变量、制造商的整体利润、零售商的经济利润、供应链系统的经济利润以及社会效益都是正向影响,因而零售商和政府部门对制造商 CSR 实施进行补贴,有助于制造商提高 CSR 的水平;制造商的碳减排成本系数越大,对决策变量、供应链成员的经济利润、供应链系统的经济利润以及社会效益都是负向影响。因此,政府和零售商需要对制造商的碳减排投入进行成本分摊,进而提高供应链成员的经济利润和社会效益。消费者低碳偏好系数越高,对决策变量、供应链成员的经济利润、供应链系统的经济利润以及社会效益都是正向影响。因此,政府和供应链成员要加大低碳宣传,提高消费者对低碳产品的购买意愿,进而提高供应链成员的经济利润和社会效益。

(2)在集中式决策下,制造商 CSR 实施的水平越高,除了供应链系统的经济利润会降低外,对供应链系统的其他方面和社会效益方面都是正向影响,因而政府对供应链实施 CSR 进行补贴,有利于供应链系统的优化和社会效益的提高;碳减排成本系数越高,对供应链系统优化和社会效益都是负向影响,因此,政府对供应链系统碳减排成本进行补贴,有助于供应链系统的优化和社会效益的提高;消费者低碳偏好系数越高,对供应链系统优化和社会效益都是正向影响,因而政府和企业可加大低碳宣传力度,使供应链系统进一步优化并取得较好的社会效益。

第四部分

双渠道供应链碳减排决策与协调篇

第6章 碳限额及交易下零售商低碳宣传的双渠道供应链决策与协调

碳限额及交易机制作为减少和控制碳排放最为有效的机制,目前在许多国家和地区开始实施。在碳限额及交易机制下,单位产品碳排放量的多少将直接影响供应链企业的碳排放成本,所以将对供应链系统产生巨大的影响。为此,不少学者对此进行了深入的研究,Chaabane等(2011)针对碳排放交易下对绿色供应链网络设计进行了探究,以寻找供应链的总成本增加与碳排放减少之间的有效平衡途径;曾伟等(2015)针对由供应商和采购商构成的两级供应链系统,建立了碳限额及交易下的供应链联合经济批量模型,并给出了供应链的优化策略;Xu等(2017)研究了碳限额及交易机制下的供应链协调问题。

随着电子商务的快速发展以及"互联网+"与各个领域的创新融合发展,越来越多的制造企业在传统零售渠道的基础上开设了网络直销渠道,促进了网上直销渠道与传统零售渠道的双渠道销售融合发展。两个渠道的定价直接影响渠道的市场需求及双渠道供应链成员的利润,而且双渠道之间既存在渠道冲突也存在服务等方面的合作,因此,双渠道供应链的渠道定价及双渠道供应链协调至关重要。近年来,针对低碳环境下的双渠道供应链研究成为国内外可持续供应链管理研究的热点。Li等(2016)认为绿色生产成本、消费者对销售渠道的忠诚度以及消费者的环保意识等将影响绿色产品的销售渠道结构;Ji等(2017)研究了不同渠道结构下制造商与零售商的联合减排策略;Wang等(2018)在碳限额及交易下研究了双渠道供应链的碳减排策略;Xu等(2018)研究了碳限额及交易机制下双渠道供应链的运作策略及协调问题。近年来,低碳时代消费者低碳行为的形成与变化引起了国内外学者的广泛关注。Wei等(2007)对消费者的具体低碳消费方式进行了研究,并对低碳消费行为的影响因素进行了分析;Li等(2011)指出消费者对企业在环境保护方面的表现开始逐渐关注,越来越多的消费者将企业的环境记录作为购买决策的依据。由此可见,消费者的低碳生活习惯、低碳偏好行为等将会对企业的运作模式、合作策略等产生巨大的影响。因此,双渠道供应链成员企业在进行碳减排的同时,也需要加大低碳产品的广告宣传,以提高双渠道供应链的整体收益。例如,国内知名品牌电器建有线下专卖、线上零售的混合销售渠道,并积极在线下与线上渠道投放广告宣传低碳产品的低排放、高能效、智能化；国内知名环保涂料品牌 3A 环保漆携手国际气候组织、中国绿化基金会，成为"百万森林"项目在涂料行业的"爱心合作伙伴"，并投放广告宣传其低碳环保产品；某知名咖啡店通过宣传，强调其咖啡 100% 将以负责任的方式种植，并在中国推出了"自带杯抵扣两元"计划，以鼓励顾客的环保行动，扩大其销售。为此，国内外有学者开始把碳减排和低碳宣传结合起来进行研究。徐春秋等(2016)对供应链上下游联合减排与低碳宣传策略进行了研究；陈山等(2019)对低碳环境下的双渠道供应链低碳宣传策略进行了研究。综上所述，现有的研究只有少量文献考虑低碳环境下双渠道供应链的低碳宣传策略问题，而且现有的文献并没有针对碳限额及交易下双渠道供应链的碳减排与低碳广告宣传策略的研究。因此，本章研究在碳限额及交易下双渠道供应链碳减排与零售商低碳宣传策略，主要拟研究以下问题：(1)在碳限额及交易下双渠道供应链的碳减排与低碳宣传最优决策；(2)如何实现双渠道供应链协调；(3)碳排放交易价格、消费者低碳偏好系数、低碳宣传对渠道需求的影响系数、碳减排成本系数、低碳宣传成本系数等参数变化对最优决策及双渠道供应链利润的影响。

6.1 问题描述与相关假设

由单个制造商和单个零售商组成的双渠道供应链中，制造商将生产的产品一方面通过传统渠道由零售商销售，另一方面通过网上直销渠道进行销售。在碳限额及交易下，假设碳排放主要是在制造商的生产过程中产生，政府给予制造商一定的免费碳排放限额，超出或节省的碳排放量可以通过碳交易市场进行交易。假设消费者具有低碳偏好，为了扩大低碳产品销售，零售商对其所销售的低碳产品开展低碳宣传活动。本章相关的符号及含义如表 6-1 所示。

表 6-1 相关符号及含义

符号	含义
M_r	制造商在传统渠道销售单位产品获得的利润
M_d	制造商在直销渠道销售单位产品获得的利润
R_r	零售商在传统渠道销售单位产品获得的利润
D_0	不进行碳减排和低碳广告宣传时的市场需求
α	偏好线上渠道的消费者所占比例
$1-\alpha$	偏好传统渠道的消费者所占比例
Q_r	传统渠道的市场需求量

续　表

符号	含义
Q_d	网络直销渠道的市场需求量
τ	碳减排率,其碳减排率下的碳减排技术创新投入成本满足:$C(\tau)=0.5\eta\tau^2$,η 为碳减排成本系数
e	制造商实施碳减排技术前生产单位产品产生的碳排放量
τe	制造商实施碳减排技术后生产单位产品产生的碳减排量
p_e	单位碳排放的市场交易价格
E_0	政府给予制造商的免费碳排放限额
A	零售商的低碳宣传水平,其低碳宣传投入满足:$C(A)=0.5\mu A^2$,μ 为低碳宣传成本系数
γ	低碳宣传对线下传统渠道消费者需求的影响系数
β	消费者低碳偏好对消费者需求的影响系数

根据实际情况和表 6-1 的假设,可知网络渠道和传统零售渠道的市场需求量分别为 $Q_d=\alpha D_0+\beta\tau$,$Q_r=(1-\alpha)D_0+\beta\tau+\gamma A$。假设初始的市场需求较大,满足 $D_0>2\beta$,且 $M_r>ep_e$,$M_d>ep_e$,否则制造商不会进行产品的生产。

6.2　模型的构建与分析

6.2.1　双渠道供应链集中式决策

根据前面的假设可知,在双渠道供应链集中式决策下,低碳广告宣传水平 A 和碳减排率 τ 为决策变量,碳限额及交易下双渠道供应链的利润函数为

$$\pi_c=(M_r+R_r)[(1-\alpha)D_0+\beta\tau+\gamma A]+M_d(\alpha D_0+\beta\tau)-p_e[D_0+2\beta\tau+\gamma A(1-\tau)e-E_0]-\frac{1}{2}\eta\tau^2-\frac{1}{2}\mu A^2. \quad (6-1)$$

对式(6-1)求分别关于 A,τ 的二阶偏导数,则 $\frac{\partial^2\pi_c}{\partial A^2}=-\mu$,$\frac{\partial^2\pi_c}{\partial A\partial\tau}=p_e\gamma e$,$\frac{\partial^2\pi_c}{\partial\tau\partial A}=p_e\gamma e$,$\frac{\partial^2\pi_c}{\partial\tau^2}=4ep_e\beta-\eta$,由此可得双渠道供应链的利润函数关于决策变量 A,τ 的 Hessian 矩阵的行列式为

$$H_1=\begin{vmatrix} \dfrac{\partial^2\pi_c}{\partial A^2} & \dfrac{\partial^2\pi_c}{\partial A\partial\tau} \\ \dfrac{\partial^2\pi_c}{\partial\tau\partial A} & \dfrac{\partial^2\pi_c}{\partial\tau^2} \end{vmatrix}=\begin{vmatrix} -\mu & p_e\gamma e \\ p_e\gamma e & 4ep_e\beta-\eta \end{vmatrix}=\mu\eta-4\mu ep_e\beta-p_e^2\gamma^2 e^2.$$

由于 $\mu>0$，当 $\mu\eta-4\mu e p_e \beta - p_e^2 \gamma^2 e^2 > 0$，则 Hessian 矩阵为正定的，因而可知集中式决策下双渠道供应链的利润函数是关于决策变量 A,τ 的凹函数，存在最优解。

分别求式(6-1)关于 A,τ 的一阶偏导数并令其等于 0，则有

$$\frac{\partial \pi_c}{\partial A} = (M_r + R_r)\gamma - p_e\gamma(1-\tau)e - \mu A = 0, \tag{6-2}$$

$$\frac{\partial \pi_c}{\partial \tau} = (M_r + R_r + M_d)\beta + p_e(D_0 + 2\beta\tau + \gamma A)e - 2p_e\beta(1-\tau)e - \eta\tau = 0. \tag{6-3}$$

由式(6-2)和式(6-3)可得集中式决策下双渠道供应链的最优碳减排率和低碳宣传水平分别为

$$\tau^* = \frac{(M_r + M_d + R_r)\beta\mu + p_e e\mu(D_0 - 2\beta) + p_e\gamma^2 e(M_r + R_r - ep_e)}{\mu\eta - 4p_e\beta e\mu - p_e^2\gamma^2 e^2},$$

$$A^* = \frac{(M_r + M_d + R_r)\gamma e p_e\beta + \gamma e^2 p_e^2(D_0 - 2\beta) + (M_r + R_r - ep_e)\gamma(\eta - 4p_e\beta e)}{\mu\eta - 4p_e\beta e\mu - p_e^2\gamma^2 e^2}.$$

6.2.2 双渠道供应链分散式决策

在分散式决策下，低碳广告宣传水平 A 为零售商的决策变量，碳减排率 τ 为制造商的决策变量，由前面的假设可知零售商和制造商的利润函数分别为

$$\pi_r^{nn} = R_r Q_r - \frac{1}{2}\mu A^2 = R_r[(1-\alpha)D_0 + \beta\tau + \gamma A] - \frac{1}{2}\mu A^2, \tag{6-4}$$

$$\pi_m^{nn} = M_r Q_r + M_d Q_d - p_e[(Q_r + Q_d)(1-\tau)e - E_0] - \frac{1}{2}\eta\tau^2$$
$$= M_r[(1-\alpha)D_0 + \beta\tau + \gamma A] + M_d(\alpha D_0 + \beta\tau) - p_e[(D_0 + 2\beta\tau + \gamma A)(1-\tau)e - E_0] - \frac{1}{2}\eta\tau^2. \tag{6-5}$$

在分散式决策下，由于 π_r^{nn} 是低碳广告宣传水平 A 的严格凹函数，对式(6-4)求关于低碳宣传水平 A 的偏导数并令其等于 0，则有

$$\frac{\partial \pi_r^{nn}}{\partial A} = R_r\gamma - \mu A = 0. \tag{6-6}$$

由式(6-6)可得 $A^{nn} = \dfrac{R_r\gamma}{\mu}$，并将其代入式(6-5)，则有

$$\pi_m^{nn} = M_r\left[(1-\alpha)D_0 + \beta\tau + \frac{\gamma^2 R_r}{\mu}\right] + M_d(\alpha D_0 + \beta\tau) - p_e\left[\left(D_0 + 2\beta\tau + \frac{\gamma^2 R_r}{\mu}\right)(1-\tau)e - E_0\right] - \frac{1}{2}\eta\tau^2. \tag{6-7}$$

第6章 碳限额及交易下零售商低碳宣传的双渠道供应链决策与协调

由于 π_m^{nn} 是低碳广告宣传水平 τ 的严格凹函数,求式(6-7)关于 τ 的一阶偏导数并令其等于 0,则有

$$\frac{\partial \pi_m^{nn}}{\partial \tau} = (M_r + M_d)\beta + ep_e\left(D_0 + 2\beta\tau + \frac{\gamma^2 R_r}{\mu}\right) - 2\beta ep_e(1-\tau) - \eta\tau = 0。 \quad (6-8)$$

由式(6-8)可得制造商的最优碳减排率为

$$\tau^{nn} = \frac{(M_r + M_d)\mu\beta + ep_e\mu(D_0 - 2\beta) + \gamma^2 ep_e R_r}{\mu(\eta - 4\beta ep_e)}。$$

定理 6-1 双渠道供应链集中式决策与分散式决策相比,有 $\tau^* > \tau^{nn}$, $A^* > A^{nn}$。

证明:由于 $M_r - ep_e > 0$,而 $\mu\eta - 4p_e\beta e\mu > \mu\eta - 4p_e\beta e\mu - p_e^2\gamma^2 e^2 > 0$,因而有 $\tau^* - \tau^{nn} > 0$,即 $\tau^* > \tau^{nn}$。

同理,有

$$A^* - A^{nn} = \frac{(M_r + M_d + R_r)\gamma ep_e\beta\mu + \gamma\mu e^2 p_e^2(D_0 - 2\beta)}{\mu(\mu\eta - 4p_e\beta e\mu - p_e^2\gamma^2 e^2)}$$

$$+ \frac{(M_r - ep_e)\gamma\mu(\eta - 4p_e\beta e) + R_r\gamma^3 e^2 p_e^2}{\mu(\mu\eta - 4p_e\beta e\mu - p_e^2\gamma^2 e^2)} > 0,$$

所以有 $A^* > A^{nn}$。

6.2.3 低碳宣传成本分摊的双渠道供应链分散式决策

零售商通过低碳宣传促进了传统零售渠道的需求,假设制造商分摊零售商的低碳宣传成本比例为 $\theta(0<\theta<1)$,则零售商和制造商的利润函数分别为

$$\pi_r^{cn} = R_r[(1-\alpha)D_0 + \beta\tau + \gamma A] - \frac{1}{2}(1-\theta)\mu A^2, \quad (6-9)$$

$$\pi_m^{cn} = M_r[(1-\alpha)D_0 + \beta\tau + \gamma A] + M_d(\alpha D_0 + \beta\tau) - p_e[(D_0 + 2\beta\tau + \gamma A)(1-\tau)e - E_0] - \frac{1}{2}\eta\tau^2 - \frac{1}{2}\theta\mu A^2。 \quad (6-10)$$

由于 $\frac{\partial^2 \pi_r^{cn}}{\partial A^2} < 0$,对式(6-9)求关于 A 的一阶偏导数并令其等于 0,则有

$$\frac{\partial \pi_r^{cn}}{\partial A} = \gamma R_r - (1-\theta)\mu A = 0,进而可得 A^{cn} = \frac{\gamma R_r}{(1-\theta)\mu},将其代入式(6-10),则有$$

$$\pi_m^{cn} = M_r\left[(1-\alpha)D_0 + \beta\tau + \frac{\gamma^2 R_r}{(1-\theta)\mu}\right] + M_d(\alpha D_0 + \beta\tau) - p_e\left\{\left[D_0 + 2\beta\tau + \frac{\gamma^2 R_r}{(1-\theta)\mu}\right](1-\tau)e - E_0\right\} - \frac{1}{2}\eta\tau^2 - \frac{1}{2}\frac{\theta\gamma^2 R_r^2}{(1-\theta)^2\mu}。 \quad (6-11)$$

此时,制造商的利润函数关于 θ 和 τ 的 Hessian 矩阵的行列式为

$$H_2 = \begin{vmatrix} \dfrac{\partial^2 \pi_m}{\partial \theta^2} & \dfrac{\partial^2 \pi_m}{\partial \theta \partial \tau} \\ \dfrac{\partial^2 \pi_m}{\partial \tau \partial \theta} & \dfrac{\partial^2 \pi_m}{\partial \tau^2} \end{vmatrix}$$

$$= \begin{vmatrix} \dfrac{2\gamma^2 R_r [M_r - p_e(1-\tau)e]}{\mu(1-\theta)^3} - \dfrac{\gamma^2 R_r^2(2+\theta)}{\mu(1-\theta)^4} & \dfrac{e p_e \gamma^2 R_r}{\mu(1-\theta)^2} \\ \dfrac{e p_e \gamma^2 R_r}{\mu(1-\theta)^2} & 4 e p_e \beta - \eta \end{vmatrix}$$

$$= \dfrac{\gamma^2 R_r}{\mu(1-\theta)^4} \Big\{ [2M_r(1-\theta) - 2p_e(1-\tau)e(1-\theta) - R_r(2+\theta)](4 e p_e \beta - \eta) - \dfrac{e^2 p_e^2 \gamma^2 R_r}{\mu} \Big\}.$$

由 $\dfrac{1}{2} < \dfrac{M_r}{R_r} < 1$，$[2M_r(1-\theta) - 2p_e(1-\tau)e(1-\theta) - R_r(2+\theta)](4 e p_e \beta - \eta) - \dfrac{e^2 p_e^2 \gamma^2 R_r}{\mu} > 0$，可知 Hessian 矩阵是正定的，故制造商的利润函数是关于 θ 和 τ 的严格凹函数，所以关于制造商的决策变量 θ 和 τ 存在最优解。

对式(6-11)分别求关于 θ 和 τ 的一阶偏导数并令其等于 0，则有

$$\dfrac{\partial \pi_m^{cn}}{\partial \theta} = \dfrac{\gamma^2 R_r M_r}{(1-\theta)^2 \mu} - \dfrac{\gamma^2 R_r p_e}{(1-\theta)^2 \mu}(1-\tau)e - \dfrac{\gamma^2 R_r^2 (1+\theta)}{2\mu(1-\theta)^3} = 0, \quad (6-12)$$

$$\dfrac{\partial \pi_m^{cn}}{\partial \tau} = (M_r + M_d)\beta + e p_e \Big[(D_0 + 2\beta\tau) + \dfrac{\gamma^2 R_r}{(1-\theta)\mu} \Big] - 2\beta e p_e(1-\tau) - \eta\tau = 0. \quad (6-13)$$

由式(6-12)和式(6-13)则可得

$$\tau^{cn} = \dfrac{2\mu[(M_r + M_d)\beta + e p_e D_0] + \gamma^2 e p_e (2M_r - 2e p_e + R_r) - 4\mu\beta e p_e}{2\mu(\eta - 4\beta e p_e) - e^2 p_e^2 \gamma^2}$$

$$\theta^{cn} = \dfrac{2(M_r - e p_e) - R_r + 2 e p_e \tau^{cn}}{2(M_r - e p_e) + R_r + 2 e p_e \tau^{cn}},$$

进而可得 $A^{cn} = \dfrac{\gamma[2(M_r - e p_e) + R_r + 2 e p_e \tau^{cn}]}{2\mu}$。

定理 6-2 当制造商分摊零售商的低碳宣传成本时，双渠道供应链集中式决策与分散式决策相比有 $\tau^* > \tau^{cn}, A^* > A^{cn}$。

证明：为了计算方便，令 $\mu(\eta - 4\beta e p_e) = B$，则

$$\tau^* - \tau^{cn} = \dfrac{R_r B(\gamma^2 e p_e + 2\beta\mu)}{(B - p_e^2 \gamma^2 e^2)(2B - p_e^2 \gamma^2 e^2)} +$$

$$\dfrac{p_e^2 \gamma^2 e^2 [(M_r + M_d - R_r)\beta\mu + p_e e \mu(D_0 - 2\beta) + e p_e \gamma^2 (M_r - e p_e)]}{(B - p_e^2 \gamma^2 e^2)(2B - p_e^2 \gamma^2 e^2)}。$$

因为 $B-p_e^2\gamma^2e^2>0, M_r-ep_e>0, M_r+M_d-R_r>0$,
所以 $\tau^*-\tau_3^\#>0$,即 $\tau^*>\tau^{cn}$。
同理,为了计算方便,令 $N=\eta-4\beta ep_e$,则

$$A^*-A^{cn}=\frac{2\mu(D_0-2\beta)p_e^4\gamma^3e^4+2\mu\beta(M_r+M_d)p_e^3\gamma^3e^3+2p_e^4\gamma^4e^4(M_r+R_r-ep_e)}{2\mu(2\mu N-p_e^2\gamma^2e^2)}+$$

$$\frac{2\mu\gamma ep_e\beta R_r(2\mu N-p_e^2\gamma^2e^2)+\gamma R_r(\mu N-p_e^2\gamma^2e^2)(2\mu N+p_e^2\gamma^2e^2)}{2\mu(2\mu N-p_e^2\gamma^2e^2)}。$$

由于 $N=\eta-4\beta ep_e>0$,故 $A^*-A^{cn}>0$,即 $A^*>A^{cn}$。

6.2.4 碳限额及交易下双渠道供应链的协调

由前面的分析可知,如果只是制造商分摊零售商的低碳广告宣传成本,并不能实现双渠道供应链的协调。为此,假设制造商分摊零售商的低碳宣传成本比例为 $\theta(0<\theta<1)$,零售商分摊制造商的碳减排成本比例为 $\varphi(0<\varphi<1)$,则零售商和制造商的利润函数分别为

$$\pi_r^{cc}=R_r[(1-\alpha)D_0+\beta\tau+\gamma A]-\frac{1}{2}(1-\theta)\mu A^2-\frac{1}{2}\varphi\eta\tau^2, \quad (6-14)$$

$$\pi_m^{cc}=M_r[(1-\alpha)D_0+\beta\tau+\gamma A]+M_d(\alpha D_0+\beta\tau)-p_e[(D_0+2\beta\tau+\gamma A)(1-\tau)e-E_0]-\frac{1}{2}(1-\varphi)\eta\tau^2-\frac{1}{2}\theta\mu A^2。 \quad (6-15)$$

对式(6-14)求关于 A 的一阶偏导数并令其等于 0,得

$$\frac{\partial\pi_r^{cc}}{\partial A}=\gamma R_r-(1-\theta)\mu A=0,$$

进而可得 $A^{cc}=\frac{\gamma R_r}{(1-\theta)\mu}$。

对式(6-15)求关于 τ 的一阶偏导数并令其等于 0,则可得

$$\frac{\partial\pi_m^{cc}}{\partial\tau}=(M_r+M_d)\beta+ep_e(D_0-2\beta+\gamma A)+4\beta ep_e\tau-(1-\varphi)\eta\tau=0,$$

进而可得 $\tau^{cc}=\frac{(M_r+M_d)\beta+ep_e(D_0-2\beta+\gamma A)}{(1-\varphi)\eta-4\beta ep_e}$。

要使双渠道供应链实现协调,则有 $A^{cc}=A^*, \tau^{cc}=\tau^*$,进而可求得零售商和制造商的最优比例分摊分别为

$$\varphi^{cc}=1-\frac{[(M_r+M_d)\beta+ep_e(D_0-2\beta)](\mu\eta-4p_e\beta e\mu-p_e^2\gamma^2e^2)}{\eta[(M_r+M_d+R_r)\beta\mu+p_eep_e(D_0-2\beta)+p_e\gamma^2e(M_r+R_r-ep_e)]}-\frac{4\beta ep_e}{\eta}-$$

$$\frac{\gamma ep_e[(M_r+M_d+R_r)\gamma ep_e\beta+\gamma^2p_e^2(D_0-2\beta)+(M_r+R_r-ep_e)\gamma(\eta-4p_e\beta e)]}{\eta[(M_r+M_d+R_r)\beta\mu+p_eep_e(D_0-2\beta)+p_e\gamma^2e(M_r+R_r-ep_e)]},$$

$$\theta^{cc}=1-\frac{\gamma R_r(\mu\eta-4p_e\beta e\mu-p_e^2\gamma^2e^2)}{\mu[(M_r+M_d+R_r)\gamma ep_e\beta+\gamma e^2p_e^2(D_0-2\beta)+(M_r+R_r-ep_e)\gamma(\eta-4p_e\beta e)]}。$$

要使双渠道供应链协调,除了碳减排成本和低碳宣传分摊下分散式决策的最优解与集中式决策的最优解相同外,还必须满足制造商和零售商的参与约束,即 $\pi_r^{cc} \geq \pi_r^{nn}$, $\pi_m^{cc} \geq \pi_m^{nn}$。由于两者比较的计算比较复杂,将在数值计算中进行验证。

6.3 数值计算与分析

前面已经分析了不同情形下的最优碳排放率和最优低碳宣传水平,这里通过数值计算分析不同情形下的决策结果及收益。考虑一个由制造商和零售商组成的双渠道供应链,为了进一步验证前面模型分析的结论,这里选取合适的数据,分析其对决策变量以及双渠道供应链系统利润的影响,基本运营的参数设定如表6-2所示。

表6-2 基本运营参数

e	p_e	α	γ	μ	η	E_0	β	D_0	M_d	M_r	R_r
1.5	1	0.5	100	500	1.5×10^4	500	120	3.0×10^3	12.5	12	13

6.3.1 最优值分析

在不同情况下,数值模拟如表6-3所示。由表6-3可知,双渠道供应链在集中式决策下的最优碳减排率和最优低碳宣传水平大于分散式决策的最优碳减排率和最优低碳宣传水平,也大于只有制造商分摊零售商低碳宣传成本时的最优值。而且,当制造商分摊零售商低碳宣传成本且零售商分摊制造商碳减排成本时,零售商利润、制造商利润、双渠道供应链利润都大于没有成本分摊时的利润,也大于只有制造商分摊零售商低碳宣传成本时的利润;当制造商分摊零售商低碳宣传成本且零售商分摊制造商碳减排成本时,双渠道供应链可实现协调。

表6-3 不同情形下的最优化结果

	决策变量		目标函数			契约参数	
	A	τ	π_r	π_m	π_c	φ	θ
集中式	4.90	0.656	—	—	60839.9	—	—
分散式	2.6	0.523	22006.1	37433.8	59439.9	—	0.27
宣传成本分摊	3.56	0.532	22645	37662.4	60307.5	—	—
双成本分摊	4.90	0.656	23195.6	37664.3	60839.9	0.16	0.47

6.3.2 参数对最优值及利润的影响

在碳限额及交易机制下,当初始市场规模 D_0、单位产品初始碳排放量 e、消费者渠道偏好 α,以及政府给予制造商的免费碳排放限额 E_0 取表 6-2 中的数值时,各参数变化对最优值及双渠道供应链利润的影响如图 6-1~图 6-5 所示。

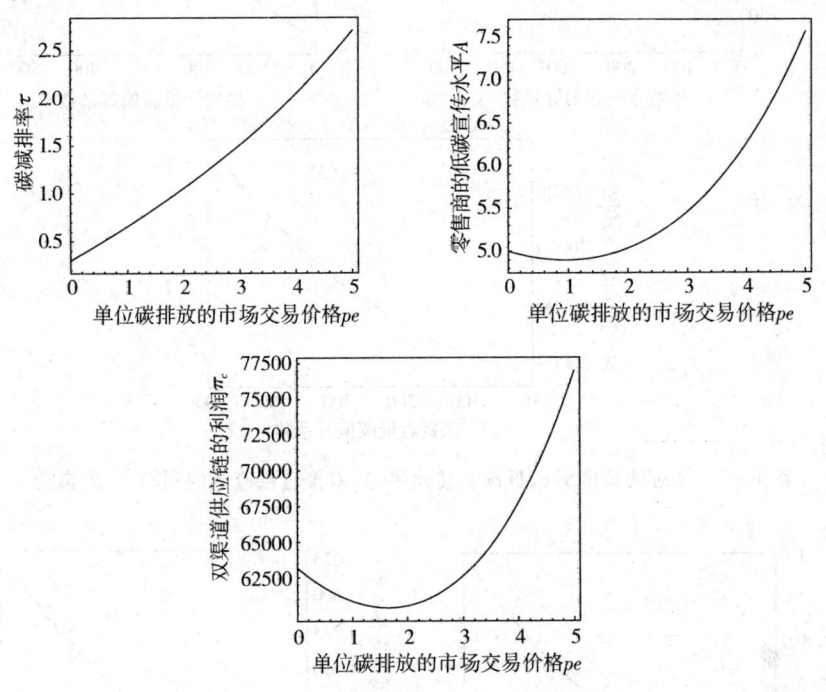

图 6-1 p_e 对碳减排率 τ、低碳宣传水平 A、双渠道供应链的利润 π_c 的影响

由图 6-1 可知,碳减排率与碳排放交易价格成正向变化关系,而零售商的低碳宣传水平、双渠道供应链的利润与碳排放交易价格成 U 形变化关系。可见,政府通过调节碳排放交易价格不仅可以促进企业减少碳排放,而且促使企业加强低碳宣传。

由图 6-2 和图 6-3 可知,碳减排率、零售商的低碳宣传水平和双渠道供应链的利润与消费者低碳偏好系数、低碳宣传对消费者的影响系数都成正向变化关系。可见,加大低碳环境宣传,增强消费者的低碳环保意识,以及通过低碳宣传提高消费者的低碳购买意愿非常重要。

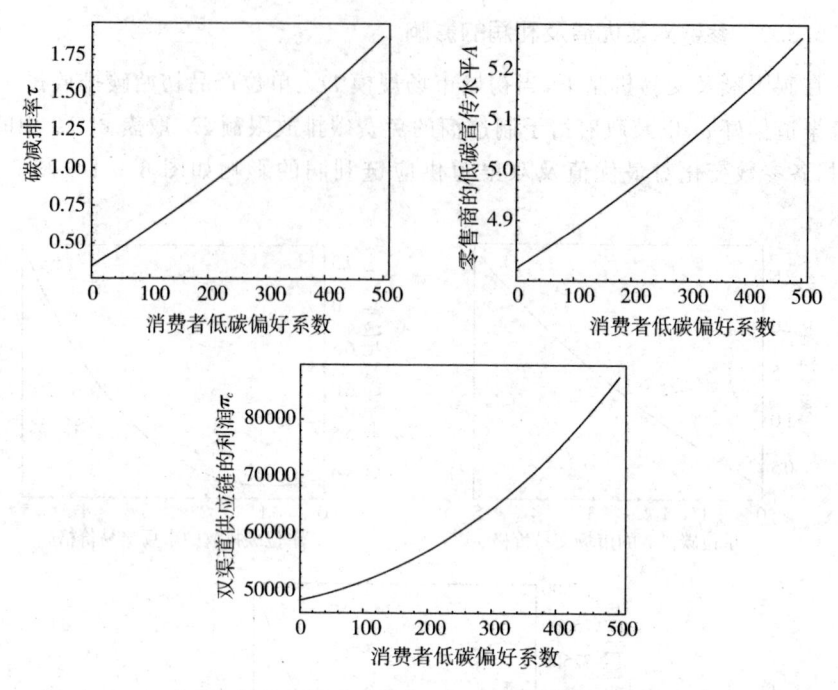

图 6-2 β 对碳减排率 τ、低碳宣传水平 A、双渠道供应链的利润 π_c 的影响

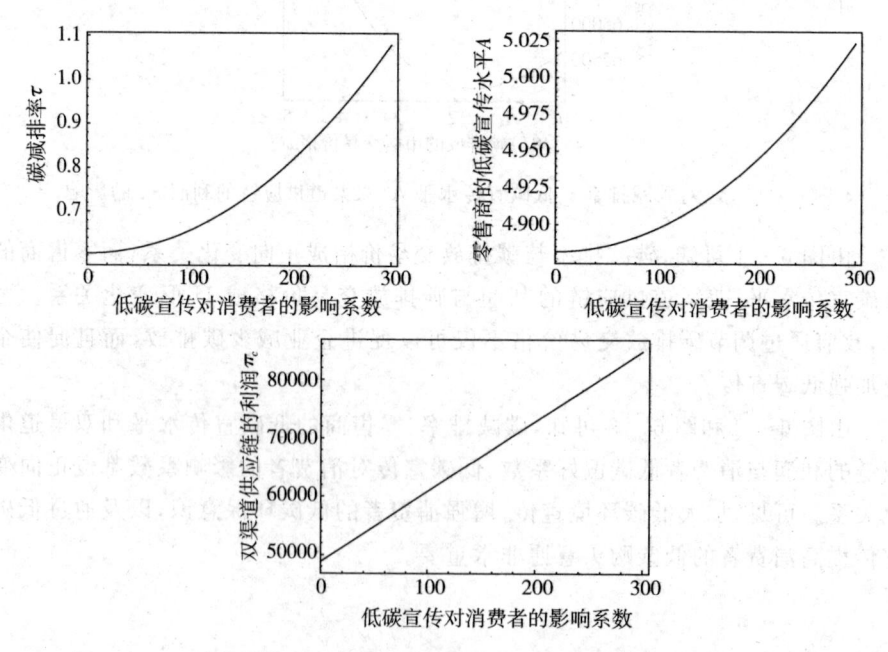

图 6-3 γ 对碳减排率 τ、低碳宣传水平 A、双渠道供应链的利润 π_c 的影响

第6章 碳限额及交易下零售商低碳宣传的双渠道供应链决策与协调

图 6-4 μ 对碳减排率 τ、低碳宣传水平 A、双渠道供应链的利润 π_c 的影响

由图 6-4 可知，碳减排率、零售商低碳宣传水平和双渠道供应链的利润都与低碳宣传成本系数成反向变化关系。可见，如何在保证低碳宣传效果的同时降低低碳宣传成本非常重要，政府也可以通过对低碳宣传的企业进行适当的补贴来促进企业加大低碳宣传力度，从而减少碳排放。

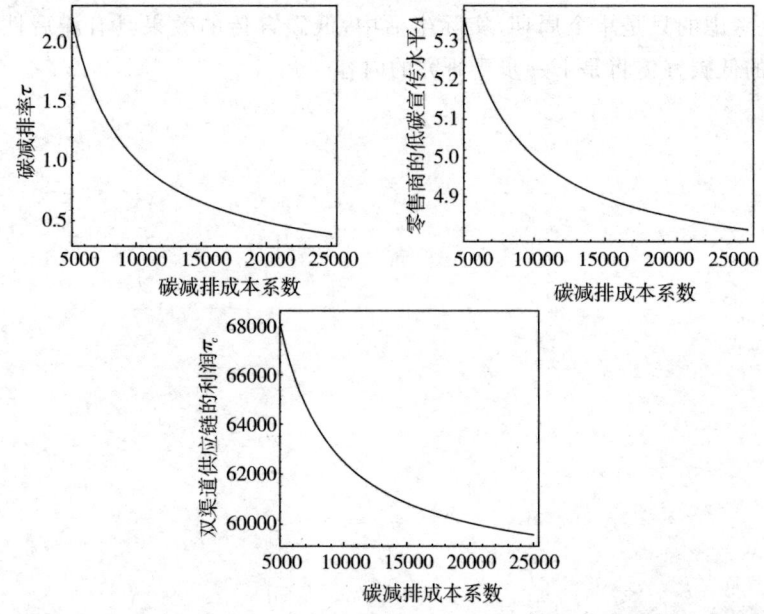

图 6-5 η 对碳减排率 τ、低碳宣传水平 A、双渠道供应链的利润 π_c 的影响

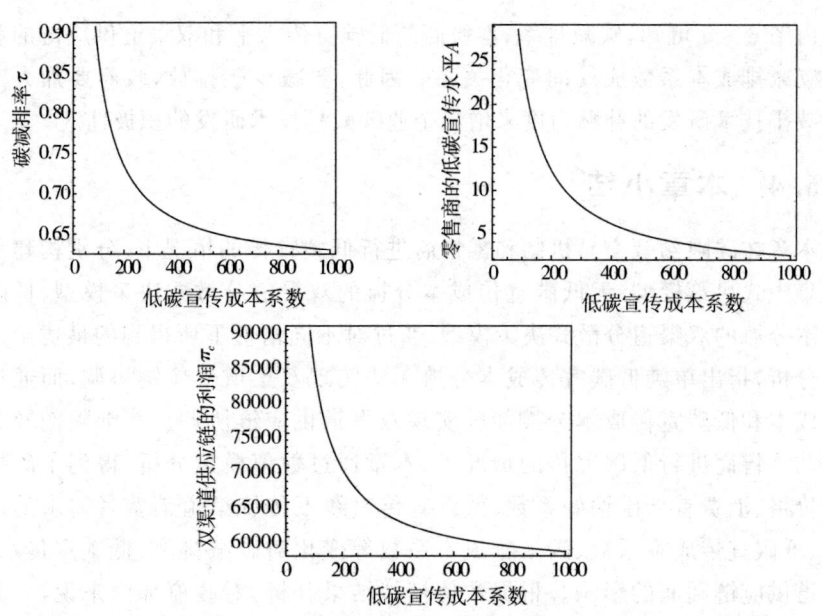

由图 6-5 可知,碳减排率、零售商的低碳宣传水平和双渠道供应链的利润都与碳减排成本系数成反向变化关系。因此,要减少碳排放,政府要加大对企业碳减排技术研发的补贴力度来增强企业碳减排技术研发的积极性。

6.4 本章小结

本章在碳限额及交易机制和零售商进行低碳宣传的情况下,分别构建了双渠道集中式决策模型、无低碳宣传成本分摊的双渠道分散式决策模型、低碳宣传成本分摊的双渠道分散式决策模型,通过对不同情形下所得到的最优解进行对比分析,指出单纯低碳宣传成本分摊无法实现双渠道供应链协调,而通过碳减排成本和低碳宣传成本分摊能够实现双渠道供应链协调。在碳限额及交易机制和零售商进行低碳宣传的情况下,本章通过数值模拟分析,得到了碳排放交易价格、消费者低碳偏好系数、低碳宣传对线下传统渠道消费者需求的影响系数、低碳宣传成本系数、碳减排成本系数等变化对碳减排率、低碳宣传水平、双渠道供应链利润的影响。根据数值模拟结果分析,对政府部门来说,一方面可以通过调节碳排放交易价格来促进企业减少碳排放,促推企业扩大低碳宣传力度;另一方面可以对企业的碳减排技术研发成本进行补贴,以提高企业碳减排技术研发的积极性。对企业来说,一方面要加大低碳宣传力度,增强消费者的低碳环保意识,以提高消费者低碳偏好;另一方面要通过对低碳产品的宣传提高消费者的低碳购买意愿。此外,本章只是针对零售商的低碳宣传进行研究,而且考虑的只是单个周期,实际生活中,低碳宣传的效果具有滞后性,针对多周期的低碳宣传将是下一步要研究的内容。

第7章 碳限额及交易下双重低碳宣传的双渠道供应链减排决策与协调

鉴于国际上众多知名制造企业通过开展低碳供应链管理工作获得了良好的环境效益和社会效益，为此，我国的《工业绿色发展规划（2016—2020年）》《绿色制造工程实施指南（2016—2020年）》《中国制造2025》等都强调了对供应链低碳研究的重要战略意义。碳限额及交易机制作为减少和控制碳排放最为有效的手段，在世界上不少国家或地区已经实施碳排放交易系统，并取得了良好的社会效益和经济效益。目前，针对碳限额及交易机制下低碳供应链管理的研究成果也不断涌现。Hua 等（2011）在碳交易政策下对企业库存管理中的碳足迹问题进行了研究；支帮东等（2017）在碳限额及交易机制下进行了基于成本共担契约的供应链协调策略研究；Xu 等（2017）对碳限额及交易下的供应链协调问题进行了研究；周艳菊和熊凯伦（2018）在碳限额及交易机制下通过构建嵌入式低碳服务供应链模型，对服务供应链的决策与协调进行了研究。

随着网民数量的快速增长以及电子商务的蓬勃发展，制造商在传统渠道销售产品的基础上纷纷开设网上直销渠道，形成了线上渠道与线下渠道融合发展的新局面，这使得传统低碳供应链逐步向双渠道低碳供应链转变。Ji 等（2017）通过对制造商是否开通直销渠道以及零售商是否参与联合减排的四种情形进行了研究，认为联合减排对双渠道供应链成员双方都有利；刘名武等（2019）研究了低碳背景下双渠道供应链决策及合作策略。在低碳时代，消费者低碳行为的形成与变化以及对供应链运作策略的影响引起了国内外学者的广泛关注。Li 等（2011）指出消费者对企业在环境保护方面的表现开始逐渐关注，越来越多的消费者将企业的环境记录作为购买决策的依据。由此可见，在低碳时代，通过低碳技术研发以减少碳排放是企业可持续发展的动力源泉，而加大低碳宣传是企业扩大销售的有效策略，因而将两者结合起来进行研究具有重要的现实意义。为此，Zhou 等（2016）研究了考虑公平关切的低碳供应链低碳宣传与碳减排成本分摊策略及协调问题。从现有的研究来看，目前只有少量文献在双渠道供应链中把低碳宣传与碳减排结合起来进行研究，而且低碳宣传只是考虑了零售商的线下宣传，并没有考虑制造商的线上低碳宣传，而且没有把其放在碳限额及交易机制下进行研究。因此，本章研究在碳限额及交易下双渠道供应链线上、线下低碳宣传与碳减排策略问题,主要拟解决以下问题:(1)在碳限额及交易下双渠道供应链线上、线下低碳宣传及碳减排的最优决策;(2)如何实现双渠道供应链的协调;(3)碳排放交易价格、消费者低碳偏好、碳减排成本系数、低碳宣传对渠道需求的影响系数等参数变化对双渠道供应链最优决策及利润的影响。

7.1 问题描述与相关假设

由单个制造商和单个零售商组成的双渠道供应链中,制造商将生产的产品一方面通过传统渠道由零售商销售,另一方面通过制造商开设的网上直销渠道进行销售。假设碳排放主要是制造商在生产过程中产生的,在碳限额及交易机制下,政府给予制造商一定的免费碳排放额度,制造商生产过程中节省或超出的碳排放量可以通过碳排放交易市场进行交易。假设消费者具有低碳偏好,制造商和零售商在线上和线下两个渠道进行低碳宣传。本章相关的符号及含义如表7-1所示。

表7-1 相关符号及含义

符号	含义
M_r	制造商在传统渠道销售单位产品获得的利润
M_d	制造商在网络直销渠道销售单位产品获得的利润
R_r	零售商在传统渠道销售单位产品获得的利润
D_0	不进行碳减排和低碳广告宣传时的市场总需求
α	偏好线上渠道的消费者所占比例
$1-\alpha$	偏好传统渠道的消费者所占比例
Q_r	传统渠道的市场需求量
Q_d	网络直销渠道的市场需求量
τ	碳减排率,其碳减排率下的碳减排技术创新投入成本满足:$C(\tau)=0.5\eta\tau^2$,η为碳减排成本系数
e	制造商实施碳减排技术前生产单位产品产生的碳排放量
τe	制造商实施碳减排技术后生产单位产品产生的碳排放量
p_e	单位碳排放的市场交易价格
E_0	政府给予制造商的免费碳排放限额
A_m	制造商的低碳宣传水平,其低碳宣传投入满足:$C(A_m)=0.5A_m^2$
A_r	零售商的低碳宣传水平,其低碳宣传投入满足:$C(A_r)=0.5A_r^2$

第7章 碳限额及交易下双重低碳宣传的双渠道供应链减排决策与协调

续　表

符号	含义
γ	低碳宣传对需求的影响系数
β	消费者低碳偏好对消费者需求的影响系数

根据实际情况和表 7-1 的假设，可知网络直销渠道和传统零售渠道的市场需求量分别为 $Q_d = \alpha D_0 + \beta \tau + \gamma A_m$，$Q_r = (1-\alpha)D_0 + \beta \tau + \gamma A_r$。假设初始的市场需求较大，满足 $D_0 > 2\beta$，且 $M_r > ep_e$，$M_d > ep_e$，否则制造商不会进行产品的生产。

7.2 模型的构建与分析

7.2.1 双渠道供应链集中式决策

根据前面的假设可知，在双渠道供应链集中式决策下，传统渠道的低碳宣传水平 A_r、网络直销渠道的低碳宣传水平 A_m 和碳减排率 τ 为决策变量，由此可得碳限额及交易下双渠道供应链的利润函数为

$$\pi_c = (M_r + R_r)[(1-\alpha)D_0 + \beta\tau + \gamma A_r] + M_d(\alpha D_0 + \beta\tau + \gamma A_m)$$
$$- p_e[(D_0 + 2\beta\tau + \gamma A_m + \gamma A_r)(1-\tau)e - E_0] - \frac{1}{2}\eta\tau^2 - \frac{1}{2}A_m^2 - \frac{1}{2}A_r^2 \text{。}$$

$$(7-1)$$

分别求式 (7-1) 关于 A_m, A_r, τ 的二阶偏导数，则有 $\dfrac{\partial^2 \pi_c}{\partial A_r^2} = -1$，$\dfrac{\partial^2 \pi_c}{\partial A_r \partial A_m} = 0$，$\dfrac{\partial^2 \pi_c}{\partial A_r \partial \tau} = \gamma ep_e$，$\dfrac{\partial^2 \pi_c}{\partial A_m^2} = -1$，$\dfrac{\partial^2 \pi_c}{\partial A_m \partial A_r} = 0$，$\dfrac{\partial^2 \pi_c}{\partial A_m \partial \tau} = \gamma ep_e$，$\dfrac{\partial^2 \pi_c}{\partial \tau \partial A_r} = \gamma ep_e$，$\dfrac{\partial^2 \pi_c}{\partial \tau \partial A_m} = \gamma ep_e$，$\dfrac{\partial^2 \pi_c}{\partial \tau^2} = 4\beta ep_e - \eta$，进而可得集中式决策下双渠道供应链的利润函数关于决策变量 A_r, A_m, τ 的 Hessian 矩阵的行列式为

$$H_1 = \begin{vmatrix} \dfrac{\partial^2 \pi_c}{\partial A_r^2} & \dfrac{\partial^2 \pi_c}{\partial A_r \partial A_m} & \dfrac{\partial^2 \pi_c}{\partial A_r \partial \tau} \\ \dfrac{\partial^2 \pi_c}{\partial A_m \partial A_r} & \dfrac{\partial^2 \pi_c}{\partial A_m^2} & \dfrac{\partial^2 \pi_c}{\partial A_m \partial \tau} \\ \dfrac{\partial^2 \pi_c}{\partial \tau \partial A_r} & \dfrac{\partial^2 \pi_c}{\partial \tau \partial A_m} & \dfrac{\partial^2 \pi_c}{\partial \tau^2} \end{vmatrix}$$

$$= \begin{vmatrix} -1 & 0 & \gamma ep_e \\ 0 & -1 & \gamma ep_e \\ \gamma ep_e & \gamma ep_e & 4\beta ep_e - \eta \end{vmatrix} = (4ep_e\beta - \eta) + 2\gamma^2 e^2 p_e \text{。}$$

当 $\eta-4ep_e\beta-2\gamma^2e^2p_e^2>0$ 时，Hessian 矩阵的二阶主子式都大于 0，三阶主子式小于 0，则 Hessian 矩阵为负定的，因而双渠道供应链的利润函数是关于决策变量 A_r，A_m，τ 的凹函数，存在最优解。

分别求式(7-1)关于 A_m，A_r，τ 的一阶偏导数并令其等于 0，则有

$$\frac{\partial \pi_c}{\partial A_r}=(M_r+R_r)\gamma-\gamma p_e(1-\tau)e-A_r=0, \tag{7-2}$$

$$\frac{\partial \pi_c}{\partial A_m}=\gamma M_d-\gamma p_e(1-\tau)e-A_m=0, \tag{7-3}$$

$$\frac{\partial \pi_c}{\partial \tau}=(M_r+R_r+M_d)\beta+ep_e(D_0-2\beta+\gamma A_m+\gamma A_r)+(4\beta ep_e-\eta)\tau=0。 \tag{7-4}$$

由式(7-2)、式(7-3)和式(7-4)可得双渠道供应链的最优碳减排率和两个渠道的低碳宣传水平分别为

$$A_r^*=(M_r+R_r-ep_e)\gamma+\frac{\gamma ep_e(M_r+R_r+M_d)(\beta+\gamma^2 ep_e)+\gamma e^2 p_e^2(D_0-2\beta)-2\gamma^3 e^3 p_e^3}{\eta-4\beta p_e-2\gamma^2 e^2 p_e^2},$$

$$A_m^*=\gamma(M_d-ep_e)+\frac{\gamma ep_e(M_r+R_r+M_d)(\beta+\gamma^2 ep_e)+\gamma e^2 p_e^2(D_0-2\beta)-2\gamma^3 e^3 p_e^3}{\eta-4\beta p_e-2\gamma^2 e^2 p_e^2},$$

$$\tau^*=\frac{(M_r+R_r+M_d)(\beta+\gamma^2 ep_e)+ep_e(D_0-2\beta)-2\gamma^2 e^2 p_e^2}{\eta-4\beta p_e-2\gamma^2 e^2 p_e^2}。$$

7.2.2 双渠道供应链分散式决策

在双渠道供应链分散式决策下，低碳宣传水平 A_m 和碳减排率 τ 为制造商的决策变量，低碳宣传水平 A_r 为零售商的决策变量。由前面的假设可知，分散式决策下零售商和制造商的收益函数分别为

$$\pi_r^{nn}=R_r Q_r-\frac{1}{2}A_r^2=R_r[(1-\alpha)D_0+\beta\tau+\gamma A_r]-\frac{1}{2}A_r^2, \tag{7-5}$$

$$\begin{aligned}\pi_m^{nn}&=M_r Q_r+M_d Q_d-p_e[(Q_r+Q_d)(1-\tau)e-E_0]-\frac{1}{2}\eta\tau^2-\frac{1}{2}A_m^2\\&=M_r[(1-\alpha)D_0+\beta\tau+\gamma A_r]+M_d(\alpha D_0+\beta\tau+\gamma A_m)-p_e[(D_0+2\beta\tau+\\&\quad \gamma A_r+\gamma A_m)(1-\tau)e-E_0]-\frac{1}{2}\eta\tau^2-\frac{1}{2}A_m^2。\end{aligned} \tag{7-6}$$

在分散式决策下，制造商和零售商分别是 Stackelberg 博弈的主动方和跟从方，其中制造商先确定低碳宣传水平 A_m 和碳减排率 τ，零售商观察到制造商的策略后确定低碳宣传水平 A_r。

对式(7-5)求关于低碳宣传水平 A_r 的偏导数并令其等于 0，则有

第7章　碳限额及交易下双重低碳宣传的双渠道供应链减排决策与协调

$$\frac{\partial \pi_r^{nn}}{\partial A_r} = R_r \gamma - A_r = 0 \text{。} \tag{7-7}$$

由式(7-7)可得 $A_r^{nn} = \gamma R_r$，并将其代入式(7-6)，则有

$$\pi_m^{nn} = M_r [(1-\alpha)D_0 + \beta\tau + \gamma^2 R_r] + M_d(\alpha D_0 + \beta\tau + \gamma A_m) - p_e [(D_0 + 2\beta\tau + \gamma^2 R_r + \gamma A_m)(1-\tau)e - E_0] - \frac{1}{2}\eta\tau^2 - \frac{1}{2}A_m^2 \text{。} \tag{7-8}$$

对式(7-8)分别求关于 A_m, τ 的二阶偏导数，则有 $\dfrac{\partial^2 \pi_m^{nn}}{\partial A_m^2} = -1$，$\dfrac{\partial^2 \pi_m^{nn}}{\partial A_m \partial \tau} = \gamma e p_e$，$\dfrac{\partial^2 \pi_m^{nn}}{\partial \tau \partial A_m} = \gamma e p_e$，$\dfrac{\partial^2 \pi_m^{nn}}{\partial \tau^2} = 4e p_e \beta - \eta$，由此可得制造商的利润函数关于决策变量 A_m, τ 的 Hessian 矩阵的行列式为

$$H_2 = \begin{vmatrix} \dfrac{\partial^2 \pi_m^{mn}}{\partial A_m^2} & \dfrac{\partial^2 \pi_m^{mn}}{\partial A_m \partial \tau} \\ \dfrac{\partial^2 \pi_m^{m}}{\partial \partial \partial A_m} & \dfrac{\partial^2 \pi_m^{mn}}{\partial \tau^2} \end{vmatrix} = \begin{vmatrix} -1 & \gamma e p_e \\ \gamma e p_e & 4e p_e \beta - \eta \end{vmatrix} = \eta - 4\beta e p_e - \gamma^2 e^2 p_e^2 \text{。}$$

根据前面的假设 $\eta - 4e p_e \beta - 2\gamma^2 e^2 p_e^2 > 0$，所以 $\eta - 4\beta e p_e - \gamma^2 e^2 p_e^2 > 0$，则可知 Hessian 矩阵为正定的，因而分散式决策下制造商的利润函数是关于决策变量 A_m, τ 的凹函数。

分别求式(7-8)关于 A_m, τ 的一阶偏导数并令其等于 0，则有

$$\frac{\partial \pi_m^{nn}}{\partial A_m} = \gamma M_d - \gamma e p_e + \gamma e p_e \tau - A_m = 0, \tag{7-9}$$

$$\frac{\partial \pi_m^{mm}}{\partial \tau} = (M_r + M_d)\beta + e p_e(D_0 - 2\beta + \gamma^2 R_r + \gamma A_m) + (4\beta e p_e - \eta)\tau = 0 \text{。} \tag{7-10}$$

由式(7-9)和式(7-10)可得制造商的最优低碳宣传 A_m^{nn} 和最优碳减排率 τ^{nn} 分别为

$$A_m^{nn} = \gamma M_d - \gamma e p_e + \frac{\beta \gamma e p_e (M_r + M_d) + \gamma e^2 p_e^2 (D_0 - 2\beta) + \gamma^3 e^2 p_e^2 (M_d + R_r - e p_e)}{\eta - 4\beta e p_e - \gamma^2 e^2 p_e^2},$$

$$\tau^{nn} = \frac{(M_r + M_d)\beta + e p_e (D_0 - 2\beta) + \gamma^2 e p_e (M_d + R_r - e p_e)}{\eta - 4\beta e p_e - \gamma^2 e^2 p_e^2} \text{。}$$

定理 7-1　双渠道供应链集中式决策与分散式决策相比，有 $A_r^* > A_r^{nn}$，$A_m^* > A_m^{nn}$，$\tau^* > \tau^{nn}$。

证明：因为 $M_r - e p_e > 0$，

$$\frac{(M_r + R_r + M_d)(\beta + \gamma^2 e p_e) + e p_e (D_0 - 2\beta) - 2\gamma^2 e^2 p_e^2}{\eta - 4\beta e p_e - 2\gamma^2 e^2 p_e^2} > 0,$$

$$A_r^* - A_r^{nn} = (M_r - ep_e)\gamma + \frac{rep_e(M_r + R_r + M_d)(\beta + \gamma^2 ep_e) + re^2 p_e^2 (D_0 - 2\beta) - 2\gamma^3 e^3 p_e^3}{\eta - 4\beta ep_e - 2\gamma^2 e^2 p_e^2},$$

所以 $A_r^* - A_r^{nn} > 0$，即 $A_r^* > A_r^{nn}$。

同理，因为 $M_d - ep_e > 0$，$\eta - 4\beta ep_e - 2\gamma^2 e^2 p_e^2 < \eta - 4\beta ep_e - \gamma^2 e^2 p_e^2$，

所以有 $A_m^* - A_m^{nn} > 0$，即 $A_m^* > A_m^{nn}$。

同理，$M_r - ep_e > 0$，$\eta - 4\beta ep_e - 2\gamma^2 e^2 p_e^2 < \eta - 4\beta ep_e - \gamma^2 e^2 p_e^2$，

所以有 $\tau^* - \tau^{nn} > 0$，即 $\tau^* > \tau^{nn}$。

7.2.3 零售商低碳宣传成本分摊的双渠道供应链分散式决策

假设制造商分摊零售商的低碳广告宣传成本比例为 θ，则零售商和制造商的利润函数分别为

$$\pi_r^{cn} = R_r[(1-\alpha)D_0 + \beta\tau + \gamma A_r] - \frac{1}{2}(1-\theta)A_r^2, \quad (7-11)$$

$$\pi_m^{cn} = M_r[(1-\alpha)D_0 + \beta\tau + \gamma A_r] + M_d(\alpha D_0 + \beta\tau + \gamma A_m) - \frac{1}{2}A_m^2 - \frac{1}{2}\theta A_r^2 -$$
$$p_e[(D_0 + 2\beta\tau + \gamma A_r + \gamma A_m)(1-\tau)e - E_0] - \frac{1}{2}\eta\tau^2 \text{。} \quad (7-12)$$

因为 $\frac{\partial^2 \pi_r^{cn}}{\partial A_r^2} < 0$，所以零售商的利润函数是关于 A_r 的凹函数，对式 (7 - 11) 求关于 A_r 的偏导数并令其等于 0，则有 $\frac{\partial \pi_r^{cn}}{\partial A_r} = \gamma R_r - (1-\theta)A_r = 0$，进而可得 $A_r = \frac{\gamma R_r}{1-\theta}$，将其代入式 (7 - 12)，则有

$$\pi_m^{cn} = M_r\left[(1-\alpha)D_0 + \beta\tau + \frac{\gamma^2 R_r}{1-\theta}\right] + M_d(\alpha D_0 + \beta\tau + \gamma A_m) - \frac{\theta\gamma^2 R_r^2}{2(1-\theta)^2} -$$
$$p_e\left[\left(D_0 + 2\beta\tau + \frac{\gamma^2 R_r}{1-\theta} + \gamma A_m\right)(1-\tau)e - E_0\right] - \frac{1}{2}\eta\tau^2 - \frac{1}{2}A_m^2 \text{。}$$
$$(7-13)$$

对式 (7 - 13) 分别求关于 θ, A_m 和 τ 的二阶偏导数，则制造商的利润函数关于 θ, A_m 和 τ 的 Hessian 矩阵的行列式为

$$H_3 = \begin{vmatrix} \dfrac{\partial^2 \pi_m}{\partial \theta^2} & \dfrac{\partial^2 \pi_m}{\partial \theta \partial A_m} & \dfrac{\partial^2 \pi_m}{\partial \theta \partial \tau} \\ \dfrac{\partial^2 \pi_m}{\partial A_m \partial \theta} & \dfrac{\partial^2 \pi_m}{\partial A_m^2} & \dfrac{\partial^2 \pi_m}{\partial A_m \partial \tau} \\ \dfrac{\partial^2 \pi_m}{\partial \tau \partial \theta} & \dfrac{\partial^2 \pi_m}{\partial A_m \partial \tau} & \dfrac{\partial^2 \pi_m}{\partial \tau^2} \end{vmatrix}$$

$$= \begin{vmatrix} \dfrac{2\gamma^2 R_r[M_r-p_e(1-\tau)e]}{(1-\theta)^3} - \dfrac{\gamma^2 R_r^2(2+\theta)}{(1-\theta)^4} & 0 & \dfrac{ep_e\gamma^2 R_r}{(1-\theta)^2} \\ 0 & -1 & rep_e \\ \dfrac{ep_e\gamma^2 R_r}{(1-\theta)^2} & rep_e & 4\beta ep_e-(1-\theta)\eta \end{vmatrix}$$

$$= \left[\dfrac{2\gamma^2 R_r[M_r-p_e(1-\tau)e]}{(1-\theta)^3} - \dfrac{\gamma^2 R_r^2(2+\theta)}{(1-\theta)^4}\right][(1-\theta)\eta - 4\beta ep_e - \gamma^2 e^2 p_e^2] + \dfrac{e^2 p_e^2 \gamma^4 R_r^2}{(1-\theta)^4}。$$

当 $\dfrac{M_r-p_e(1-\tau)e}{R_r}<1$ 时，Hessian 矩阵是负定的，故制造商的利润函数是关于 θ, A_m 和 τ 的严格凹函数，因此存在制造商的利润函数关于 θ, A_m 和 τ 的最优解。

对式(7-13)分别求关于 θ, A_m 和 τ 的一阶偏导数并令其等于 0，则有

$$\dfrac{\partial \pi_m^{cn}}{\partial \theta} = \dfrac{\gamma^2 R_r M_r}{(1-\theta)^2} - \dfrac{\gamma^2 R_r^2(1+\theta)}{2(1-\theta)^3} - \dfrac{\gamma^2 R_r p_e(1-\tau)e}{(1-\theta)^2} = 0, \tag{7-14}$$

$$\dfrac{\partial \pi_m^{cn}}{\partial A_m} = \gamma M_d - A_m - \gamma ep_e(1-\tau) = 0, \tag{7-15}$$

$$\dfrac{\partial \pi_m^{cn}}{\partial \tau} = (M_r+M_d)\beta + ep_e(D_0-2\beta) + \dfrac{\gamma^2 ep_e R_r}{1-\theta}$$
$$+ \gamma ep_e A_m - (\eta - 4\beta ep_e)\tau = 0。 \tag{7-16}$$

为了计算方便，设 $B=(M_r+M_d)\beta+ep_e(D_0-2\beta)+\gamma^2 ep_e(M_d-ep_e)$，则由式(7-14)、式(7-15)和式(7-16)可得

$$\theta^{cn} = \dfrac{2ep_e[(M_r+M_d)\beta + ep_e(D_0-2\beta) + \gamma^2 ep_e(M_d-ep_e) + R_r\gamma^2 ep_e]}{2ep_e B + (\eta - 4\beta ep_e - \gamma^2 e^2 p_e^2)(R_r-2ep_e+2M_r)} -$$

$$\dfrac{(\eta - 4\beta ep_e - \gamma^2 e^2 p_e^2)(R_r+2ep_e-2M_r)}{2ep_e B + (\eta - 4\beta ep_e - \gamma^2 e^2 p_e^2)(R_r-2ep_e+2M_r)},$$

$$\tau^{cn} = \dfrac{R_r(1+\theta^{cn}) - 2(M_r-ep_e)(1-\theta^{cn})}{2ep_e(1-\theta^{cn})},$$

$$A_m^{cn} = \dfrac{2\gamma(M_d-M_r)(1-\theta^{cn}) + \gamma R_r(1+\theta^{cn})}{2(1-\theta^{cn})},$$

进而可得 $A_r^{cn} = \dfrac{\gamma R_r}{1-\theta^{cn}}$。

7.2.4 碳减排成本和零售商低碳宣传成本都分摊的双渠道供应链协调

假设制造商分摊零售商的低碳宣传成本比例为 θ，零售商分摊制造商的碳减排成本比例为 φ，则零售商和制造商的利润函数分别为

$$\pi_r^{cc} = R_r[(1-\alpha)D_0 + \beta\tau + \gamma A_r] - \frac{1}{2}(1-\theta)A_r^2 - \frac{1}{2}\varphi\eta\tau^2, \quad (7-17)$$

$$\pi_m^{cc} = M_r[(1-\alpha)D_0 + \beta\tau + \gamma A_r] + M_d(\alpha D_0 + \beta\tau + \gamma A_m) - \frac{1}{2}A_m^2 - \frac{1}{2}\theta A_r^2 -$$

$$p_e\{[D_0 + 2\beta\tau + \gamma(A_r + A_m)](1-\tau)e - E_0\} - \frac{1}{2}(1-\varphi)\eta\tau^2。$$

$$(7-18)$$

对式(7-17)求关于 A_r 的一阶偏导数并令其等于0，则有

$$\frac{\partial \pi_r^{cc}}{\partial A_r} = \gamma R_r - (1-\theta)A_r = 0。 \quad (7-19)$$

对式(7-18)求关于 τ 的一阶偏导数并令其等于0，则有

$$\frac{\partial \pi_m^{cc}}{\partial \tau} = (M_r + M_d)\beta + ep_e[D_0 - 2\beta + \gamma(A_r + A_m)] + [4\beta ep_e - (1-\varphi)\eta]\tau = 0。$$

$$(7-20)$$

要实现双渠道供应链协调，必须有 $A_r = A_r^*$, $A_m = A_m^*$, $\tau = \tau^*$，因而可得

$$\varphi^{cc} = \frac{(\eta - 4\beta ep_e)\tau^* - (M_r + M_d)\beta - ep_e[D_0 - 2\beta + \gamma(A_r^* + A_m^*)]}{\eta\tau^*},$$

$$\theta^{cc} = \frac{A_r^* - \gamma R_r}{A_r^*}。$$

要使双渠道供应链协调，除了碳减排成本和低碳宣传分摊下分散式决策的最优解与集中式决策的最优解相同外，还必须满足制造商和零售商的参与约束，即 $\pi_r^{cc} \geq \pi_r^{nm}$, $\pi_m^{cc} \geq \pi_m^{nm}$。由于两者比较的计算比较复杂，将在数值计算中进行验证。

7.3 数值计算与分析

前面已经分析了不同情形下的最优碳排放率和最优低碳宣传水平，这里通过数值计算分析不同情形下的决策结果及收益。考虑一个由制造商和零售商组成的二级双渠道供应链，为了进一步验证前面模型分析的结论，这里选取合适的数据，分析其对决策变量以及双渠道供应链系统利润的影响，基本运营的参数设定如表7-2所示。

第7章 碳限额及交易下双重低碳宣传的双渠道供应链减排决策与协调

表 7-2 基本运营参数

e	p_e	α	γ	μ	η	E_0	β	D_0	M_d	M_r	R_r
1.5	0.8	0.5	20	500	6.5×10^3	500	50	3.0×10^3	10.5	9.8	8

7.3.1 最优值分析

在不同情况下,数值模拟如表 7-3 所示。由表 7-3 可知,双渠道供应链在集中式决策下最优碳减排率、零售商最优低碳宣传水平、制造商最优低碳宣传水平大于分散式决策的最优碳减排率和最优低碳宣传水平,也大于制造商分摊零售商低碳宣传成本时的分散式决策最优值;当制造商分摊零售商低碳宣传成本且零售商分摊制造商碳减排成本时的零售商利润、制造商利润、双渠道供应链的利润都大于没有成本分摊时的利润;当制造商分摊零售商低碳宣传成本且零售商分摊制造商碳减排成本时,双渠道供应链可实现协调。

表 7-3 不同情形下的最优化结果

	决策变量			目标函数			契约参数	
	A_r	A_m	τ	π_r	π_m	π_c	φ	θ
集中式	338.5	192.5	0.27	—	—	114020	—	—
不合作	160	190.8	0.199	24879.6	73344.1	98223.7	—	—
成本分摊	257.6	191.6	0.235	32707.9	78065.8	110774	—	0.379
协调	338.5	192.5	0.27	39136.1	74883.6	114020	0.014	0.527

7.3.2 参数对最优值及利润的影响

在碳限额及交易机制下,当初始市场规模 D_0、单位产品初始碳排放量 e、消费者渠道偏好 α,以及政府给予制造商的免费碳排放限额 E_0 取表 7-2 中的数值时,各参数变化对最优值及双渠道供应链利润的影响如图 7-1~图 7-4 所示。

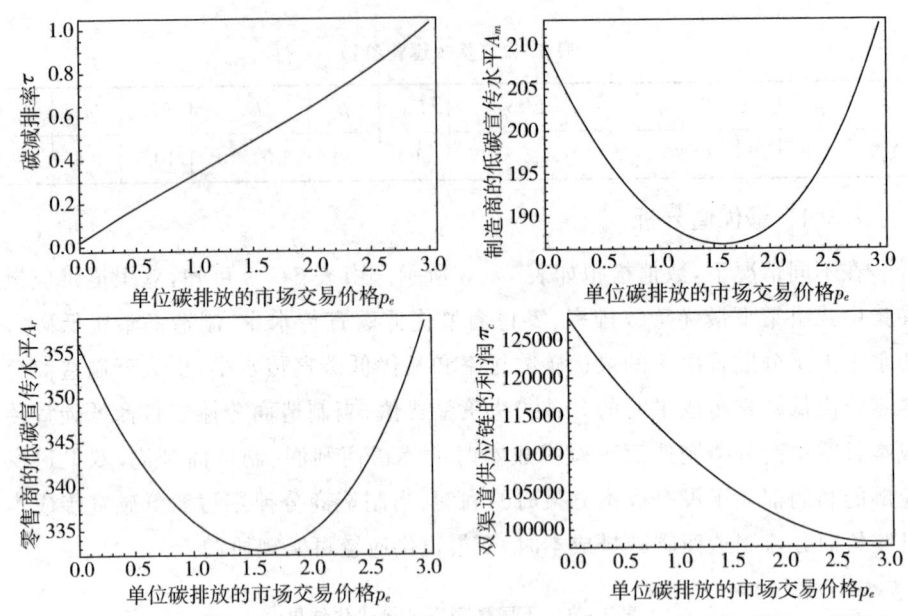

图 7-1 p_e 对碳减排率 τ、低碳宣传水平 A_r，A_m 以及双渠道供应链的利润 π_c 的影响

由图 7-1 可知，碳减排率与单位碳排放交易价格成正向变化关系，制造商和零售商的低碳宣传水平都与单位碳排放交易价格成 U 形变化关系，而双渠道供应链的利润与单位碳排放交易价格成反向变化关系。可见，政府通过调节碳排放交易价格不仅可以促使企业降低碳排放，而且有利于推动企业加大低碳宣传。

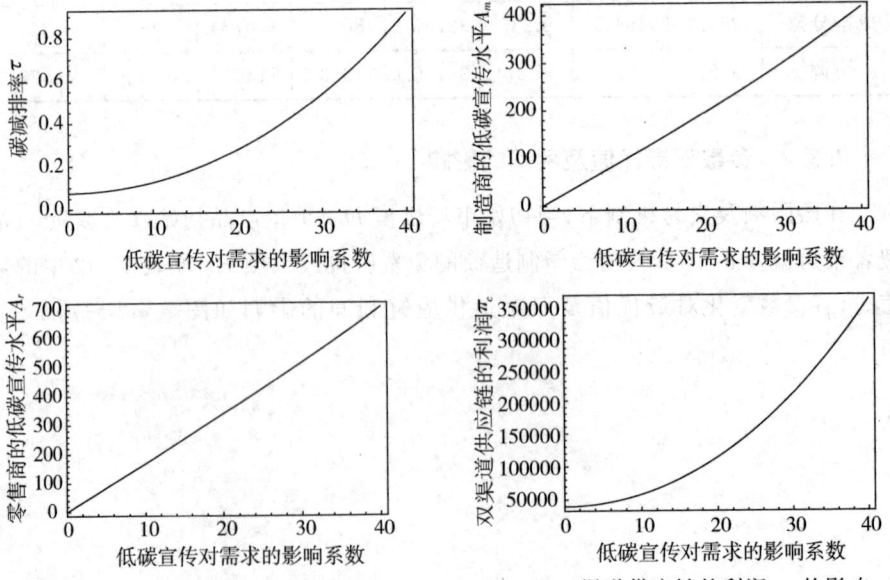

图 7-2 γ 对碳减排率 τ、低碳宣传水平 A_r，A_m 以及双渠道供应链的利润 π_c 的影响

第7章 碳限额及交易下双重低碳宣传的双渠道供应链减排决策与协调

由图7-2可知,碳减排率、双渠道供应链的利润、制造商的低碳宣传水平、零售商的低碳宣传水平都与低碳宣传对需求的影响系数成正向变化关系。可见,低碳宣传对消费者的影响越大,对企业的碳减排以及低碳宣传的推动作用也就越大。

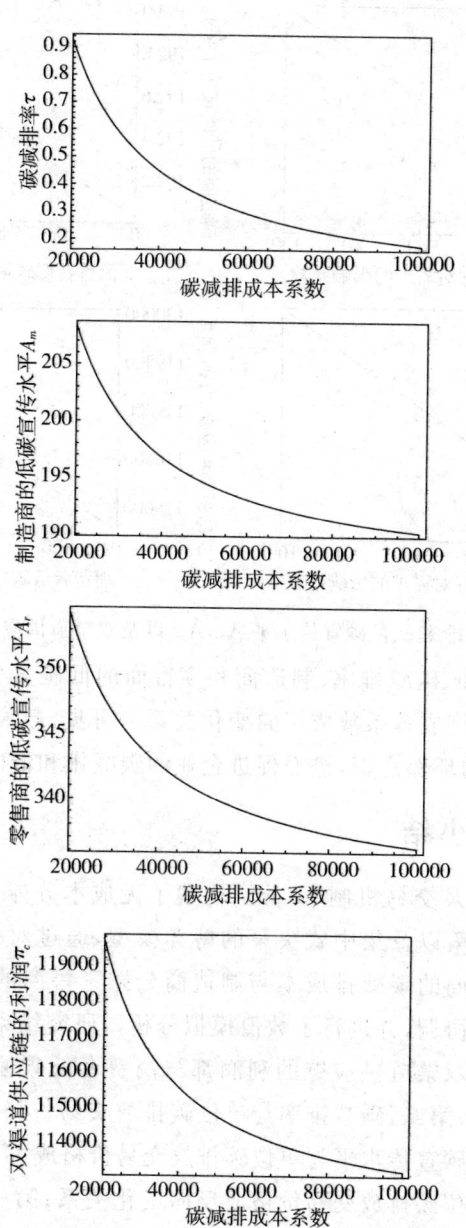

图7-3 η对碳减排率τ、低碳宣传水平A_r,A_m以及双渠道供应链的利润π_c的影响

由图 7-3 可知,碳减排率、制造商和零售商的低碳宣传水平、双渠道供应链的利润都与碳减排成本系数成反向变化关系。因此,企业可以通过加大对企业的碳减排技术研发补贴来推动企业的碳减排和低碳宣传。

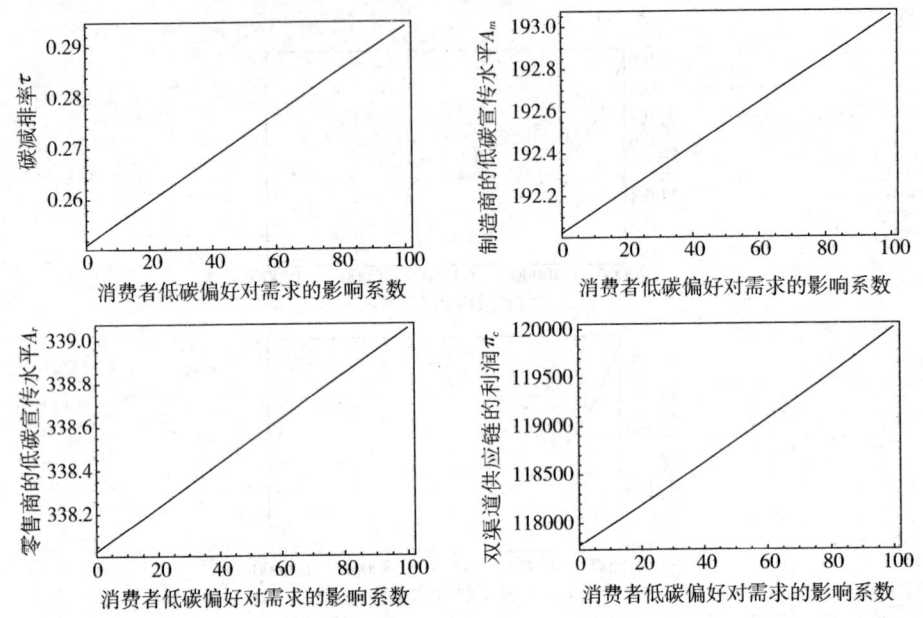

图 7-4 β 对碳减排率 τ、低碳宣传水平 A_r,A_m 以及双渠道供应链的利润 π_c 的影响

由图 7-4 可知,碳减排率、制造商和零售商的低碳宣传水平、双渠道供应链的利润都与碳减排成本系数成正向变化关系。可见,政府可以通过低碳环保宣传,提高消费者的环保意识,进而促进企业的碳减排和低碳宣传。

7.4 本章小结

本章在碳限额及交易机制下,分别构建了无成本分摊、零售商低碳宣传成本分摊的分散式决策以及集中式决策的博弈模型,通过对模型的分析,指出通过零售商分摊制造商的碳减排成本与制造商分摊零售商的低碳宣传成本能够实现双渠道供应链协调,并进行了数值模拟分析。研究结果表明:第一,碳减排率、低碳宣传水平、双渠道供应链的利润都与消费者低碳偏好对需求的影响系数成正向变化关系;第二,碳减排率与单位碳排放交易价格成正向变化关系,制造商和零售商的低碳宣传水平与单位碳排放交易价格成 U 形变化关系,双渠道供应链的利润与单位碳排放交易价格成反向变化关系;第三,碳减排率、低碳宣传水平、双渠道供应链的利润都与碳减排成本系数成反向变化关系;第四,碳减排率、低碳宣传水平、双渠道供应链的利润都与低碳宣传对需求的影响系数成正向变化关系。从中可以得到一些管理启示:对政府而言,要实现碳排放目标,一方面可以通过碳排放交易价格的宏观调整来促使企业进行碳减排;另一方面要加大对企业碳减排技术研发的支持,加强对消费者低碳行为的宣传,增强消费者的环保意识。对企业而言,要加大碳减排创新技术的投入,加强低碳产品的品牌建设,扩大低碳产品的宣传力度,让更多的消费者了解和认可低碳产品,进而实现整个双渠道供应链的社会、经济、环境效益最大化。

第8章 碳税政策下双渠道供应链碳减排技术创新投入决策与协调

随着电子商务的快速发展及广泛运用,各级政府和制造商高度重视电子商务发展与创新,众多制造企业尝试开展网上直销业务,旨在传统零售渠道的基础上拓展网上销售,实现网上直销渠道与传统零售渠道的双渠道销售融合。目前,国内外学者对双渠道选择、渠道冲突、定价策略与协调问题进行了深入的研究。Yao 和 Liu(2005)通过构建 Bertrand 和 Stackelberg 两种竞争模型并进行分析,指出制造商引入网络直销渠道会引起传统渠道和直销渠道间的价格竞争,也会激励传统零售渠道改善服务;Chiang 等(2003)指出网络直销渠道将影响传统渠道零售商的销售价格,有助于降低"双重边际化"现象,进而提升供应链总利润;Cai(2010)、Chen 等(2010)通过比较单一渠道和双渠道模式下供应商和零售商的收益,就双渠道选择与协调问题进行了研究;许传永等(2010)就顾客购买成本及消费者对直销渠道的接受程度,分析了直销渠道对制造商的多重作用,指出在不同的情形下制造商的定价策略取决于批发价格和渠道的比较优势;但斌等(2012)指出在双渠道供应链下制造商将直销渠道订单按一定比例提供给零售商作为利益补偿可激励零售商参与其合作,并可实现双渠道供应链协调;曹细玉(2015)研究了需求与退货价格具有相关性的双渠道供应链定价策略与协调问题。

碳税政策作为引导企业减少和控制碳排放的有效政策措施,在欧盟国家进行了很好的实践,并取得了初步成效。目前,国内外学者就碳税机制下单一渠道供应链的生产运作、碳减排策略及协调的研究比较多。熊中楷等(2014)研究了碳税和消费者环保意识对供应链碳排放的影响;Benjaafar 等(2013)分析了三种碳排放政策对供应链碳排放的影响;杨惠霄和骆建文(2016)研究了碳税和消费者低碳偏好下的供应链碳减排策略。近年来,随着低碳经济的发展及双渠道供应链的成功实践,国内外学者开始将碳排放机制与双渠道供应链结合起来进行研究,探讨了低碳环境下供应链双渠道选择、双渠道供应链的减排决策、价格决策及协调问题。杨仕辉和肖导东(2017)研究消费者低碳偏好下的供应链双渠道选择与协调问题;周熙登(2017)研究了考虑品牌差异的双渠道供应链减排与低碳宣传策略问题;杨磊等(2017)研究了碳交易机制下供应链渠道选择与减排策略问题;Ji等(2017)研究了考虑消费者低碳偏好的双渠道供应链碳减排策略。

从上述文献可知,现有的文献针对碳税政策下的双渠道供应链的研究比较少,在碳税政策下考虑消费者低碳偏好及碳减排技术创新投入的研究比较缺乏,因此进行本章的研究很有必要。本章在碳税政策下,考虑消费者低碳偏好以及碳减排技术创新投入,分别建立制造商单独碳减排技术创新投入和制造商与零售商分摊碳减排技术创新投入的双渠道供应链模型,主要解决四个问题:(1)在碳税政策下,制造商单独碳减排技术创新投入及制造商与零售商分摊碳减排技术创新投入对双渠道的最优销售量、最优碳减排率、制造商利润、零售商利润及供应链利润的影响;(2)碳税政策下,针对不同碳减排技术创新投入模式如何实现双渠道供应链协调;(3)碳税政策下,市场竞争程度、消费者低碳偏好对双渠道供应链销售量、碳减排率、制造商利润、零售商利润及供应链系统利润的影响;(4)碳减排技术创新投入成本的分摊比例对双渠道销售量及供应链利润的影响。

8.1 问题描述与相关假设

由风险中性的单个制造商和单个零售商组成的双渠道供应链中,制造商将生产的产品一方面通过传统渠道的零售商把产品销售给消费者,另一方面也在制造商开设的网络直销渠道上直接销售给消费者。本章相关的符号及含义如表9-1所示。

表8-1 相关符号及含义

符号	含义
p_r	传统渠道的产品销售价格
p_d	直销渠道的产品销售价格
a_r	传统渠道的市场潜力
a_d	直销渠道的市场潜力
Q_r	传统渠道的市场需求量
Q_d	直销渠道的市场需求量
θ	不考虑消费者低碳偏好下的渠道间交叉敏感系数,$0<\theta<1$,θ越大表明渠道间竞争越激烈
c	单位产品的生产成本

续 表

符号	含义
w	制造商给予零售商的单位产品的批发价格
λ	政府对制造商征收的单位碳排放税
τ	碳减排率，其碳减排率下的碳减排技术创新投入成本满足：$C(\tau)=0.5\eta\tau^2$，η 为碳减排成本系数
e	碳减排技术创新投入的边际碳减排最大可减少的碳减排量，反映了碳减排技术的创新潜力
τe	碳减排技术创新投入后的实际碳减排量
β	消费者低碳偏好下的产品低碳价值系数

直销渠道和传统渠道都有各自的市场潜力，且两渠道间相互存在一定的竞争关系，因而产品的渠道销售价格将受两个渠道的市场需求量影响，而且产品渠道销售价格受本渠道市场需求量影响会更大。另外，由于消费者具有低碳偏好，消费者愿意购买低碳产品并愿意为其支付更高的价格，因而越低碳的产品其销售价格越高。为此，假设市场需求是确定型的，且假设双渠道的逆需求函数分别为 $p_r=a_r-Q_r-\theta Q_d+\beta\tau e$ 和 $p_d=a_d-Q_d-\theta Q_r+\beta\tau e$。

8.2 模型的构建与分析

8.2.1 制造商单独碳减排技术创新投入的决策模型

由于碳减排技术创新需要先期投入，设双渠道供应链中制造商居于主导地位，制造商先确定自己的碳减排率 τ，然后确定给予零售商的批发价格 w 和网络直销渠道销售的产品数量 Q_d，零售商根据市场需求和批发价格确定自己的销售量 Q_r，此均衡结果是一个子博弈纳什均衡。由于碳减排技术创新投入可为制造商减少碳排放，为了计算分析的方便，这里只考虑碳减排为制造商节约的碳税收益和碳减排技术创新投入成本，不考虑碳减排之前的碳排放成本，因而由前面的假设可知零售商和制造商的收益函数分别为

$$\pi_r=(p_r-w)Q_r=(a_r-Q_r-\theta Q_d+\beta\tau e-w)Q_r, \tag{8-1}$$

$$\pi_m=(w-c+\lambda\tau e)Q_r+(p_d-c+\lambda\tau e)Q_d-\frac{1}{2}\eta\tau^2$$

$$=(w-c+\lambda\tau e)Q_r+(a_d-Q_d-\theta Q_r+\beta\tau e-c+\lambda\tau e)Q_d-\frac{1}{2}\eta\tau^2. \tag{8-2}$$

第 8 章　碳税政策下双渠道供应链碳减排技术创新投入决策与协调

下面采用逆序方法分析，首先对式(8-1)求关于 Q_r 的二阶偏导数，可得 $\dfrac{\partial^2 \pi_r}{\partial Q_r^2} = -2 < 0$，因此，可知零售商存在唯一的最优销售量，进而可得零售商的最优销售量为

$$Q_r^{1*} = \dfrac{a_r - \theta Q_d + \beta \tau e - w}{2}。 \qquad (8-3)$$

将式(8-3)代入式(8-2)，可得

$$\pi_m = \dfrac{(w - c + \lambda \tau e)(a_r - \theta Q_d + \beta \tau e - w)}{2} + \dfrac{[2a_d - \theta a_r - (2-\theta^2)Q_d + (2-\theta)\beta \tau e + \theta w - 2c + 2\lambda \tau e]Q_d}{2} - \dfrac{1}{2}\eta \tau^2。 \qquad (8-4)$$

由式(8-4)可知 $\dfrac{\partial^2 \pi_m}{\partial w \partial Q_d} = \dfrac{\partial^2 \pi_m}{\partial Q_d \partial w} = 0$，$\dfrac{\partial^2 \pi_m}{\partial Q_d^2} = -2 + \theta^2$，$\dfrac{\partial^2 \pi_m}{\partial \tau^2} = \lambda \beta e^2 - \eta$，$\dfrac{\partial^2 \pi_m}{\partial w^2} = -1$，$\dfrac{\partial^2 \pi_m}{\partial w \partial \tau} = \dfrac{\partial^2 \pi_m}{\partial \tau \partial w} = \dfrac{(\beta - \lambda)e}{2}$，$\dfrac{\partial^2 \pi_m}{\partial Q_d \partial \tau} = \dfrac{\partial^2 \pi_m}{\partial \tau \partial Q_d} = (2-\theta)(\lambda + \beta)e$。基于变量的实际意义以及保证涉及的目标函数为决策变量的凹函数，假设 $(2-\theta^2)\left[\dfrac{(\lambda+\beta)^2 e^2}{4} - \eta\right] + (2-\theta)^2(\lambda+\beta)^2 e^2 < 0$，则可得制造商的收益函数 π_m 的 Hessian 矩阵为负定的，因而制造商的收益函数 π_m 是关于 w、Q_d 和 τ 的凹函数。求式(8-4)关于 w、Q_d 和 τ 的一阶偏导数并令其等于 0，则有

$$\dfrac{\partial \pi_m}{\partial w} = \dfrac{a_r + \beta \tau e - 2w + c - \lambda \tau e}{2} = 0, \qquad (8-5)$$

$$\dfrac{\partial \pi_m}{\partial Q_d} = \dfrac{2a_d - \theta a_r - (4-2\theta^2)Q_d + (2-\theta)(\beta \tau e + \lambda \tau e - c)}{2} = 0, \qquad (8-6)$$

$$\dfrac{\partial \pi_m}{\partial \tau} = \dfrac{(\beta - \lambda)we - \beta ec + \lambda \beta e^2 \tau + \lambda e a_r + (2-\theta)(\beta e + \lambda e)Q_d - 2\eta \tau}{2} = 0。 \qquad (8-7)$$

由式(8-5)、式(8-6)和式(8-7)可得制造商的最优碳减排率、最优批发价格和最优网络直销量分别为

$$\tau^{1*} = \dfrac{(\beta + \lambda)e\left[-(3-2\theta)c + (2-\theta)a_d + (1-\theta)a_r\right]}{2(2-\theta^2)\eta - (3-2\theta)(\beta+\lambda)^2 e^2},$$

$$w^{1*} = \dfrac{(2-\theta)c\beta - (\beta-\lambda)a_d + (\beta+\lambda-\theta\lambda)a_r}{(2-\theta)(\beta+\lambda)} + \dfrac{(2-\theta^2)(\beta-\lambda)\{(4-2\theta)c\eta + [(\beta+\lambda)^2 e^2 - 4\eta]a_d - [(\beta+\lambda)^2 e^2 - 2\eta]a_r\}}{2(2-\theta)(\beta+\lambda)\left[(3-2\theta)(\beta+\lambda)^2 e^2 - (4-2\theta^2)\eta\right]},$$

$$Q_d^{1*}=\frac{(2\theta-4)c\eta-[(\beta+\lambda)^2e^2-4\eta]a_d+[(\beta+\lambda)^2e^2-2\eta\theta]a_r}{2[(4-2\theta^2)\eta-(3-2\theta)(\beta+\lambda)^2e^2]}。$$

由式(8-3)进而可得最有传统渠道零售商的最优销售量为

$$Q_r^*=\frac{a_r}{2}+\frac{\beta e^2(\beta+\lambda)[(2-\theta)a_d+(1-\theta)a_r-(3-2\theta)c]}{2(2-\theta^2)\eta-(3-2\theta)(\beta+\lambda)^2e^2}-$$

$$\frac{(2-\theta)c\beta-(\beta-\lambda)a_d+(\beta+\lambda-\theta\lambda)a_r}{(2-\theta)(\beta+\lambda)}+$$

$$\frac{\theta\{2(2-\theta)c\eta+[(\beta+\lambda)^2e^2-4\eta]a_d-[(\beta+\lambda)^2e^2-2\eta\theta]a_r\}}{2[2(2-\theta^2)-(3-2\theta)(\beta+\lambda)^2e^2]}+$$

$$\frac{(2-\theta^2)(\beta-\lambda)\{2(2-\theta)c\eta+[(\beta+\lambda)^2e^2-4\eta]a_d-[(\beta+\lambda)^2e^2-2\eta\theta]a_r\}}{2(2-\theta)(\beta+\lambda)[2(2-\theta^2)-(3-2\theta)(\beta+\lambda)^2e^2]}。$$

定理 8-1 双渠道供应链在制造商单独碳减排技术创新投入的情况下,两渠道总潜在需求越大,碳减排率越高;制造商直销渠道的潜在需求越大,碳减排率越高。

证明:由于 $\tau^{1*}=\dfrac{(\beta+\lambda)e[-(3-2\theta)c+(2-\theta)a_d+(1-\theta)a_r]}{2(2-\theta^2)\eta-(3-2\theta)(\beta+\lambda)^2e^2}$,

设 $a_d+a_r=a$,则 $\dfrac{\partial \tau^{1*}}{\partial a}=1-\theta>0$,且 $\dfrac{\partial \tau^{1*}}{\partial a_d}=(2-\theta)>0$,故命题成立。

8.2.2 制造商和零售商联合碳减排技术创新投入的决策模型

现实中,由于消费者具有低碳偏好,制造商通过碳减排技术创新投入,减少了碳排放,因而可以提高双渠道供应链各成员的竞争力并扩大销售,因此,零售商有动力激励制造商进行碳减排技术创新投入,降低产品的碳排放。假设制造商在碳减排技术创新投入前,零售商和制造商通过协商,零售商愿意分担 $t(0<t<1)$ 比例的碳减排技术创新投入成本。在此基础上,制造商先确定碳减排率 τ,然后确定给予零售商的批发价格 w 和产品网络直销量 Q_d,接着零售商确定产品传统渠道销售量 Q_r,此时双渠道双方决策的目标函数分别为

$$\pi_r=(p_r-w)Q_r=(a_r-Q_r-\theta Q_d+\beta e-w)Q_r-\frac{1}{2}t\eta\tau^2, \quad (8-8)$$

$$\pi_m=(w-c+\lambda\tau e)Q_r+(p_d-c+\lambda\tau e)Q_d-\frac{(1-t)}{2}\eta\tau^2$$

$$=(w-c+\lambda\tau e)Q_r+(a_d-Q_d-\theta Q_r+\beta e-c+\lambda\tau e)Q_d-\frac{(1-t)}{2}\eta\tau^2。$$

(8-9)

下面采用逆序方法分析,首先对式(8-8)求关于 Q_r 的二阶偏导数,可得

$\frac{\partial^2 \pi_r}{\partial Q_r^2} = -2 < 0$,因此,零售商存在唯一的最优销售量,进而可得零售商的最优销售量为

$$Q_r^{2*} = \frac{a_r - \theta Q_d + \beta \tau e - w}{2}。 \qquad (8-10)$$

将式(8-10)代入式(8-9),可得

$$\pi_m = \frac{(w-c+\lambda\tau e)(a_r-\theta Q_d+\beta\tau e-w)}{2} - \frac{1}{2}(1-t)\eta\tau^2 + \frac{[2a_d-\theta a_r-(2-\theta^2)Q_d+(2-\theta)\beta\tau e+\theta w-2c+2\lambda\tau e]Q_d}{2}。 \qquad (8-11)$$

由式(8-11)可知 $\frac{\partial^2 \pi_m}{\partial w \partial Q_d} = \frac{\partial^2 \pi_m}{\partial Q_d \partial w} = 0$,$\frac{\partial^2 \pi_m}{\partial Q_d^2} = -2+\theta^2$,$\frac{\partial^2 \pi_m}{\partial \tau^2} = \lambda\beta e^2 - (1-t)\eta$,$\frac{\partial^2 \pi_m}{\partial w^2} = -1$,$\frac{\partial^2 \pi_m}{\partial w \partial \tau} = \frac{\partial^2 \pi_m}{\partial \tau \partial w} = \frac{(\beta-\lambda)e}{2}$,$\frac{\partial^2 \pi_m}{\partial Q_d \partial \tau} = \frac{\partial^2 \pi_m}{\partial \tau \partial Q_d} = (2-\theta)(\lambda+\beta)e$。基于变量的实际意义以及保证涉及的目标函数为决策变量的凹函数,假设 $4(1-\theta)[(\beta+\lambda)^2 e^2 - (1+\theta)\eta] < 0$,则可得制造商的收益函数 π_m 的 Hessian 矩阵为负定的,因而其是关于 w, Q_d 和 τ 的凹函数。求式(8-11)关于 w, Q_d 和 τ 的一阶偏导数并令其等于0,则有

$$\frac{\partial \pi_m}{\partial w} = \frac{a_r + \beta\tau e - 2w + c - \lambda\tau e}{2} = 0, \qquad (8-12)$$

$$\frac{\partial \pi_m}{\partial Q_d} = \frac{2a_d - \theta a_r - (4-2\theta^2)Q_d + (2-\theta)(\beta\tau e - c + \lambda\tau e)}{2} = 0, \qquad (8-13)$$

$$\frac{\partial \pi_m}{\partial \tau} = \frac{(\beta-\lambda)ew - \beta ec + 2\lambda\beta e^2\tau + \lambda e a_r}{2} + \frac{(2-\theta)(\beta e + \lambda e)Q_d - 2(1-t)\eta\tau}{2} = 0。$$

$$(8-14)$$

由式(8-12)、式(8-13)和式(8-14)可得制造商的最优碳减排率、最优批发价格和最优网络直销量分别为

$$\tau^{2*} = \frac{[(2-\theta)a_d + (1-\theta)a_r - (3-2\theta)c](\beta+\lambda)e}{2(2-\theta^2)(1-t)\eta - (3-2\theta)(\beta+\lambda)^2 e^2},$$

$$w^{2*} = \frac{(2-\theta)c\beta - (\beta-\lambda)a_d + (\beta+\lambda-\theta\lambda)a_r}{(2-\theta)(\beta+\lambda)} - \frac{(2-\theta^2)(\beta-\lambda)\{2(2-\theta)(1-t)c\eta + [(\beta+\lambda)^2 e^2 - 4(1-t)\eta]a_d\}}{2(2-\theta)(\beta+\lambda)[2(2-\theta^2)(1-t)\eta - (3-2\theta)(\beta+\lambda)^2 e^2]} + \frac{(2-\theta^2)(\beta-\lambda)[(\beta+\lambda)^2 e^2 - 2(1-t)\eta]a_r}{2(2-\theta)(\beta+\lambda)[2(2-\theta^2)(1-t)\eta - (3-2\theta)(\beta+\lambda)^2 e^2]},$$

$$Q_d^{2*} = \frac{[4(1-t)\eta - (\beta+\lambda)^2 e^2]a_d + [(\beta+\lambda)^2 e^2 - 2(1-t)\eta]a_r - 2(1-t)(2-\theta)c\eta}{2[2(2-\theta^2)(1-t)\eta - (3-2\theta)(\beta+\lambda)^2 e^2]}。$$

进而由式(8-10)可得零售商的最优销售量为

$$Q_r^{2*} = \frac{a_r}{2} + \frac{[(2-\theta)a_d+(1-\theta)a_r-(3-2\theta)c](\beta+\lambda)e^2\beta}{2(2-\theta^2)(1-t)\eta-(3-2\theta)(\beta+\lambda)^2e^2} -$$

$$\frac{(2-\theta)c\beta-(\beta-\lambda)a_d+(\beta+\lambda-\lambda\theta)a_r}{(2-\theta)(\beta+\lambda)} +$$

$$\frac{\theta\{2(2-\theta)(1-t)c\eta+[(\beta+\lambda)^2e^2-4(1-t)\eta]a_d-[(\beta+\lambda)^2e^2-2(1-t)\eta]a_r\}}{2[2(2-\theta^2)(1-t)\eta-(3-2\theta)(\beta+\lambda)^2e^2]} +$$

$$\frac{(2-\theta^2)(\beta-\lambda)\{2(2-\theta)(1-t)c\eta+[(\beta+\lambda)^2e^2-4(1-t)\eta]a_d\}}{2(2-\theta)(\beta+\lambda)[2(2-\theta^2)(1-t)\eta-(3-2\theta)(\beta+\lambda)^2e^2]} -$$

$$\frac{(2-\theta^2)(\beta-\lambda)[(\beta+\lambda)^2e^2-2(1-t)\eta]a_r}{2(2-\theta)(\beta+\lambda)[2(2-\theta^2)(1-t)\eta-(3-2\theta)(\beta+\lambda)^2e^2]}。$$

定理 8-2 对比制造商单独碳减排技术创新投入的模型,当零售商和制造商分担碳减排技术创新投入成本时,有:(1)$\tau^{2*}>\tau^{1*}$;(2)$Q_d^{2*}>Q_d^{1*}$;(3)若$\beta>\lambda$,则$w^{1*}<w^{2*}$;若$\beta<\lambda$,则$w^{1*}>w^{2*}$。

证明:成本分摊比例$0<t<1$,

$$\tau^{1*} = \frac{(\beta+\lambda)e[-(3-2\theta)c+(2-\theta)a_d+(1-\theta)a_r]}{2(2-\theta^2)\eta-(3-2\theta)(\beta+\lambda)^2e^2},$$

$$\tau^{2*} = \frac{[(2-\theta)a_d+(1-\theta)a_r-(3-2\theta)c](\beta+\lambda)e}{2(2-\theta^2)(1-t)\eta-(3-2\theta)(\beta+\lambda)^2e^2},很显然有 \tau^{2*}>\tau^{1*}。$$

由前面计算推导可知

$$Q_d^{1*} = \frac{2a_d-\theta a_r+(2-\theta)(\beta\tau^{1*}e-c+\lambda\tau^{1*}e)}{4-2\theta^2},$$

$$Q_d^{2*} = \frac{2a_d-\theta a_r+(2-\theta)(\beta\tau^{2*}e-c+\lambda\tau^{2*}e)}{4-2\theta^2},$$

则有 $Q_d^{1*}-Q_d^{2*} = \frac{(2-\theta)(\beta+\lambda)(\tau^{1*}-\tau^{2*})e}{4-2\theta^2}$。

又因为$\tau^{2*}>\tau^{1*}$,所以$Q_d^{2*}>Q_d^{1*}$。

由前文可知,$w^{1*} = \frac{a_r+c+(\beta-\lambda)e\tau^{1*}}{2}$,$w^{2*} = \frac{a_r+c+(\beta-\lambda)e\tau^{2*}}{2}$,

$\tau^{2*}>\tau^{1*}$,故 $w^{1*}-w^{2*} = \frac{e(\beta-\lambda)(\tau^{1*}-\tau^{2*})}{2}$。

因此,当满足$\beta>\lambda$时,$w^{1*}<w^{2*}$;当满足$\beta<\lambda$时,$w^{1*}>w^{2*}$。

8.3 制造商碳减排技术创新投入下双渠道供应链 Pareto 改进契约设计

在碳税机制下,进行碳减排技术创新投入时集中式双渠道供应链的决策模型如下：

$$\pi_c = (a_r - Q_r - \theta Q_d + \beta e - c + \lambda \tau e)Q_r + (a_d - Q_d - \theta Q_r + \beta e - c + \lambda \tau e)Q_d - \frac{1}{2}\eta \tau^2 。 \tag{8-15}$$

由式(8-15)知，$\frac{\partial^2 \pi_c}{\partial Q_r^2} = -2, \frac{\partial^2 \pi_c}{\partial Q_d^2} = -2, \frac{\partial^2 \pi_c}{\partial \tau^2} = -\eta, \frac{\partial^2 \pi_c}{\partial Q_d \partial Q_r} = \frac{\partial^2 \pi_m}{\partial Q_r \partial Q_d} = -2\theta, \frac{\partial^2 \pi_c}{\partial Q_r \partial \tau} = \frac{\partial^2 \pi_c}{\partial \tau \partial Q_r} = \frac{\partial^2 \pi_c}{\partial \tau \partial Q_d} = \frac{\partial^2 \pi_c}{\partial Q_d \partial \tau} = (\beta + \lambda)e$。

由前面的假设 $4(1-\theta)[(\beta+\lambda)^2 e^2 - (1+\theta)\eta] < 0$，可得 π_c 的 Hessian 矩阵为负定的，因而其是关于 Q_r, Q_d 和 τ 的凹函数。求式(8-15)关于 Q_r, Q_d 和 τ 的一阶偏导数并令其等于 0，则有

$$\frac{\partial \pi_c}{\partial Q_r} = a_r - 2Q_r - 2\theta Q_d + \beta e - c + \lambda \tau e = 0, \tag{8-16}$$

$$\frac{\partial \pi_c}{\partial Q_d} = -2\theta Q_r + a_d - 2Q_d + \beta e - c + \lambda \tau e = 0, \tag{8-17}$$

$$\frac{\partial \pi_c}{\partial \tau} = (\beta e + \lambda e)Q_r + (\beta e + \lambda e)Q_d - \eta \tau = 0。 \tag{8-18}$$

由式(8-16)、式(8-17)和式(8-18)可得集中式双渠道供应链的最优销售量和最优碳减排率分别为

$$\tau^{C*} = \frac{(a_r + a_d - 2c)(\beta + \lambda)e}{2(1+\theta)\eta - 2(\beta+\lambda)^2 e^2},$$

$$Q_d^{C*} = \frac{(a_d - c)\eta[2\eta - (\beta+\lambda)^2 e^2] - (a_r - c)\eta[2\eta\theta - (\beta+\lambda)^2 e^2]}{[2\eta - (\beta+\lambda)^2 e^2]^2 - [2\eta\theta - (\beta+\lambda)^2 e^2]^2},$$

$$Q_r^{C*} = \frac{-2c\eta(1-\theta) + [(\beta+\lambda)^2 e^2 - 2\eta]a_d - [(\beta+\lambda)^2 e^2 - 2\eta]a_r}{4(1-\theta)[(1+\theta)\eta - (\beta+\lambda)^2 e^2]}。$$

定理 8-3 在制造商单独碳减排技术创新投入情况下，采用两部定价契约能够实现双渠道供应链的 Pareto 改进。

证明：为了实现双供应链协调，采用两部定价合同 (w, f)，在制造商给予零售商单位产品批发价格为 w 的情况下，制造商从零售商处获得一笔固定支付费用 f，则两部定价合同机制下制造商和零售商的利润分别为

$$\pi_r^T = (p_r - w)Q_r - f = (a_r - Q_r - \theta Q_d + \beta e - w)Q_r - f, \tag{8-19}$$

$$\pi_m^T = (w - c + \lambda \tau e)Q_r + (a_d - Q_d - \theta Q_r + \beta e - c + \lambda \tau e)Q_d - \frac{1}{2}\eta \tau^2 + f。 \tag{8-20}$$

设从零售商利润中转移给制造商的固定收益 f 大于一个确定值 δ，因而有

$$f = (p_r - w)Q_r - \delta = (a_r - Q_r - \theta Q_d + \beta \tau e - w)Q_r - \delta. \tag{8-21}$$

将式(8-21)代入(8-20),可知制造商采用两部定价合同时的最大化利润为

$$\pi_m^T = (a_r - Q_r - \theta Q_d + \beta \tau e - c + \lambda \tau e)Q_r + (a_d - Q_d - \theta Q_r + \beta \tau e - c + \lambda \tau e)Q_d - \frac{1}{2}\eta \tau^2 - \delta,$$

$$\text{s.t.} \frac{\partial \pi_r}{\partial Q_r} = (a_r - 2Q_r - \theta Q_d + \beta \tau e - w)Q_r = 0,$$

$$\pi_m^T \geqslant \pi_m^{1*}. \tag{8-22}$$

由式(8-22)可得,当 $w^T = c + \lambda \tau e$ 时,分散式供应链传统渠道的销售量和集中式供应链传统渠道的销售量一致,从而能够实现双渠道供应链的 Pareto 改进。

定理 8-4 在制造商和零售商联合碳减排技术创新投入下,采用转移支付补偿契约能够实现双渠道供应链的 Pareto 改进。

证明:零售商分摊 t 比例的制造商碳减排技术创新投入下,可将双渠道供应链的总收益 π_{SC} 看作 t 的单变量函数,即 $\pi_{SC}(t) = \pi_m^{2*}(t) + \pi_r^{2*}(t)$,在 $t \in [0, 1]$ 内,运用最值定理或一维寻优搜寻方法能够找到使 $\pi_{SC}(t)$ 最大的 t^*。设 $h = \pi_c - \pi_{SC}(t^*)$,制造商与零售商事先商定零售商分摊的碳减排技术创新投入比例 t^*,并在批发价格下给予零售商转移支付补偿 $k(k < h)$,其中 k 的大小由双方最低保留利润和谈判力量所决定,使得 $\pi_m^{2*}(t^*) + h - k \geqslant \pi_m^{2*}(t^*)$,$\pi_r^{2*}(t^*) + k \geqslant \pi_r^{2*}(t^*)$,则双供应链能够实现 Pareto 改进。

8.4 算例分析

考虑由制造商、零售商构成的一个双供应链系统,假设 $a_r = 800, a_d = 1000, c = 400, e = 5, \beta = 0.2, \lambda = 1, \theta = 0.3, \eta = 10000, t = 0.1$,则不同情形下最优结果如表 8-2 所示。

表 8-2 不同情形下的最优决策与利润

		w	Q_r	Q_d	τ	π_r	π_m	π_c
制造商单独承担碳减排技术创新投入成本	分散	599.59	57	283	0.20	0.34	9.64	9.98
	集中	—	122	265	0.23	—	—	10.36
	协调	401.16	122	265	0.23	2.41	7.95	10.36

第8章 碳税政策下双渠道供应链碳减排技术创新投入决策与协调

续 表

		w	Q_r	Q_d	τ	π_r	π_m	π_c
制造商和零售商分摊碳减排技术创新投入成本	分散	599.54	58	284	0.22	0.33	9.66	9.99
	集中	—	122	265	0.23	—	—	10.36
	协调	—	122	265	0.23	2.41	7.95	10.36

注：表中小数点后四舍五入保留两位小数，利润需要乘 10^4。

由表 8-2 可知：(1)无论制造商是否单独承担碳减排技术创新投入成本，集中式决策时最优的传统渠道销售量、系统利润和碳减排率都大于分散式决策的最优值，而最优的直销渠道销售量小于分散式决策最优值；(2)在分散式决策的最优结果中，与制造商和零售商分摊减排技术创新投入成本相比，在制造商单独承担碳减排技术创新投入成本情形下的碳减排率、传统渠道的销售量以及直销渠道的销售量更低，但批发价格更高，定理 8-2 得到验证；(3)两部定价契约和转移支付补偿契约分别在两种不同情形下能够实现供应链系统的协调。

接下来主要从两个方面进行进一步分析：(1)碳税、渠道竞争程度、消费者低碳偏好对最优决策过程中最优的决策变量以及利润的影响即敏感性分析；(2)将分散式决策过程中两种不同情形进行对比分析，也就是分析碳减排技术创新投入成本的分摊比例对双渠道销售量及供应链利润的影响。

8.4.1 敏感性分析

本小节主要是进一步分析碳税 λ、渠道竞争程度 θ、消费者低碳偏好 β 对最优化决策过程中双渠道销售总量(直销渠道与传统渠道销售量的总和)、碳减排率、制造商单独承担碳减排技术情形下制造商利润和零售商利润、双渠道供应链利润的影响，通过数值分析得图 8-1～图 8-15。

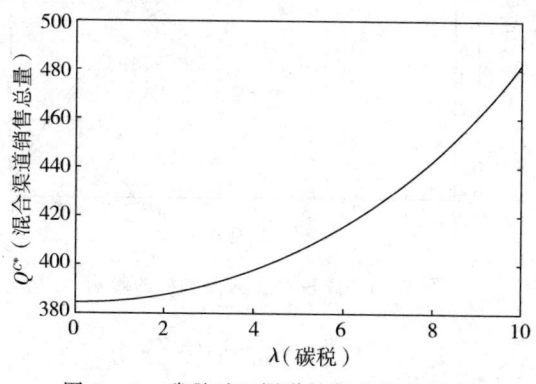

图 8-1 碳税对双渠道销售总量的影响

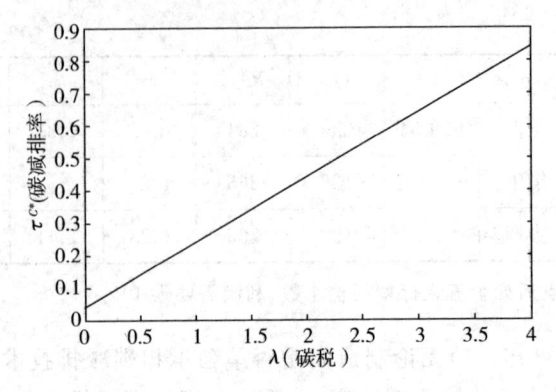

图 8-2 碳税对碳减排率的影响

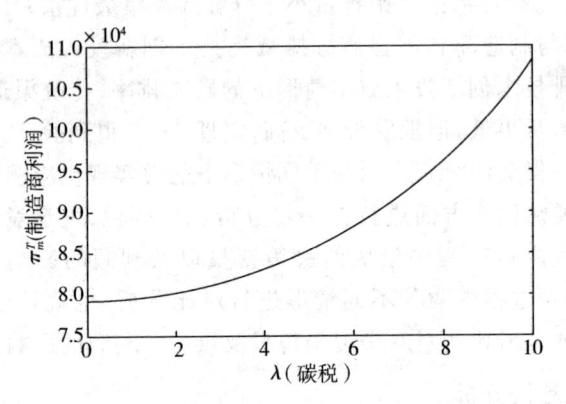

图 8-3 碳税对制造商利润的影响

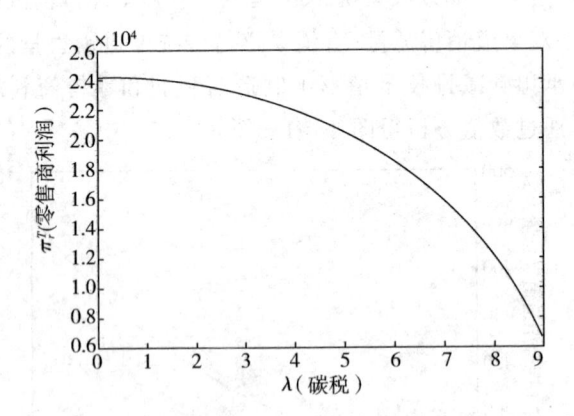

图 8-4 碳税对零售商利润的影响

第 8 章 碳税政策下双渠道供应链碳减排技术创新投入决策与协调

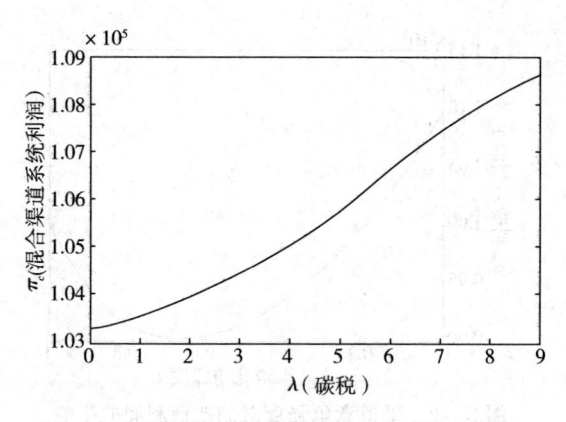

图 8-5 碳税对双渠道供应链系统利润的影响

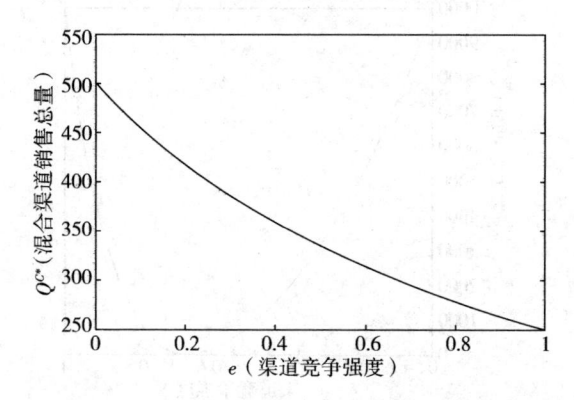

图 8-6 渠道竞争强度对销售总量的影响

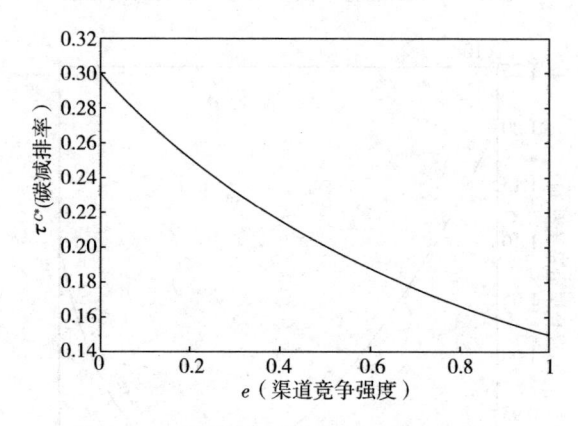

图 8-7 渠道竞争强度对碳减排率的影响

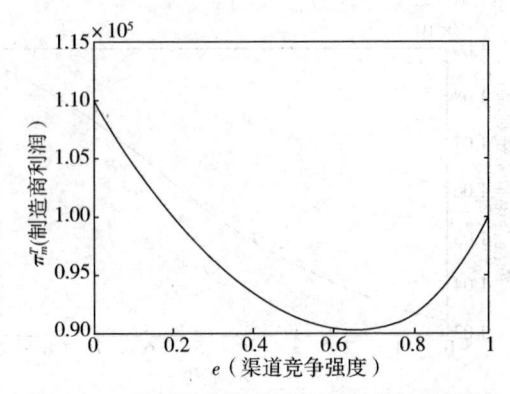

图 8-8 渠道竞争强度对制造商利润的影响

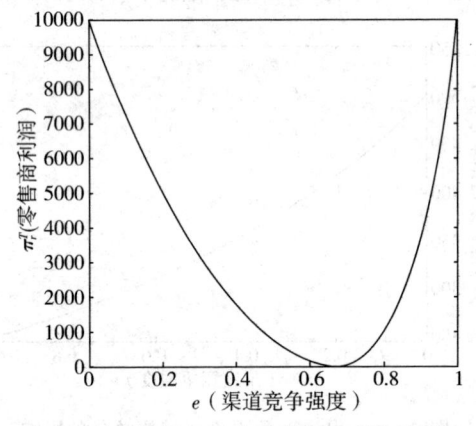

图 8-9 渠道竞争强度对零售商利润的影响

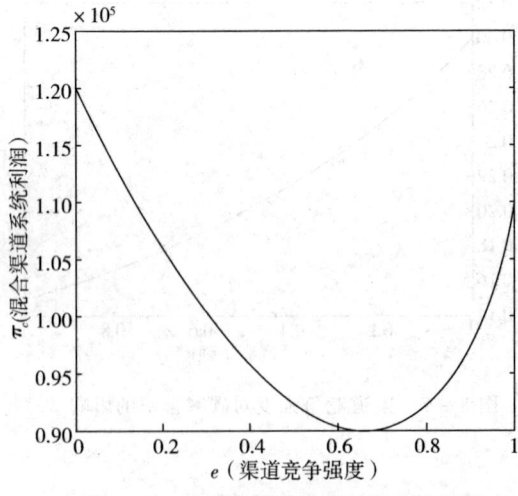

图 8-10 渠道竞争强度对系统利润的影响

第8章 碳税政策下双渠道供应链碳减排技术创新投入决策与协调

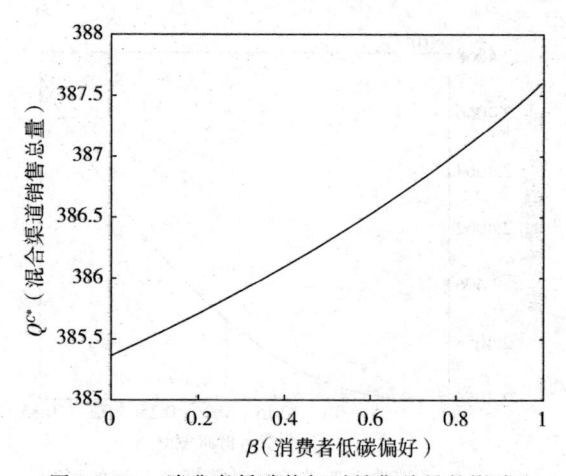

图 8-11 消费者低碳偏好对销售总量的影响

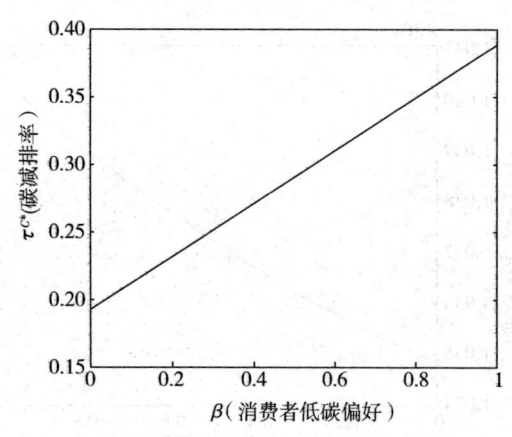

图 8-12 消费者低碳偏好对碳减排率的影响

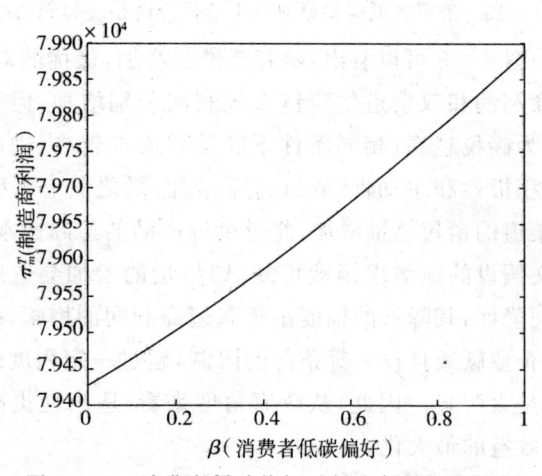

图 8-13 消费者低碳偏好对制造商利润的影响

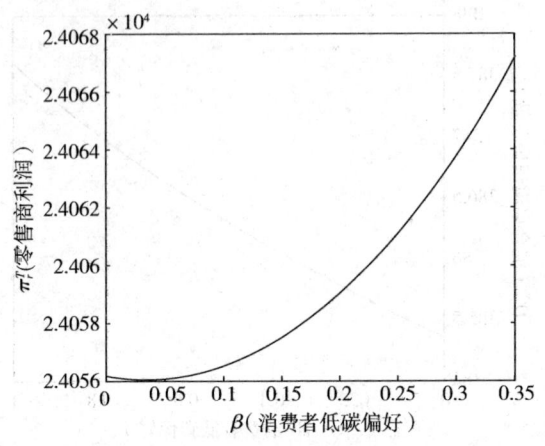

图 8-14 消费者低碳偏好对零售商利润的影响

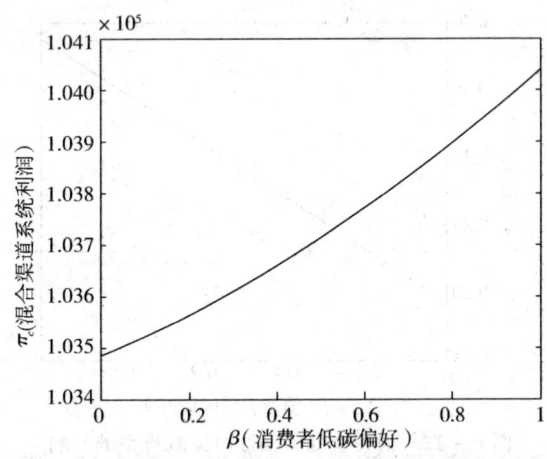

图 8-15 消费者低碳偏好对双渠道供应链系统利润的影响

由图 8-1~图 8-5 可以看出：随着碳税的增加，最优的双渠道销售总量、碳减排率、制造商利润和双渠道供应链系统利润分别增加，但零售商的最优利润降低。这是因为碳税越高，相同条件下碳排放成本越高，进而提高供应链相关企业碳减排的积极性和主动性，碳减排率增加，随之具有低碳偏好的消费者需求增加，即双渠道的销售总量增加，此时单位产品的边际成本降低，制造商利润增加，而由前文假设的逆需求函数可知，销售量的增加会造成产品销售价格下降，零售商利润降低，其降低的幅度小于制造商利润的增幅，故双渠道系统利润增加。但由于企业碳减排投入等条件的限制，超过一定程度的碳税对企业碳减排率的影响不是太明显。因此，从政府角度来看，适当地提高碳税能够实现经济效益和环境效益的最大化。

由图 8-6~图 8-10 可以看出:最优的碳减排率和双渠道销售总量随着渠道竞争强度的增加而降低,而制造商利润、零售商利润以及双渠道供应链系统利润分别随着渠道竞争强度的增加呈先降低后增加的现象。因此,企业如何平衡或者削弱直销渠道和传统渠道之间的竞争关系是实现其利润最大化的一种手段,政府如何宏观地把控消费市场是碳排放目标能否实现的一种策略。

由图 8-11~图 8-15 可以看出:最优的双渠道销售总量、碳减排率、制造商利润和双渠道供应链系统利润是消费者低碳偏好的增函数,而零售商最佳的利润与消费者低碳偏好成 U 形关系。消费者低碳偏好意识的增强,意味着低碳产品的需求量更高。为了实现市场份额的增加,供应链相关企业会提高碳减排率,进而双渠道的销售总量增加,低碳消费者需求得到满足。销售量的增加分担了企业碳减排创新投入的成本,使得单位产品的边际收益提高,制造商单独进行碳减排创新技术投入情形下制造商利润提高,再由逆需求函数可知,此时产品销售价格降低,零售商利润随之降低,但由于碳减排率范围的限制,超过某个消费者低碳偏好临界值后碳减排投入不变,当消费者低碳偏好意识越强,产品的销售价格会升高,零售商利润增加,进而整个供应链系统的利润增加。因此,政府可以加强低碳环保的宣传等方式提高消费者低碳偏好意识,而企业可以提高碳减排技术投入,加强对低碳产品的品牌建设,控制产品的销售价格,从而最大限度地满足低碳消费者的需求。

8.4.2 不同情形比较分析

本小节主要是在分散化的最优决策过程中,制造商单独进行碳减排创新投入与制造商和零售商分担碳减排创新投入两种情形最优决策变量的比较分析,最终通过数值分析的结果如图 8-16~图 8-22 所示。

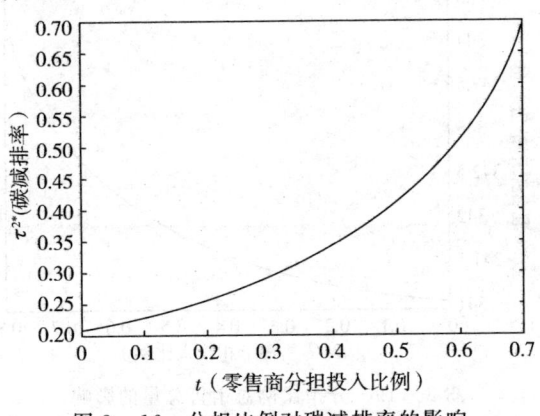

图 8-16 分担比例对碳减排率的影响

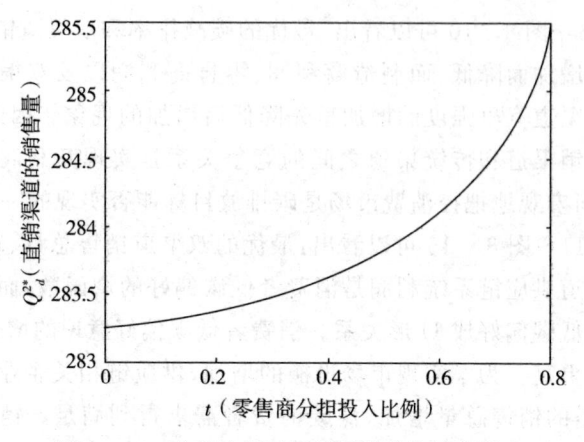

图 8-17 分担比例对直销渠道销售量的影响

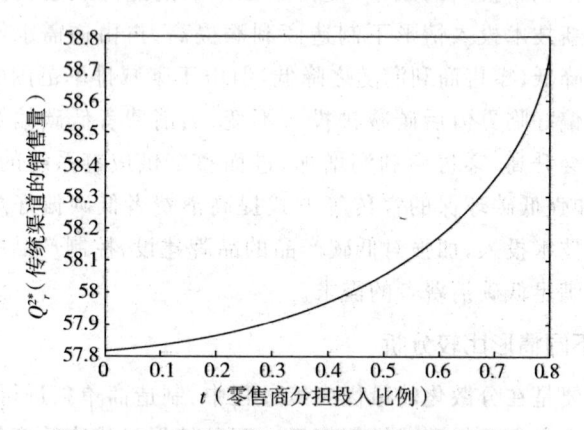

图 8-18 分担比例对传统渠道销售量的影响

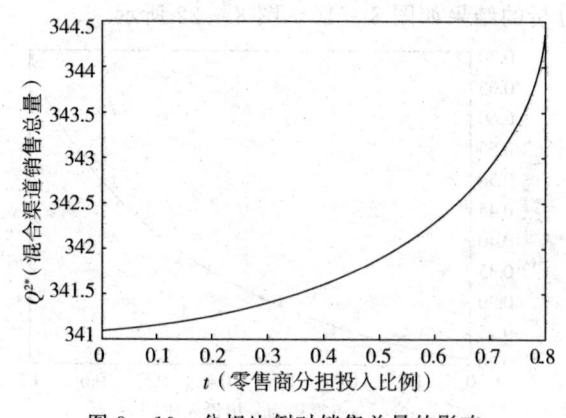

图 8-19 分担比例对销售总量的影响

第8章 碳税政策下双渠道供应链碳减排技术创新投入决策与协调

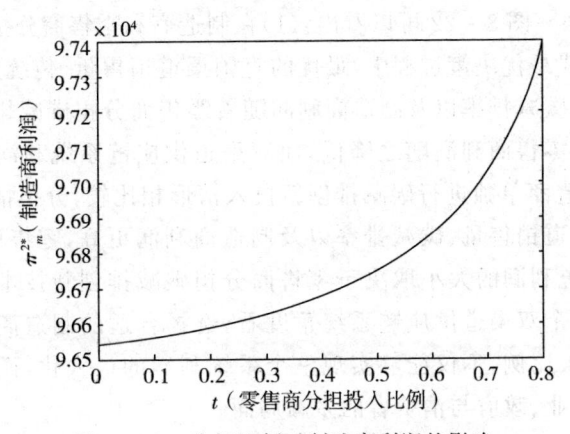

图 8-20 分担比例对制造商利润的影响

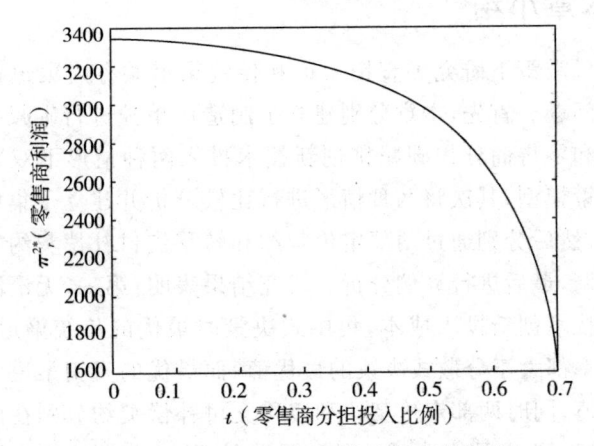

图 8-21 分担比例对零售商利润的影响

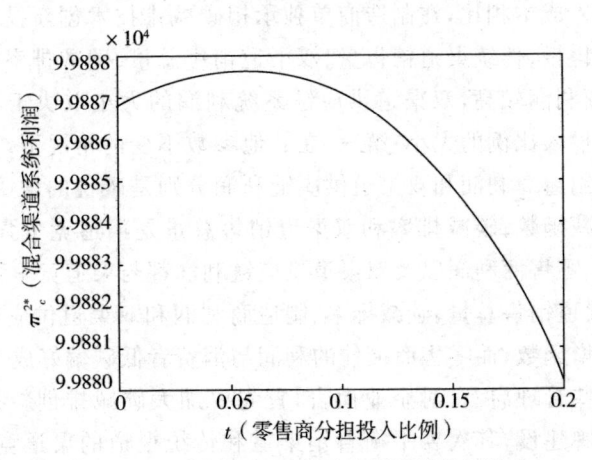

图 8-22 分担比例对双渠道系统利润的影响

由图 8-16~图 8-22 可以看出：(1)在制造商和零售商分担碳减排技术创新投入的分散式最优决策过程中，最优的直销渠道销售量、传统渠道销售量、双渠道销售总量、碳减排率以及制造商利润随着零售商分担碳减排创新投入比例的增加而增加，零售商利润随之降低，而双渠道供应链系统利润随之先升高后降低；(2)与制造商单独进行碳减排创新投入情形相比较，分担情形下直销渠道销售量、传统渠道销售量、碳减排率以及制造商利润更高，零售商利润较低，双渠道供应链系统利润的大小取决于零售商分担碳减排创新技术投入比例的大小。因此，从整个双渠道供应链系统角度看，选择合适的制造商和零售商碳减排创新技术投入比例，不仅能够实现整个系统利润的最大化，而且碳排放率得到提高，实现企业、政府与消费者的多赢局面。

8.5 本章小结

本章在碳税政策下研究了直销渠道和传统渠道共存时渠道供应链碳减排技术创新策略问题。首先，本章分别建立了制造商单独进行碳减排创新技术投入以及制造商和零售商分担碳减排创新技术投入两种情形下双渠道供应链利润的分散式决策模型，其次将两种情形进行比较分析并建立了集中式决策的供应链利润模型，然后分别通过两部定价契约和转移支付补偿契约实现双渠道供应链系统的协调，最后进行算例分析。研究结果表明：第一，无论制造商是否单独承担碳减排技术创新投入成本，集中式决策时最优的传统渠道销售量、系统利润和碳减排率都大于分散式决策的最优值，而最优的直销渠道销售量小于分散式决策最优值，同时两部定价契约和转移支付补偿契约分别在两种不同情形下实现系统协调；第二，在分散式决策的最优结果中，与制造商和零售商分摊减排技术创新投入成本相比，在制造商单独承担碳减排技术创新投入成本情形下的直销渠道销售量、传统渠道销售量、双渠道销售总量、碳减排率以及制造商利润更低，零售商利润较高，双渠道供应链系统利润的大小取决于零售商分担碳减排创新技术投入比例的大小；第三，在其他参数不变的情况下，双渠道销售总量、碳减排率、制造商利润和双渠道供应链利润分别是碳税的增函数，但零售商利润是碳税的减函数；碳减排率和双渠道销售总量是渠道竞争强度的减函数，而制造商利润、零售商利润以及双渠道供应链利润都与渠道竞争强度成 U 形关系；最优的双渠道销售总量、碳减排率、制造商利润和双渠道供应链利润是消费者低碳偏好的增函数，而零售商最佳的利润与消费者低碳偏好成 U 形关系。从中可以得到一些管理启示：对企业而言，首先要加大碳减排创新技术的投入和低碳产品的品牌建设，其次要平衡直销渠道和传统渠道的渠道竞争程度，最后要加强与相关企业的合作，选择合适的制造商和零售商碳减排创新技术投入比例,进而实现整个社会经济环境效益的最大化。对政府而言,要实现碳排放目标,一方面要加大低碳宣传力度,提高消费者低碳偏好;另一方面要制定合适的碳税税额,运用好宏观调控手段。此外,本章的研究只考虑了确定性的逆需求函数,而且是由制造商和零售商组成的简单二级供应链,但在实际情境中,低碳偏好消费者的需求是随机的,存在三级或者四级等更加复杂的供应链网络系统,这些都是未来的研究方向。

第五部分

资金约束与双渠道供应链碳减排决策篇

第 9 章　考虑零售商资金约束的双渠道供应链碳减排决策

随着电子商务的快速发展以及市场竞争的日益加剧,网络直销渠道已经成为众多制造商吸引消费者以扩大市场份额的"战略要地",制造商通过传统线下销售渠道和线上直销渠道销售产品的双渠道供应链销售成为非常普遍的一种销售管理模式。另外,面对严峻的环境污染和全球气候不断变暖现状,通过减少碳排放以实现低碳经济发展已成为国际社会的普遍共识。为此,中国政府提出了力争在 2030 年实现碳达峰、在 2060 年实现碳中和的"双碳"目标,并要求把构建制造业绿色生产体系、推进低碳生产以实现制造业低碳化转型作为实现"双碳"目标的重要举措。在我国,截至 2022 年底,中小企业数量已突破 5000万家,数量众多的中小企业对促进我国经济平稳发展、保就业、促民生等方面发挥着举足轻重的作用,但资金短缺、融资难等问题一直是制约中小企业发展的重要因素之一,严重的资金短缺不仅影响企业的正常运营,还可能导致企业破产。为此,供应链融资作为解决中小企业资金短缺的重要手段越来越受到实业界和理论界的高度重视(Wuttke 等,2013)。目前,银行借贷融资与贸易信贷融资是解决供应链资金约束的两种最常见融资方式。银行借贷融资是指资金约束企业通过银行借贷来解决其资金问题,而贸易信贷融资是指供应链上游企业通过提供货款延期支付以解决下游企业的资金不足问题,或者供应链下游企业通过提供货款提前支付以解决上游企业的资金不足问题。在低碳双渠道供应链中,线上直销渠道和线下零售渠道同时并存,零售商和制造商间是既有合作又有竞争的关系。零售商由于销售投入成本较大且销售资金回笼周期较长,往往容易出现资金短缺现象,这将直接影响零售商的订货决策,也将影响双渠道供应链系统的决策与优化。那么,当零售商存在资金约束时,在采用不同的融资策略下双渠道供应链如何进行渠道定价及碳减排决策?不同的融资策略对双渠道供应链中制造商和零售商的利润产生何种影响?如何进行融资策略选择以实现双渠道供应链系统利润及减排效果的最优?这些决策问题都是值得研究的现实问题,也是本章研究的意义所在。

目前,对双渠道供应链及供应链碳减排的研究均有大量成果:双渠道供应链的研究主要集中在渠道选择、定价决策与协调等方面(Yan 和 Pei,2009;Tsay

和 Agrawa,2004;浦徐进和龚磊,2016;Chiang,2010);供应链碳减排的研究主要集中在针对碳减排的供应链网络设计与优化、供应链碳减排技术投资决策、供应链碳减排决策及协调等方面(Chaabane 等,2011;Xu 等,2017;崔春岳等,2021)。近年来,关于供应链融资的研究也开始不断出现:一是研究资金约束下的供应链/双渠道供应链的定价决策与协调以及融资策略选择问题。Jing 和 Seidmann(2014)认为,当供应商生产成本较低时,制造商的延期支付融资策略能减轻供应链双重边际化效应;Xiao 等(2017)指出,贸易信贷融资能够协调资金约束的供应链;Tang 等(2018)研究了供应商资金约束时供应链的提前支付融资或银行贷款融资的策略选择及定价决策;张小娟和王勇(2014)研究了双渠道供应链中零售商资金约束时的决策问题;周永务等(2020)研究了双渠道供应链在制造商存在资金约束时的定价及融资决策;郭金森等(2021)针对制造商和零售商都存在资金约束的情况研究了基于公平偏好制造商的双渠道供应链融资策略。二是针对资金约束和碳减排,研究供应链的碳减排决策及融资策略选择问题。Cong 等(2022)针对碳排放限额及绿色银行信贷,研究了供应链企业资金约束下的最优决策;杨浩雄和段炜钰(2019)研究了制造商资金约束时绿色供应链融资策略问题。

通过对现有文献的梳理,我们发现很少有文献把资金约束、碳减排结合起来研究双渠道供应链的定价、碳减排决策及融资策略选择。在电子商务快速发展以及"双碳"目标深入推进的今天,研究零售商资金约束下双渠道供应链的定价、碳减排决策及融资策略选择就显得十分必要。为此,本章考虑零售商存在资金约束的双渠道供应链,首先研究了无资金约束的双渠道供应链分散式决策下的定价及碳减排决策;然后研究了在零售商存在资金约束时延期支付融资策略和银行贷款融资策略下的双渠道供应链定价及碳减排决策,并与无资金约束时的情况进行对比分析;最后通过数值模拟,分析了两种融资策略下延期支付融资利率或银行贷款利率、零售商初始资金、渠道间交叉价格弹性等变化对双渠道供应链最优决策及利润的影响,进而为双渠道供应链在零售商资金约束时的融资策略选择及最优决策提供理论依据。

9.1 问题描述与相关假设

由一个制造商和一个零售商组成的双渠道供应链中,制造商将生产的产品一方面通过零售商的传统渠道销售,另一方面也在制造商开设的线上直销渠道进行销售。假设碳排放主要产生在制造商的生产过程中,消费者具有低碳偏好;假设制造商资金充足,零售商存在资金约束,零售商的初始资金为 B(B≥0),为了解决零售商资金的不足,零售商缺少的资金可以采用零售商延迟支付

第 9 章　考虑零售商资金约束的双渠道供应链碳减排决策

的贸易信贷融资或零售商银行贷款融资来获得；假设制造商和零售商之间信息完全对称，且市场能够完全出清，制造商为主导者，碳减排率、产品的批发价格和线上直销价格为其决策变量，线下销售价格为零售商的决策变量。本章相关的符号及含义如表 9-1 所示。

表 9-1　相关符号及含义

符号	含义
p_d	制造商线上销售渠道单位产品的销售价格
p_r	零售商线下销售渠道单位产品的销售价格
β	线下渠道和线上渠道间的交叉价格弹性系数
λ	消费者低碳偏好系数
c	单位产品的生产成本
w	单位产品的批发价格
A	市场潜在需求量
θ	偏好线下传统渠道的消费者所占比例
$1-\theta$	偏好线上直销渠道的消费者所占比例
Q_r	线下传统渠道的市场需求量
Q_d	线上直销渠道的市场需求量
τ	碳减排率，在该碳减排率下的碳减排技术投入满足：$C(\tau)=0.5\eta\tau^2$，η 为碳减排成本系数
r_B	零售商向银行融资的银行利率
r_R	零售商延期支付的融资利率
π_r	零售商的利润函数
π_m	制造商的利润函数
π_c	双渠道供应链的利润函数

根据前面的假设，并借鉴 Tang 等(2018)、周永务等(2020)关于渠道需求函数的假设，这里假设线上直销渠道和线下销售渠道的需求函数分别为 $Q_d = (1-\theta)A - p_d + \beta p_r + \lambda \tau$，$Q_r = \theta A - p_r + \beta p_d + \lambda \tau$。为了保证不同资金约束下双渠道供应链存在最优解并且最优解有意义，假设 $4(1-\beta)\eta - (3+\beta)\lambda^2 > 0$，$-\frac{1}{2}(1+\beta)(1+r_B)[4(1-\beta)\eta - (3+\beta)\lambda^2] + \frac{1}{4}\beta^2 \eta r_B^2 - \frac{1}{2}\lambda^2 r_B(1+\beta) < 0$。

9.2 模型的构建与分析

9.2.1 无资金约束的双渠道供应链分散式决策

在无资金约束时的双渠道供应链分散式决策中,由前面的假设可知线下销售价格 p_r 为零售商的决策变量,碳减排率 τ、产品的批发价格 w 和线上直销价格 p_d 为制造商的决策变量,此时零售商和制造商的利润函数分别为

$$\pi_r = (p_r - w)(\theta A - p_r + \beta p_d + \lambda \tau), \tag{9-1}$$

$$\pi_m = (p_d - c)[(1-\theta)A - p_d + \beta p_r + \lambda \tau] + (w - c)(\theta A - p_r + \beta p_d + \lambda \tau) - \frac{1}{2}\eta \tau^2. \tag{9-2}$$

在分散式决策中,易知 π_r 为零售商线下销售价格 p_r 的严格凹函数,对式 (9-1) 求解 p_r 的一阶偏导数并令其等于 0,则有

$$A\theta + \beta p_d + \lambda \tau - 2p_r + w = 0。 \tag{9-3}$$

由式 (9-3) 可得分散决策下,无资金约束时零售商的最优销售价格为

$$p_r = \frac{1}{2}(w + A\theta + \lambda \tau + \beta p_d)。 \tag{9-4}$$

将式 (4) 代入式 (2) 中,可得制造商利润函数为:

$$\pi_m = \frac{1}{2}(w-c)(A\theta + \lambda \tau + \beta p_d - w)$$
$$-\frac{\eta \tau^2}{2} + (p_d - c)\left[(1-\theta)A - p_d + \frac{1}{2}\beta(w + A\theta + \lambda \tau + \beta p_d) + \lambda \tau\right]。 \tag{9-5}$$

对式 (9-5) 分别求关于 p_d, w 和 τ 的二阶偏导数,则可得到制造商的利润函数 π_m 的 Hessian 矩阵行列式为

$$H_1 = \begin{bmatrix} \frac{\partial^2 \pi_m}{\partial p_d^2} & \frac{\partial^2 \pi_m}{\partial p_d \partial w} & \frac{\partial^2 \pi_m}{\partial p_d \partial \tau} \\ \frac{\partial^2 \pi_m}{\partial w \partial p_d} & \frac{\partial^2 \pi_m}{\partial w^2} & \frac{\partial^2 \pi_m}{\partial w \partial \tau} \\ \frac{\partial^2 \pi_m}{\partial \tau \partial p_d} & \frac{\partial^2 \pi_m}{\partial \tau \partial w} & \frac{\partial^2 \pi_m}{\partial \tau^2} \end{bmatrix} = \begin{bmatrix} \beta^2 - 2 & \beta & \lambda + \frac{\beta\lambda}{2} \\ \beta & -1 & \frac{\lambda}{2} \\ \lambda + \frac{\beta\lambda}{2} & \frac{\lambda}{2} & -\eta \end{bmatrix}$$

$$= -\frac{1}{2}(1+\beta)[4(1-\beta)\eta - (3+\beta)\lambda^2]。$$

由此可见,当 $-\frac{1}{2}(1+\beta)[4(1-\beta)\eta - (3+\beta)\lambda^2] < 0$ 时,该 Hessian 矩阵是正定的,则制造商利润函数 π_m 是关于线上直销价格 p_d、产品批发价格 w、碳减排率 τ 的凹函数,因而存在最优解。

对式(9-5)分别求关于 p_d, w 和 τ 的一阶偏导数并令其等于 0，则有

$$\frac{1}{2}\{2w\beta - c(\beta^2+\beta-2) + A[2+(\beta-2)\theta] + (2+\beta)\lambda\tau\} + (\beta^2-2)p_d = 0, \tag{9-6}$$

$$\frac{1}{2}[c(1-\beta) - 2w + A\theta + \lambda\tau + 2\beta p_d] = 0, \tag{9-7}$$

$$\frac{1}{2}\{\lambda[w - c(3+\beta)] - 2\eta\tau + (2+\beta)\lambda p_d\} = 0。 \tag{9-8}$$

由式(9-6)、式(9-7)、式(9-8)可得在零售商无资金约束时，制造商最优线上销售价格、最优批发价格和最优碳减排率分别为

$$p_d^* = \frac{\lambda^2[A(1-2\theta)+2(\beta+1)(\beta+3)c] - 4\eta[A\theta(\beta-1)+A-c\beta^2+c]}{2(\beta+1)[4\eta(\beta-1)+(\beta+3)\lambda^2]}, \tag{9-9}$$

$$w^* = \frac{4\eta[A\beta\theta - A(\beta+\theta) + (\beta^2-1)c] + \lambda^2[A(\beta+2)(2\theta-1) + 2(\beta+1)(\beta+3)c]}{2(\beta+1)[4(\beta-1)\eta+(\beta+3)\lambda^2]}, \tag{9-10}$$

$$\tau^* = -\frac{A\lambda[(\beta-1)\theta+2] + (\beta-1)(\beta+3)\lambda c}{4\eta(\beta-1)+(\beta+3)\lambda^2}。 \tag{9-11}$$

进而可得零售商最优线下销售价格为

$$p_r^* = \frac{2A\eta[(\beta-1)(\beta+3)\theta - 2\beta] + A\lambda^2(2\beta+3)(2\theta-1)}{2(\beta+1)[4\eta(\beta-1)+(\beta+3)\lambda^2]} + \frac{c[(\beta^2-1)\eta+(\beta+3)\lambda^2]}{4\eta(\beta-1)+(\beta+3)\lambda^2}。 \tag{9-12}$$

此时，可知零售商从制造商处订购产品时所需要的资金额为 $\bar{B} = w^* Q_r^* = w^*(\theta A - p_r^* + \beta p_d^* + \lambda\tau^*)$。

9.2.2 零售商延期支付融资策略下的双渠道供应链分散式决策

在延迟支付融资策略下，零售商的初始资金为 $B(B \geq 0)$，零售商订货需要的资金总量为 wQ_r。当 $wQ_r > B$ 时，零售商的初始资金无法满足订购产品所需资金，此时零售商需向制造商融资并通过延迟支付来弥补资金缺口。此时，零售商先用其全部初始资金 B 以批发价格 w 购买其订购的部分产品 $\frac{B}{w}$，再以延期支付的形式从制造商那里购买剩余的产品，但零售商要给予制造商的延期支付利率为 $r_R(0 < r_R < 1)$，相对于零售商以批发价格 $w(1+r_R)$ 购买剩余的产品。制造商提供的延期支付的融资规模为 $L(r_R) = wQ_r - B$，零售商产品销售完后，需要支付给制造商的本息为 $(wQ_r - B)(1+r_R)$。假设制造商在满足正常

生产和碳减排所需资金的情况下能够解决零售商的资金约束问题,此时零售商、制造商的利润函数分别为

$$\pi_r(r_R)=[p_r-w(1+r_R)](\theta A-p_r+\beta p_d+\lambda\tau)+r_R B, \quad (9-13)$$

$$\pi_m(r_R)=(p_d-c)[(1-\theta)A-p_d+\beta p_r+\lambda\tau]-\frac{1}{2}\eta\tau^2+[w(1+r_R)-c]\cdot$$
$$(\theta A-p_r+\beta p_d+\lambda\tau)-r_R B_\circ \quad (9-14)$$

对式(9-13)求关于 p_r 的一阶偏导并令其等于0,则有

$$A\theta+\beta p_d+\lambda\tau-2p_r+w(r_R+1)=0_\circ \quad (9-15)$$

由式(9-15)可得在零售商延期支付融资策略下,分散式决策中零售商的销售价格 p_r 为

$$p_r=\frac{1}{2}(w+A\theta+\lambda\tau+\beta p_d+wr_R)_\circ \quad (9-16)$$

将式(9-16)代入式(9-14)中,可得在零售商延期支付融资策略下制造商的利润函数为

$$\pi_m(r_R)=\frac{1}{2}[w(1+r_R)-c][A\theta+\beta p_d+\lambda\tau-w(1+r_R)]-\frac{\eta\tau^2}{2}-Br_R+$$
$$(p_d-c)\left\{(1-\theta)A+\lambda\tau-p_d+\frac{1}{2}\beta[A\theta+\lambda\tau+\beta p_d+w(1+r_R)]\right\}_\circ$$
$$(9-17)$$

对式(9-17)分别求关于 p_d,w 和 τ 的二阶偏导数,则可得到制造商的利润函数 $\pi_m(r_R)$ 的 Hessian 矩阵行列式为

$$H_2=\begin{bmatrix}\dfrac{\partial^2\pi_m}{\partial p_d^2}&\dfrac{\partial^2\pi_m}{\partial p_d\partial w}&\dfrac{\partial^2\pi_m}{\partial p_d\partial\tau}\\[6pt]\dfrac{\partial^2\pi_m}{\partial w\partial p_d}&\dfrac{\partial^2\pi_m}{\partial w^2}&\dfrac{\partial^2\pi_m}{\partial w\partial\tau}\\[6pt]\dfrac{\partial^2\pi_m}{\partial\tau\partial p_d}&\dfrac{\partial^2\pi_m}{\partial\tau\partial w}&\dfrac{\partial^2\pi_m}{\partial\tau^2}\end{bmatrix}=\begin{bmatrix}\beta^2-2&\beta(1+r_R)&\lambda+\dfrac{\beta\lambda}{2}\\[6pt]\beta(1+r_R)&-(1+r_R)^2&\dfrac{\lambda}{2}(1+r_R)\\[6pt]\lambda+\dfrac{\beta\lambda}{2}&\dfrac{\lambda}{2}(1+r_R)&-\eta\end{bmatrix}$$

$$=-\frac{1}{2}(1+\beta)(1+r_R)^2[4(1-\beta)\eta-(3+\beta)\lambda^2]_\circ$$

当 $-\dfrac{1}{2}(1+\beta)(1+r_R)^2[4(1-\beta)\eta-(3+\beta)\lambda^2]<0$ 时,可知该 Hessian 矩阵正定,故在零售商延期支付融资策略下制造商的利润函数 $\pi_m(r_R)$ 是关于线上直销价格 p_d、产品批发价格 w、碳减排率 τ 的凹函数,因而存在最优解。

对式(9-17)分别对 p_d,w 和 τ 求一阶偏导并令其为0,则有

$$\frac{1}{2}\{2w\beta-c(\beta^2+\beta-2)+A[2+(\beta-2)\theta]+(2+\beta)\lambda\tau\}+(\beta^2-2)p_d+$$

第9章 考虑零售商资金约束的双渠道供应链碳减排决策

$$w\beta r_R = 0, \qquad (9-18)$$

$$\frac{1}{2}(1+r_R)[c(1-\beta)-2w+A\theta+\lambda\tau+2\beta p_d-2wr_R]=0, \qquad (9-19)$$

$$\frac{1}{2}\{\lambda[w-c(3+\beta)]-2\eta\tau+(2+\beta)\lambda p_d+w\lambda r_R\}=0. \qquad (9-20)$$

由式(9-18)、式(9-19)、式(9-20)可得零售商存在资金约束并采取延期支付融资策略下,制造商最优线上销售价格、最优碳减排率和最优批发价格分别为

$$p_d^{R*} = \frac{\lambda^2[A(1-2\theta)+2(\beta+1)(\beta+3)c]-4\eta[A\theta(\beta-1)+A-c\beta^2+c]}{2(\beta+1)[4\eta(\beta-1)+(\beta+3)\lambda^2]},$$

$$(9-21)$$

$$w^{R*} = \frac{4\eta[A(\beta\theta-\beta-\theta)+(\beta^2-1)c]+\lambda^2[A(\beta+2)(2\theta-1)+2(\beta+1)(\beta+3)c]}{2(\beta+1)(1+r_R)[4(\beta-1)\eta+(\beta+3)\lambda^2]},$$

$$(9-22)$$

$$\tau^{R*} = -\frac{A\lambda[(\beta-1)\theta+2]+(\beta-1)(\beta+3)\lambda c}{4\eta(\beta-1)+(\beta+3)\lambda^2}. \qquad (9-23)$$

进而可得零售商最优线下销售价格为

$$p_r^{R*} = \frac{2A\eta[(\beta-1)(\beta+3)\theta-2\beta]+A\lambda^2(2\beta+3)(2\theta-1)}{2(\beta+1)[4\eta(\beta-1)+(\beta+3)\lambda^2]} + \frac{c[(\beta^2-1)\eta+(\beta+3)\lambda^2]}{4\eta(\beta-1)+(\beta+3)\lambda^2}. \qquad (9-24)$$

定理9-1 当零售商存在资金约束且采用延期支付融资策略时,双渠道供应链分散式决策存在最优线下销售价格、最优线上销售价格、最优批发价格及最优碳减排率,且 $p_r^{R*}=p_r^*$,$p_d^{R*}=p_d^*$,$\tau^{R*}=\tau^*$,$w^{R*}=\frac{1}{1+r_R}w^*<w^*$。

推论9-1 双渠道供应链中,当零售商存在资金约束且采用延期支付融资策略时,$\frac{\partial w^{R*}}{\partial r_R}<0$,即制造商的最优批发价格 w 随着延期支付利率 r_R 的增加而减少;制造商的最优线上直销价格 p_d、最优碳减排率 τ 和零售商最优线下销售价格 p_r 都不受零售商延期支付利率 r_R 变化的影响。

推论9-2 双渠道供应链中,当零售商存在资金约束且采用延期支付融资策略时,制造商线上直销需求量 $Q_d(r_R)$ 和零售商线下渠道需求量 $Q_r(r_R)$ 不受延期支付利率 r_R 变化的影响,且有 $\pi_r^*(r_R)>\pi_r^*$,$\pi_m^*(r_R)<\pi_m^*$,而双渠道供应链的整体利润不受延期支付利率 r_R 变化的影响。

9.2.3 银行贷款融资策略下的双渠道供应链分散式决策

零售商的初始资金为 $B(B \geqslant 0)$,在采用银行贷款融资策略时,零售商在销售期初以利率 $r_B(0 < r_B < 1)$ 向银行贷款获得订购产品所缺的资金,并在期末连本带息还款给银行,此时零售商向银行融资规模为 $L(r_B) = wQ_r - B$,销售完产品后连本带息还银行的资金为 $(1+r_B)L(r_B)$。此时零售商的利润函数和制造商的利润函数分别为

$$\pi_r(r_B) = [p_r - w(1+r_B)](\theta A - p_r + \beta p_d + \lambda \tau) + r_B B, \quad (9-25)$$

$$\pi_m(r_B) = (p_d - c)[(1-\theta)A - p_d + \beta p_r + \lambda \tau] - \frac{1}{2}\eta \tau^2 + (w-c)(\theta A - p_r + \beta p_d + \lambda \tau). \quad (9-26)$$

对式(9-25)求关于 p_r 的一阶偏导并令其等于 0,则有

$$A\theta + \beta p_d + \lambda \tau - 2p_r + w(1+r_B) = 0. \quad (9-27)$$

由式(9-27)可得零售商采用银行贷款融资策略时双渠道供应链分散式决策中零售商的销售价格 p_r 为

$$p_r = \frac{1}{2}(w + A\theta + \lambda \tau + \beta p_d + wr_B). \quad (9-28)$$

将式(9-28)代入式(9-26)中,可得在零售商延期支付融资模式下制造商的利润函数为

$$\pi_m(r_B) = \frac{1}{2}(w-c)[A\theta + \beta p_d + \lambda \tau - w(1+r_B)] - \frac{\eta \tau^2}{2} + (p_d - c)\Big\{A(1-\theta) + \lambda \tau - p_d + \frac{1}{2}\beta[A\theta + \lambda \tau + \beta p_d + w(1+r_B)]\Big\}. \quad (9-29)$$

对式(9-29)分别求关于 p_d, w 和 τ 的二阶偏导数,则可得到制造商的利润函数 $\pi_m(r_B)$ 的 Hessian 矩阵行列式为

$$H_3 = \begin{bmatrix} \dfrac{\partial^2 \pi_m}{\partial p_d^2} & \dfrac{\partial^2 \pi_m}{\partial p_d \partial w} & \dfrac{\partial^2 \pi_m}{\partial p_d \partial \tau} \\ \dfrac{\partial^2 \pi_m}{\partial w \partial p_d} & \dfrac{\partial^2 \pi_m}{\partial w^2} & \dfrac{\partial^2 \pi_m}{\partial w \partial \tau} \\ \dfrac{\partial^2 \pi_m}{\partial \tau \partial p_d} & \dfrac{\partial^2 \pi_m}{\partial \tau \partial w} & \dfrac{\partial^2 \pi_m}{\partial \tau^2} \end{bmatrix} = \begin{bmatrix} \beta^2 - 2 & \beta\left(1+\dfrac{r_B}{2}\right) & \lambda + \dfrac{\beta\lambda}{2} \\ \beta\left(1+\dfrac{r_B}{2}\right) & -(1+r_B) & \dfrac{\lambda}{2} \\ \lambda + \dfrac{\beta\lambda}{2} & \dfrac{\lambda}{2} & -\eta \end{bmatrix}$$

$$= -\frac{1}{2}(1+\beta)(1+r_B)[4(1-\beta)\eta - (3+\beta)\lambda^2] + \frac{1}{4}\beta^2 \eta r_B^2 - \frac{1}{2}\lambda^2 r_B(1+\beta).$$

当 $-\dfrac{1}{2}(1+\beta)(1+r_B)[4(1-\beta)\eta - (3+\beta)\lambda^2] + \dfrac{1}{4}\beta^2 \eta r_B^2 - \dfrac{1}{2}\lambda^2 r_B(1+\beta) < 0$ 时,可知此 Hessian 矩阵是正定的。故在零售商银行贷款融资策略下制造商利润函数 $\pi_m(r_B)$ 是关于线上直销价格 p_d、产品批发价格 w、碳减排率 τ

第9章 考虑零售商资金约束的双渠道供应链碳减排决策

的凹函数,因而存在最优解。

对式(9-29)分别对 p_d, w 和 τ 求一阶偏导并令其为0,则有

$$A(1-\theta)-\frac{1}{2}(c-w)\beta+\lambda\tau-p_d+\left(\frac{\beta^2}{2}-1\right)(p_d-c)+\frac{1}{2}\beta[w(1+r_B)+A\theta+\lambda\tau+\beta p_d]=0, \tag{9-30}$$

$$\frac{1}{2}(c-w)(1+r_B)+\frac{1}{2}\beta(p_d-c)(1+r_B)+\frac{1}{2}[-w(1+r_B)+A\theta+\lambda\tau+\beta p_d]=0, \tag{9-31}$$

$$-\frac{1}{2}(c-w)\lambda-\eta\tau+\left(\lambda+\frac{\beta\lambda}{2}\right)(p_d-c)=0。 \tag{9-32}$$

由式(9-30)、式(9-31)、式(9-32)可得在零售商存在资金约束并采取银行贷款融资策略时,制造商最优线上销售价格、最优批发价格和最优碳减排率分别为

$$p_d^{B*}=\frac{\lambda^2[A(1-2\theta)+2(\beta+1)(\beta+3)c]-4\eta[A\theta(\beta-1)+A-c\beta^2+c]}{2(\beta+1)(1+r_B)[4\eta(\beta-1)+(\beta+3)\lambda^2]-2\lambda^2(1+\beta)r_B+\beta^2\eta r_B^2}+$$

$$\frac{r_B[c\eta(\beta-1)(4+5\beta+\beta r_B)+A\eta(-4+4\theta-3\beta\theta)+c\lambda^2(1+\beta)(5+2\beta)]}{2(\beta+1)(1+r_B)[4\eta(\beta-1)+(\beta+3)\lambda^2]-2\lambda^2(1+\beta)r_B+\beta^2\eta r_B^2}, \tag{9-33}$$

$$w^{B*}=\frac{4\eta[A(\beta\theta-\beta-\theta)+(\beta^2-1)c]+\lambda^2[A(\beta+2)(2\theta-1)+2(\beta+1)(\beta+3)c]}{2(\beta+1)(1+r_B)[4\eta(\beta-1)+(\beta+3)\lambda^2]-2\lambda^2(1+\beta)r_B+\beta^2\eta r_B^2}+$$

$$\frac{r_B\{c\lambda^2(1+\beta)(2+\beta)-A\eta\beta[2+(\beta-2)\theta]+\eta c(\beta-1)[(\beta-2)\beta-4]\}}{2(\beta+1)(1+r_B)[4\eta(\beta-1)+(\beta+3)\lambda^2]-2\lambda^2(1+\beta)r_B+\beta^2\eta r_B^2}, \tag{9-34}$$

$$\tau^{B*}=-\frac{-2\lambda(\beta+1)\{A[(\beta-1)\theta+2]+(\beta-1)(\beta+3)c\}}{2(\beta+1)(1+r_B)[4\eta(\beta-1)+(\beta+3)\lambda^2]-2\lambda^2(1+\beta)r_B+\beta^2\eta r_B^2}-$$

$$\frac{\lambda r_B\{2c(\beta^2-1)(3+\beta)+A[4+3\beta+2\theta(\beta^2-2)]+c\beta r_B(1+\beta)\}}{2(\beta+1)(1+r_B)[4\eta(\beta-1)+(\beta+3)\lambda^2]-2\lambda^2(1+\beta)r_B+\beta^2\eta r_B^2}。 \tag{9-35}$$

进而可得零售商最优线下销售价格为

$$p_r^{B*}=\frac{(1+r_B)\{2A\eta[(\beta-1)(\beta+3)\theta-2\beta]+A\lambda^2(2\beta+3)(2\theta-1)\}}{2(\beta+1)(1+r_B)[4\eta(\beta-1)+(\beta+3)\lambda^2]-2\lambda^2(1+\beta)r_B+\beta^2\eta r_B^2}+$$

$$\frac{2c(\beta+1)(1+r_B)[(\beta^2-1)\eta+(\beta+3)\lambda^2]}{2(\beta+1)(1+r_B)[4\eta(\beta-1)+(\beta+3)\lambda^2]-2\lambda^2(1+\beta)r_B+\beta^2\eta r_B^2}+$$

$$\frac{r_B(1+r_B)[A\beta\eta(\theta-1)+c\eta(\beta^2+\beta-2)+(\beta+1)c\lambda^2]}{2(\beta+1)(1+r_B)[4\eta(\beta-1)+(\beta+3)\lambda^2]-2\lambda^2(1+\beta)r_B+\beta^2\eta r_B^2}。 \tag{9-36}$$

定理 9-2 双渠道供应链中零售商存在资金约束且采用银行贷款融资策略时，分散式决策下存在最优线下销售价格、最优线上销售价格、最优批发价格及最优碳减排率，且有 $p_r^{B*}>p_r^*$，$p_d^{B*}<p_d^*$，$\tau^{B*}<\tau^*$，$w^{B*}<w^*$。

推论 9-3 双渠道供应链中零售商存在资金约束且采用银行贷款融资策略时，有 $\frac{\partial p_r^{B*}}{\partial r_B}>0$，$\frac{\partial w^{B*}}{\partial r_B}<0$，$\pi_r^*(r_B)>\pi_r^*$，$\pi_m^*(r_B)<\pi_m^*$。

9.2.4 双渠道供应链分散式决策下两种融资策略的比较分析

双渠道供应链中零售商存在资金约束时，为了方便比较分散式决策下采用零售商延期支付与银行贷款两种融资策略的最优决策及收益情况，本节假设零售商所提供的延期支付利率与银行贷款利率相等，即 $r_R=r_B$，进一步对两种融资策略下的最优解及利润进行比较。由此可得：

推论 9-4 双渠道供应链中零售商存在资金约束时，若零售商延期支付利率与银行贷款利率相等，有以下结论：

（1）采用延期支付的融资策略时制造商的最优线上销售价格、最优碳减排率大于采用银行贷款融资策略时的最优线上销售价格和最优碳减排率，即 $p_d^{R*}>p_d^{B*}$，$\tau^{R*}>\tau^{B*}$。

（2）采用延期支付融资策略时零售商的最优线下销售价格、制造商的最优批发价格小于采取银行贷款融资策略时的最优线下销售价格和最优批发价格，即 $p_r^{R*}<p_r^{B*}$，$w^{R*}<w^{B*}$。

（3）相较于采用银行贷款融资策略，采用延期支付融资策略时的零售商最优线下销售价格更低，零售渠道消费者可以获得更多利益，从而为零售渠道带来更多需求，即 $Q_r^R>Q_r^B$。

（4）采用提前支付融资策略时，制造商线上销售渠道的需求量低于采用银行贷款融资策略时制造商线上销售渠道的需求量，即 $Q_d^R<Q_d^B$。

推论 9-5 当双渠道供应链中零售商存在资金约束时，若 $r_R=r_B$，则采用延期支付融资策略对零售商更有利。

9.3 数值分析

当零售商存在资金约束时，为了更直观反映延期支付融资策略和银行贷款融资策略对双渠道供应链最优决策和收益的影响，本节根据相关文献并结合实际情况选取合适的数据，分析其对最优决策以及双渠道供应链中双方利润的影响，基本运营的参数设定如表 9-2 所示。

表 9-2　基本运营参数

θ	β	λ	η	A	c	B	r_B	r_R
0.4	0.5	30	6.5×10^4	500	20	5000	0.2	0.2

9.3.1　不同融资策略下双渠道供应链的成员利润分析

在双渠道供应链分散式决策中，当零售商存在资金约束且采用两种融资策略的融资利率相同时，即设 $r_R = r_B = r$，分别就零售商初始资金 B、渠道间的交叉价格弹性系数 β、融资利率 r 取不同的值而其他参数取值为表 9-2 的数值时，两种融资策略下零售商利润、制造商利润和双渠道供应链利润如表 9-3 所示。

表 9-3　不同融资策略下双渠道供应链成员各自的利润

初始资金	β	融资利率	延期支付融资策略 $\pi_r(r_R)$	$\pi_m(r_R)$	$\pi_c(r_R)$	银行贷款融资策略 $\pi_r(r_B)$	$\pi_m(r_B)$	$\pi_c(r_B)$
$B=3000$	$\beta=0.3$	$r=0.2$	2858.41	36414.4	39272.81	2504.2	35677.3	38181.5
		$r=0.4$	3458.41	35814.4	39272.81	2783.1	34767.1	37550.2
		$r=0.6$	4058.41	35214.4	39272.81	3092.75	34122.2	37214.95
	$\beta=0.5$	$r=0.2$	3004.36	54648	57652.36	2319.32	53311	55630.32
		$r=0.4$	3604.36	54048	57652.36	2354.1	52094.5	54448.6
		$r=0.6$	4204.36	53448	57652.36	2501.17	51323.6	53824.77
$B=5000$	$\beta=0.3$	$r=0.2$	3258.41	36014.4	39272.81	2904.2	35677.3	38581.5
		$r=0.4$	4258.41	35014.4	39272.81	3583.1	34767.1	38350.2
		$r=0.6$	5258.41	34014.4	39272.81	4292.75	34122.2	38414.95
	$\beta=0.5$	$r=0.2$	3404.36	54248	57652.36	2719.32	53311	56030.32
		$r=0.4$	4404.36	53248	57652.36	3154.1	52094.5	55248.6
		$r=0.6$	5404.36	52248	57652.36	3701.17	51323.6	55024.77
$B=7000$	$\beta=0.3$	$r=0.2$	3658.41	35614.4	39272.81	3304.2	35677.3	38981.5
		$r=0.4$	5058.41	34214.4	39272.81	4383.1	34767.1	39150.2
		$r=0.6$	6458.41	32814.4	39272.81	5492.75	34122.2	39614.95
	$\beta=0.5$	$r=0.2$	3804.36	53848	57652.36	3119.32	53311	56430.32
		$r=0.4$	5204.36	52448	57652.36	3954.1	52094.5	56048.6
		$r=0.6$	6604.36	51048	57652.36	4901.17	51323.6	56224.77

由表 9-3 可知，当延期支付的融资利率等于银行贷款的融资利率时，无论零售商初始资金、渠道间的交叉价格弹性系数、融资利率如何变化，采用延期支付融资策略或者采用银行贷款融资策略，零售商的利润都随融资利率的增大而增大，制造商的利润都随融资利率的增大而减小，零售商的利润都随零售商的初始资金的增大而增大。采用延期支付融资策略时，制造商的利润随零售商初始资金的增大而减小，但融资利率和零售商初始资金的变化对双渠道供应链整体利润不会产生影响，而零售商、制造商以及双渠道供应链的利润都随渠道间的交叉价格弹性系数的增大而增大；采用银行贷款融资策略时，零售商的利润随渠道间交叉价格弹性系数的增大而减小，而制造商的利润将随渠道间交叉价格弹性系数的增大而增大，零售商的初始资金不会对制造商的利润产生影响。无论零售商初始资金、渠道间的交叉价格弹性系数、融资利率如何变化，采用延期支付融资策略时零售商的利润大于采用银行贷款融资策略时零售商的利润。可见，采用延期支付融资策略对制造商有利。

9.3.2 分散式决策下 β 变化对双渠道供应链最优决策和利润的影响

在双渠道供应链分散式决策中，零售商存在资金约束，当其他参数取如表 9-2 中的值时，两种融资策略下渠道间的价格弹性系数 β 变化对最优决策及利润的影响如图 9-1~图 9-3 所示。

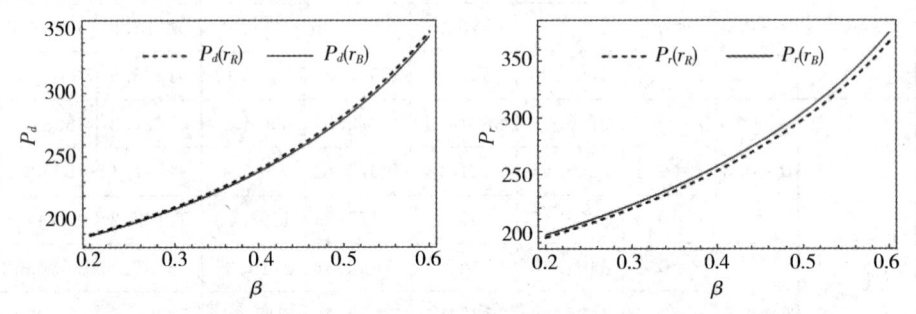

图 9-1 两种融资策略下 β 变化对双渠道分散式决策中 p_d 和 p_r 的影响

由图 9-1 可知，无论哪种融资策略，制造商最优线上销售价格和零售商最优线下销售价格都随渠道之间的价格弹性系数 β 的增加而增加，而且制造商最优线上销售价格在两种融资策略下非常接近，而采用银行贷款融资策略时的零售商最优线下销售价格略高于采用延期支付融资策略时的零售商最优线下销售价格。

第9章 考虑零售商资金约束的双渠道供应链碳减排决策

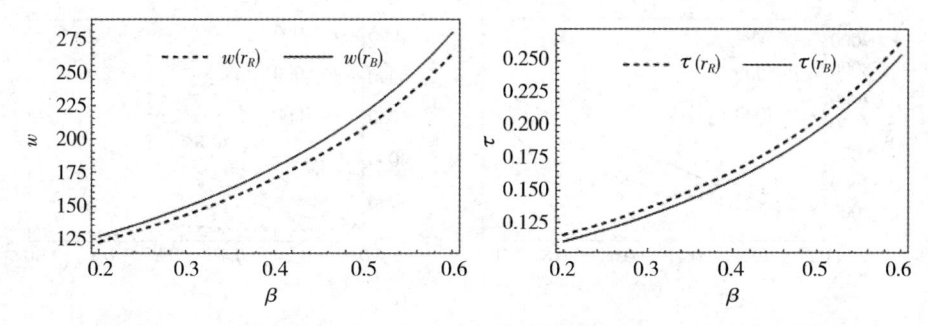

图 9-2 两种融资策略下 β 变化对双渠道分散式决策中 w 和 τ 的影响

由图 9-2 可知，无论哪种融资策略，制造商最优批发价格和最优碳减排率都随渠道之间的价格弹性系数 β 的增加而增加，但采用银行贷款融资策略时的制造商最优批发价格高于采用延期支付融资策略时的制造商最优批发价格，而采用银行贷款融资策略时的制造商最优碳减排率低于采用延期支付融资策略时的制造商最优碳减排率。

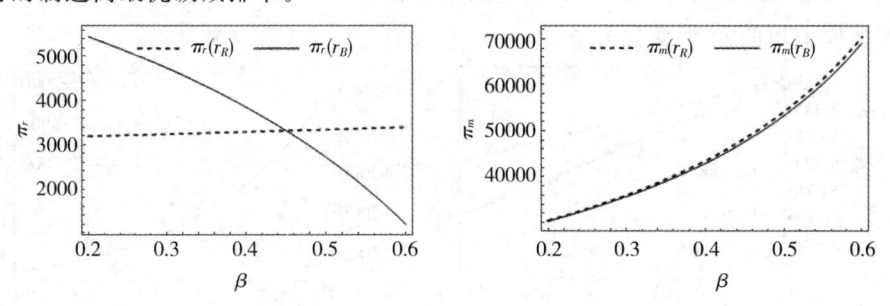

图 9-3 两种融资策略下 β 变化对双渠道分散式决策中 π_r 和 π_m 的影响

由图 9-3 可以看出，采用延期支付融资策略时，零售商的利润随渠道间价格弹性系数 β 的增加而缓慢增加，而采用银行贷款融资策略时，零售商的利润随渠道间价格弹性系数 β 的增加而减少。无论采用哪种融资策略，制造商的利润都随渠道间价格弹性系数 β 的增加而增加，但制造商在采用延期支付融资策略时的利润要略高于采用银行贷款融资策略时的利润。

9.3.3 分散式决策下零售商不同初始资金及融资利率变化对双渠道供应链成员利润的影响

在双渠道供应链分散式决策中，零售商存在资金约束，当其他参数取如表 9-2 中的值时，零售商的初始资金以及两种融资策略的融资利率变化对双渠道供应链中制造商及零售商利润的影响如图 9-4～图 9-5 所示。

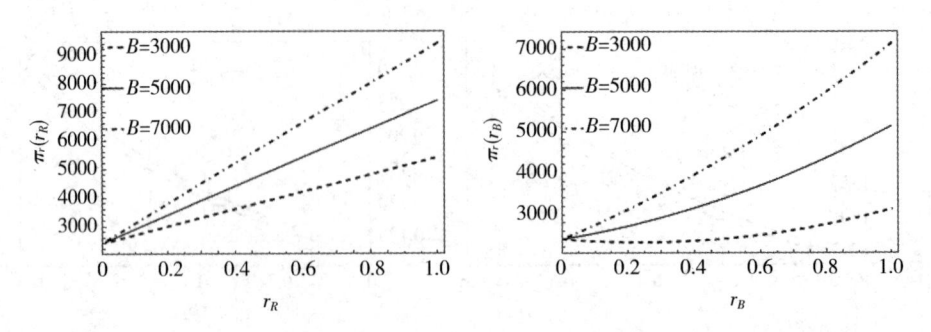

图 9-4 不同初始资金及不同融资策略的融资利率变化对零售商利润的影响

由图 9-4 可知,在双渠道分散式决策下,采用延期支付融资策略时,零售商的利润随融资利率的增加而增大,而且零售商的初始资金越大,零售商的利润越大。采用银行贷款融资策略时,零售商的利润随着融资利率的增大其利润整体是上升的,而且零售商的初始资金越大,零售商的利润越大,但与采用延期支付融资策略时差别是当零售商初始资金较小时,零售商的利润与融资利率的变化成平坦的 U 形变化关系。

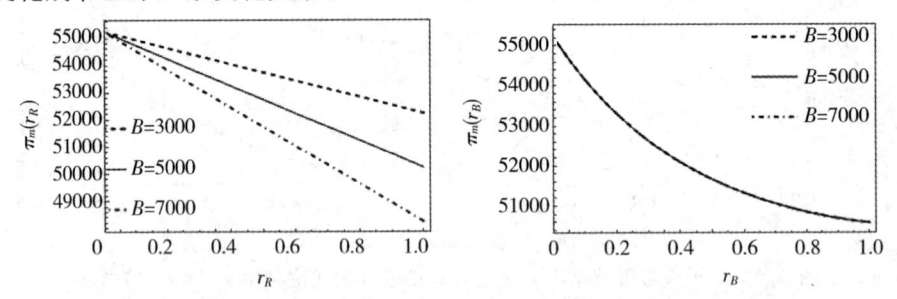

图 9-5 不同初始资金及不同融资策略的融资利率变化对制造商利润的影响

由图 9-5 可知,在双渠道分散式决策下,采用延期支付融资策略时,制造商的利润随融资利率的增加而减小,而且零售商的初始资金越大,制造商的利润越小。采用银行贷款融资策略时,制造商的利润与融资利率成负向相关关系,但制造商利润不受零售商初始资金大小的影响。

9.3.4 分散式决策下两种融资策略的融资利率变化对双渠道供应链最优决策及利润的影响

在双渠道供应链分散式决策下,当制造商存在资金约束且其他参数取值如表 9-2 所示时,分别就 $r_R > r_B$,$r_R = r_B$ 和 $r_R < r_B$ 三种情况分析批发价格折扣率 r_R 或银行贷款利率 r_B 变化对最优决策及利润的影响,结果如图 9-6~图 9-11 所示。

第9章 考虑零售商资金约束的双渠道供应链碳减排决策

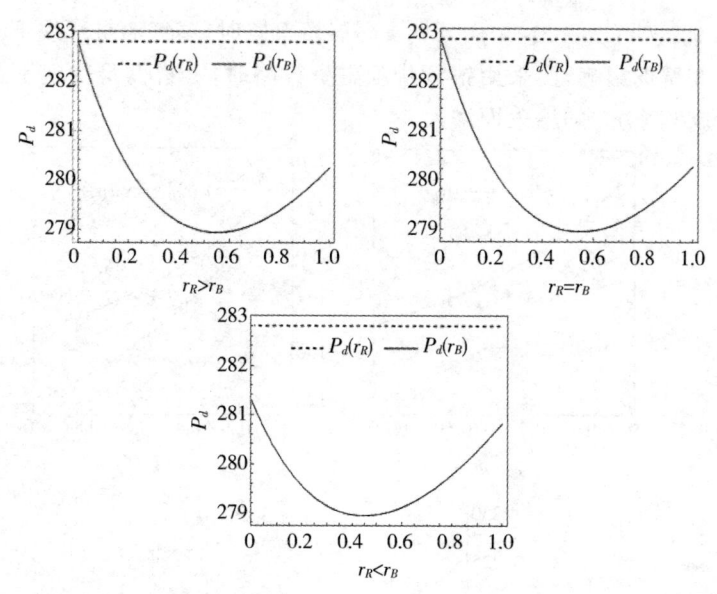

图 9-6 两种融资策略下双渠道供应链分散式决策时 r_R 或 r_B 变化对最优线上销售价格的影响

由图 9-6 可以看出,采用延期支付融资策略时,制造商最优线上销售价格不受融资利率的影响,而采用银行贷款融资策略时,制造商最优线上销售价格与银行贷款利率 r_B 成 U 形变化关系。

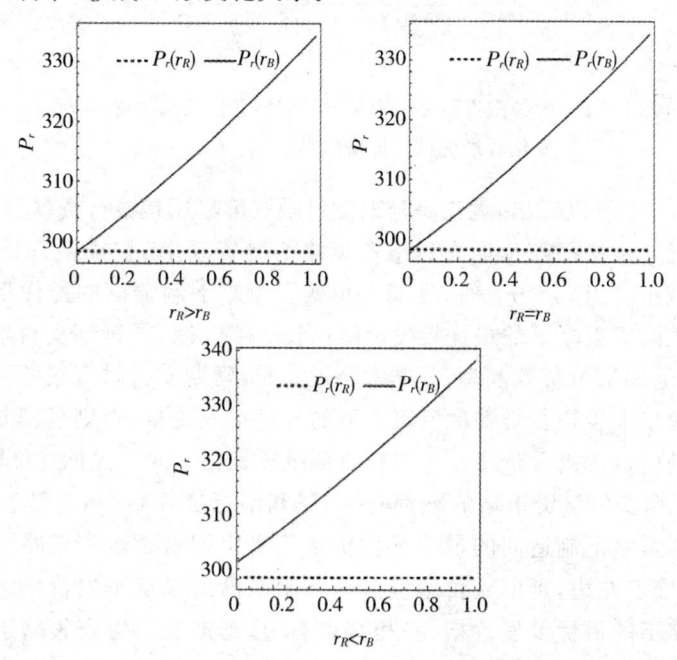

图 9-7 两种融资策略下双渠道供应链分散式决策时 r_R 或 r_B 变化对最优线下销售价格的影响

由图 9-7 可以看出,采用延期支付融资策略时,零售商最优线下销售价格不受融资利率的影响,而采用银行贷款融资策略时,零售商最优线下销售价格随银行贷款利率 r_B 的增大而增大。

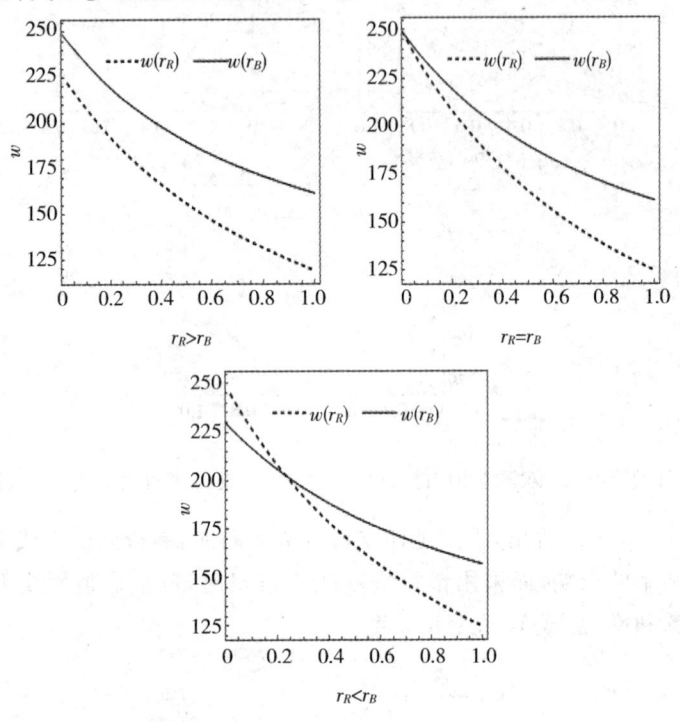

图 9-8 两种融资策略下双渠道供应链分散式决策时 r_R 或 r_B 变化对最优批发价格的影响

由图 9-8 可以看出,无论是延期支付融资策略还是银行贷款融资策略,制造商最优批发价格都随延期支付融资策略的融资利率 r_R 或银行贷款利率 r_B 的增大而减小。当 $r_R > r_B$ 时,延期支付融资策略下制造商的最优批发价格小于银行贷款融资策略下的最优批发价格;当 $r_R = r_B$ 时,在延期支付融资策略的融资利率 r_R 和银行贷款利率 r_B 非常接近 0 时,延期支付融资策略下制造商的最优批发价格大于银行贷款融资策略下的最优批发价格,否则延期支付融资策略下制造商的最优批发价格小于银行贷款融资策略下的最优批发价格;当 $r_R < r_B$ 时,在延期支付融资策略的融资利率 r_R 和银行贷款利率 r_B 等于 0.2 时,延期支付融资策略下制造商的最优批发价格等于银行贷款融资策略下的优批发价格,在相交点左边,延期支付融资策略下制造商的最优批发价格大于银行贷款融资策略下的最优批发价格,在相交点右边,延期支付融资策略下制造商的最优批发价格小于银行贷款融资策略下的最优批发价格。

第9章 考虑零售商资金约束的双渠道供应链碳减排决策

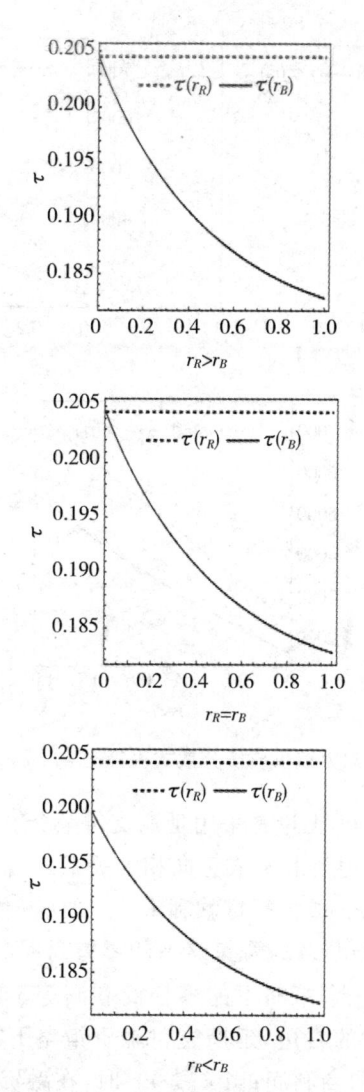

图9-9 两种融资策略下双渠道供应链分散式决策时 r_R 或 r_B 变化对最优碳减排率的影响

由图9-9可以看出,采用延期支付融资策略时,制造商最优碳减排率不受融资利率的影响,而采用银行贷款融资策略时,制造商最优碳减排率随银行贷款利率 r_B 的增大而减小。而且采用延期支付融资策略时的最优碳减排率与采用银行贷款融资策略时的最优碳减排率的差值在 $r_R < r_B$ 时最大,在 $r_R = r_B$ 时最小。可见,当零售商存在资金约束时,采用延期支付融资策略更有利于制造商碳减排。

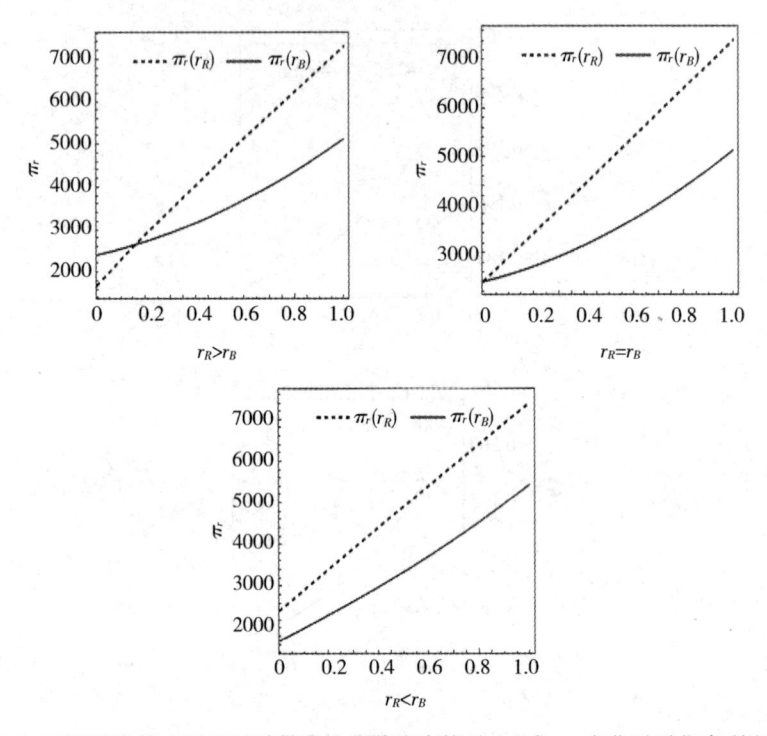

图9-10 两种融资策略下双渠道供应链分散式决策时 r_R 或 r_B 变化对零售商利润的影响

由图9-10可以看出,无论是采用延期支付融资策略还是采用银行贷款融资策略,零售商的利润与融资利率成正向相关关系。当 $r_R < r_B$ 时,无论延期支付融资策略的融资利率 r_R 或银行贷款利率 r_B 如何变化,延期支付融资策略下零售商的利润都大于银行贷款融资策略下的零售商利润;当 $r_R = r_B$ 时,在融资利率靠近0时延期支付融资策略下的零售商利润等于银行贷款融资策略下的零售商利润,但在交叉点的右边,延期支付融资策略下零售商的利润都大于银行贷款融资策略下的零售商利润;当 $r_R > r_B$ 时,在融资利率接近0.2时延期支付融资策略下零售商的利润等于银行贷款融资策略下的零售商利润,在交叉点的左边,延期支付融资策略下零售商的利润小于银行贷款融资策略下的零售商利润,在交叉点的右边,延期支付融资策略下的零售商利润大于银行贷款融资策略下的零售商利润。可见,零售商存在资金约束时,当 $r_R \leqslant r_B$ 时,采用延期支付融资策略对零售商是有利的;当 $r_R > r_B$ 时,只有当融资利率小于0.2时采用银行贷款融资策略才会对零售商有利。

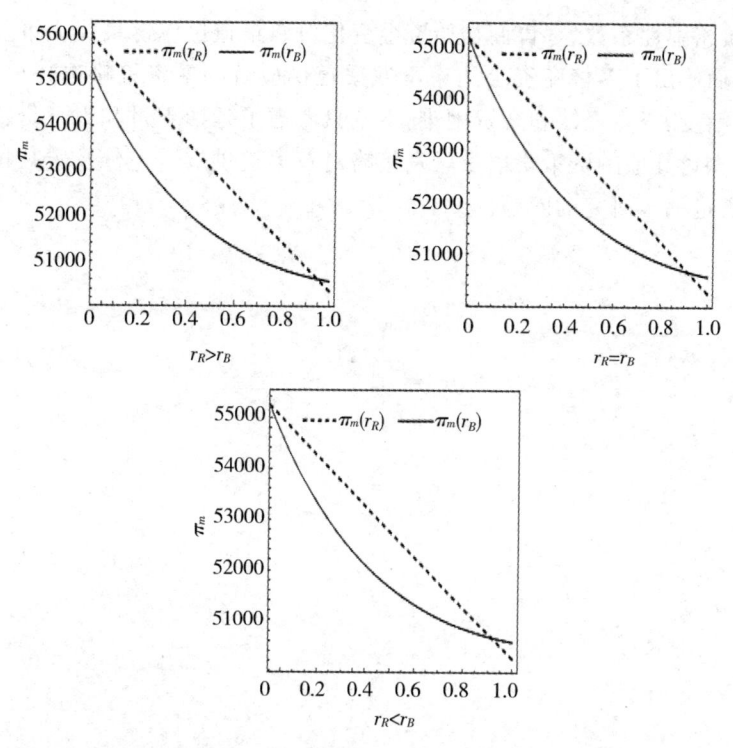

图 9-11 两种融资策略下双渠道供应链分散式决策时 r_R 或 r_B 变化对制造商利润的影响

由图 9-11 可以看出,在两种融资策略下,无论延期支付融资策略的融资利率 r_R 或银行贷款利率 r_B 如何变化,延期支付融资策略下的制造商利润与融资利率成负向相关关系,而采用银行贷款融资策略时的制造商利润与融资利率成反比例关系;当 $r_R < r_B$ 时,延期支付融资策略下的制造商利润大于银行贷款融资策略下的制造商利润的区间最小,而当 $r_R > r_B$ 时,延期支付融资策略下的制造商利润大于银行贷款融资策略下的制造商利润的区间是最大的。可见,当零售商存在资金约束时,在延期支付融资策略的融资利率 r_R 或银行贷款利率 r_B 的较大的变化区间内,采用延期支付融资策略对制造商是有利的。

9.4 本章小结

本章针对一个制造商和一个资金约束的零售商组成的双渠道供应链,分析了延期支付融资策略和银行贷款融资策略下双渠道供应链的最优定价及碳减排决策,并就每种融资策略下双渠道供应链的最优决策及利润与无资金约束时双渠道供应链的最优决策及利润进行了对比分析,同时对比分析了两种融资策略下双渠道供应链的最优决策。在此基础上,通过数值计算,分析了融资利率、渠道间价格弹性系数、零售商初始资金变化对双渠道供应链最优决策及利润的影响，进而给出了零售商资金约束下双渠道供应链的融资策略选择。当然，针对零售商存在资金短缺和融资困难，本章只考虑了延期支付和银行贷款两种融资策略，探讨其他融资策略以及融资策略对双渠道供应链定价及碳减排的影响是后续需进一步研究的问题。

第10章　考虑制造商资金约束的双渠道供应链碳减排决策

为应对日趋严峻的气候环境问题，中国政府于2020年9月明确提出了"双碳"目标，并要求通过构建制造业绿色生产体系、实施低碳生产来推动制造企业低碳化转型，进而积极稳妥推进碳达峰、碳中和。与此同时，基于互联网及电子商务的快速发展，且为了拓展市场，越来越多的制造企业在传统零售渠道的基础上开设线上直销渠道，双渠道供应链系统成为一种新常态。现实中，制造企业为了降低碳排放需要更多资金投入低碳技术研发及实施低碳生产改造中，而线上、线下渠道业务的开展同样需要投入大量的人力、物力和财力成本，因而制造企业面临较大的资金压力。因此，在制造企业实施碳减排和开展线上线下双渠道业务面临资金不足的情况下，研究制造商存在资金约束的双渠道供应链定价与碳减排决策以及不同融资策略选择问题具有重要的现实意义。

解决供应链企业资金约束问题常见的方式主要有两种：一种是银行贷款融资，即资金约束方从银行贷款其所需资金，在生产或销售期结束后连本带利还款给银行的融资方式；另一种是贸易信贷融资，即供应链上游企业向有资金约束的下游企业提供延期支付，或者供应链下游企业向有资金约束的上游企业提供提前支付。目前，关于供应链企业的融资决策问题已经成为学术界和实业界关注的热点。在资金约束下的供应链企业决策方面，Jing和Seidmann(2014)认为当供应商生产成本较低时，制造商的延期支付融资策略能减轻供应链双重边际化效应；Chen(2015)研究了银行贷款融资和贸易信贷融资对供应链决策的影响；郭金森等提出向银行借贷融资或向具有足够资金的零售商进行有折扣的提前付款融资是解决制造商资金不足最为常见的融资方式；占济舟等(2014)考虑了制造商存在资金约束时，贸易信贷融资和银行贷款融资相结合的供应链最优决策问题；Tang等(2018)探讨了资金受限下供应商在提前支付融资和银行贷款融资的融资策略选择及定价策略；Deng等(2018)针对多个异质供应商给出了供应链最优融资策略以及贸易信贷融资优于银行贷款融资的条件。在考虑碳减排和资金约束下研究供应链决策方面，Wang等(2017)研究了供应链中制造商存在碳排放限制和资金约束时制造/再制造的生产决策；Cong等(2022)

针对碳排放限额及绿色银行信贷研究了供应链企业资金约束下的最优决策；Qin等（2018）研究了制造商存在资金约束时通过零售商分摊碳减排成本或向银行进行绿色融资的供应链碳减排决策；黄瑞芬等（2020）针对碳限额及交易机制研究了受资金约束的供应链优化问题。在资金约束的双渠道供应链决策方面，周永务等（2020）就制造商资金约束的双渠道供应链定价与融资决策进行了研究；赵琳等（2022）、肖肖和骆建文（2016）对制造商资金约束的双渠道供应链融资策略进行了研究。

由上述文献回顾可知，资金约束和碳减排作为影响企业生产运作的两个重要因素，资金约束下双渠道供应链碳减排决策受到学者的普遍关注。但应该看到，目前很少见到文献把资金约束、碳减排结合起来研究双渠道供应链的定价及碳减排决策，因此，在电子商务快速发展以及"双碳"目标深入推进的今天，研究资金约束下双渠道供应链的定价及碳减排决策十分必要。本章首先以消费者的渠道选择及低碳偏好为出发点，构建了考虑制造商资金约束的双渠道供应链博弈模型，分析了双渠道供应链集中决策下的最优定价及碳减排决策；在此基础上，就双渠道供应链分散式决策下采用提前支付融资策略与银行贷款融资策略对最优决策的影响，通过对比分析两种融资策略下双渠道供应链的最优决策及利润，从而明确了制造商不同初始资金下双渠道供应链企业的最优融资策略。

10.1　问题描述与相关假设

在由一个零售商和一个制造商组成的双渠道供应链中，制造商通过传统线下渠道由零售商销售其生产的产品，同时制造商也开设线上直销渠道销售生产的产品。假设碳排放主要是由制造商在生产过程产生的，而且消费者具有低碳偏好。假设零售商资金充足，制造商存在资金约束且制造商的初始资金为 B ($B \geqslant 0$)，制造商资金不足时缺少的资金可通过零售商提前支付的贸易信贷融资或银行贷款融资来解决。假设制造商和零售商之间信息完全对称，且市场能够完全出清，制造商为主导者，碳减排率、产品的批发价格和线上直销价格为其决策变量，线下销售价格为零售商的决策变量。本章相关的符号及含义如表 10-1 所示。

第10章 考虑制造商资金约束的双渠道供应链碳减排决策

表 10-1 相关符号及含义

符号	含义
p_d	制造商线上直销渠道单位产品的销售价格
p_r	零售商线下渠道单位产品的销售价格
β	线下渠道和线上渠道间的交叉价格弹性系数
λ	消费者低碳偏好系数
c	制造商单位产品的生产成本
w	单位产品的批发价格
A	市场潜在需求量
θ	偏好线下零售渠道的消费者所占比例
$1-\theta$	偏好线上直销渠道的消费者所占比例
Q_r	线下零售渠道的市场需求量
Q_d	线上直销渠道的市场需求量
τ	碳减排率,在该碳减排率下的碳减排技术投入满足:$C(\tau)=0.5\eta\tau^2$,η 为碳减排成本系数
B	制造商资金约束下的初始资金
r_B	制造商向银行贷款融资的银行利率
r_R	零售商提前支付时制造商给零售商的批发价格折扣率
π_r	零售商的利润函数
π_m	制造商的利润函数
π_c	双渠道供应的利润函数

根据前面的分析与假设,并借鉴文献 Li 等(2019)、梁喜和张余婷(2020)、王文隆等(2021)的文献在考虑碳减排的情况下关于双渠道供应链线上直销渠道、线下零售渠道的市场需求假设,这里假设市场上的消费者分为偏好线下零售渠道和偏好线上直销渠道两种类型,并假设市场需求与线上直销价格、线下零售价格、碳减排率具有线性关系,为此假设 $Q_d=(1-\theta)A-p_d+\beta p_r+\lambda\tau$,$Q_r=\theta A-p_r+\beta p_d+\lambda\tau$。

为了使制造商资金约束下的双渠道供应链在分散式决策时存在最优解,且保证双渠道供应链分散式决策下的最优解有意义,这里假设下列不等式成立:

$4\eta(1-\beta)(1+r_R)-(3+\beta)\lambda^2>0$,$2\eta(1-\beta^2)(1+r_R)-\dfrac{3}{2}(1+\beta)\lambda^2>0$,$4\eta(1-\beta)(1+r_B)-(3+\beta)\lambda^2>0$,$2\eta(1-\beta^2)(1+r_B)-\dfrac{3}{2}(1+\beta)\lambda^2>0$。

10.2 模型的构建与分析

10.2.1 集中式决策下的融资策略与决策

在集中式决策下,把零售商和制造商看作一个整体来追求双渠道供应链系统利润的最大化。在制造商面临资金约束而零售商资金充足的情况下,制造商有资金约束的集中式决策实际上相当于无资金约束的双渠道供应链集中式决策,此时双渠道供应链在集中式决策下的利润函数为

$$\pi_c = (p_d - c)Q_d + (p_r - c)Q_r - \frac{1}{2}\eta\tau^2$$

$$= (p_d - c)[(1-\theta)A - p_d + \beta p_r + \lambda\tau] - \frac{1}{2}\eta\tau^2 + (p_r - c)(\theta A - p_r + \beta p_d + \lambda\tau)_{\circ} \tag{10-1}$$

由式(10-1)易知双渠道供应链的利润是关于 p_d, p_r 和 τ 的凹函数,进一步可得 p_d, p_r 和 τ 的最优解分别为

$$p_d^{C*} = c + \frac{A(1-2\theta)}{4(1+\beta)} + \frac{A\eta - 2\eta c(1-\beta)}{4\eta(1-\beta) - 4\lambda^2},$$

$$p_r^{C*} = c - \frac{A(1-2\theta)}{4(1+\beta)} + \frac{A\eta - 2\eta c(1-\beta)}{4\eta(1-\beta) - 4\lambda^2},$$

$$\tau^{C*} = \frac{A\lambda - 2\lambda c(1-\beta)}{2\eta(1-\beta) - 2\lambda^2}_{\circ}$$

在无资金约束下,集中式决策时双渠道供应链正常组织生产和碳减排所需要的资金为 $\bar{B}_c = c[A - (p_d^{C*} + p_r^{C*})(1-\beta) + 2\lambda\tau^{C*}] + \frac{1}{2}\eta\tau^{C*2}$。如果双渠道供应链的初始资金 $B < \bar{B}_c$,则双渠道供应链将面临生产和碳减排资金不足。因此,在组织生产和碳减排前,双渠道供应链采取向银行贷款的融资策略,此时双渠道供应链的利润函数为

$$\pi_c(r_B) = (p_d - c)Q_d + (p_r - c)Q_r - \frac{1}{2}\eta\tau^2 - r_B(cQ_d + cQ_r + \frac{1}{2}\eta\tau^2 - B)$$

$$= [p_d - c(1+r_B)][(1-\theta)A - p_d + \beta p_r + \lambda\tau] - \frac{(1+r_B)}{2}\eta\tau^2 +$$

$$[p_r - c(1+r_B)](\theta A - p_r + \beta p_d + \lambda\tau) + r_B B_{\circ} \tag{10-2}$$

由式(10-2)可知存在资金约束的双渠道供应链的利润是关于 p_d, p_r 和 τ 的凹函数,进一步可得 p_d, p_r 和 τ 的最优解分别为

$$p_d^{C\#} = c - \frac{\eta(1+r_B)[c(1-\beta^2)(1-r_B) - A(1-\theta+\beta\theta)]}{2(1+\beta)[\eta(1-\beta)(1+r_B) - \lambda^2]} -$$

第10章 考虑制造商资金约束的双渠道供应链碳减排决策

$$\frac{\lambda^2[A(1-2\theta)+4c(1+\beta)(1+r_B)]}{4(1+\beta)[\eta(1-\beta)(1+r_B)-\lambda^2]},$$

$$p_r^{C\#}=c-\frac{\eta(1+r_B)[c(1-\beta^2)(1-r_B)-A(\beta+\theta-\beta\theta)]}{2(1+\beta)[\eta(1-\beta)(1+r_B)-\lambda^2]}+$$

$$\frac{2\lambda^2 c[A(1-2\theta)-(1+\beta)r_B]}{2(1+\beta)[\eta(1-\beta)(1+r_B)-\lambda^2]},$$

$$\tau^{C\#}=\frac{A\lambda-2\lambda c(1-\beta)(1+r_B)}{2\eta(1-\beta)(1+r_B)-2\lambda^2}\text{。}$$

此时,当双渠道供应链存在资金约束时,正常组织生产和碳减排所需资金为 $\overline{B}_c(r_B)=c[A-(p_d^{C\#}+p_r^{C\#})(1-\beta)+2\lambda\tau^{C\#}]+\frac{1}{2}\eta\tau^{C\#2}$。进一步可得下列推论。

推论 10-1 集中式决策下,当存在资金约束需向银行贷款融资时,银行贷款利率与决策变量的关系如下:

(1)碳减排率与银行贷款利率成负向相关关系;

(2)当 $2c-\dfrac{A\eta\lambda^2-2\lambda^4 c}{[\eta(1-\beta)(1+r_B)-\lambda^2]^2}>0$ 时,最优线上销售价格和最优线下销售价格都与银行贷款利率成正向相关关系;当 $2c-\dfrac{A\eta\lambda^2-2\lambda^4 c}{[\eta(1-\beta)(1+r_B)-\lambda^2]^2}<0$ 时,最优线上销售价格和最优线下销售价格都与银行贷款利率成负向相关关系。

推论 10-2 在双渠道供应链集中式决策中,双渠道供应链在不同初始资金下将采用不同的融资策略:

(1)双渠道供应链的初始资金 $B\geqslant \overline{B}_c$ 时,双渠道供应链在无资金约束下进行生产和碳减排;

(2)双渠道供应链的初始资金 $\overline{B}_c(r_B)\leqslant B<\overline{B}_c$ 时,双渠道供应链根据自有资金组织生产和碳减排;

(3)双渠道供应链的初始资金 $0\leqslant B<\overline{B}_c(r_B)$ 时,双渠道供应链采取向银行贷款融资来组织生产和碳减排。

推论 10-3 在集中式决策下,双渠道供应链无资金约束与有资金约束需向银行贷款融资时的决策结果比较如下:

(1)无资金约束时的最优碳减排率大于银行贷款融资策略时的最优碳减排率。

(2)当 $-2\eta c(1-\beta)(1+r_B)[\eta(1+\beta)-\lambda^2]+\lambda^2[\eta A+\eta c(1-\beta)-4\lambda^4 c]\geqslant 0$

时,无资金约束的最优线上销售价格和线下销售价格大于或等于银行贷款融资策略的最优线上销售价格和线下销售价格;反之,当 $-2\eta c(1-\beta)(1+r_B)[\eta(1+\beta)-\lambda^2]+\lambda^2[\eta A+\eta c(1-\beta)-4\lambda^4 c]<0$ 时,无资金约束的最优线上销售价格和线下销售价格小于银行贷款融资策略的最优线上销售价格和线下销售价格。

(3)双渠道供应链没有资金约束时的利润大于双渠道供应链有资金约束且采用银行贷款融资策略时的利润。

10.2.2 提前支付融资策略下的双渠道供应链分散式决策

在提前支付融资策略下,制造商的初始资金为 $B(B \geqslant 0)$,制造商所需资金为 $c[A-(p_d+p_r)(1-\beta)+2\lambda\tau]+\frac{1}{2}\eta\tau^2$。当 $c[A-(p_d+p_r)(1-\beta)+2\lambda\tau]+\frac{1}{2}\eta\tau^2>B$ 时,制造商的初始资金不能满足其进行生产和碳减排的资金需要,为此制造商采用零售商提前支付的融资策略来获得所需资金。为了激励零售商提前支付货款,制造商通过对提前付款的资金以批发价格折扣率 r_R 获得产品来吸引零售商。在制造商组织生产和进行碳减排之前,零售商向制造商所提供的融资规模为 $L(r_R)=c[A-(p_d+p_r)(1-\beta)+2\lambda\tau]+\frac{1}{2}\eta\tau^2-B$,制造商在产品生产后以批发价格折扣率 r_R 进行折扣后的批发价格交付给零售商的产品为 $\frac{(1+r_R)L(r_R)}{w}$,零售商再以批发价格 w 购买剩余的订货量 $Q_r-\frac{(1+r_R)L(r_R)}{w}$ 以满足市场需求。这里,假设零售商在满足市场需求的情况下通过提前支付的形式可解决制造商的资金约束问题。此时零售商、制造商的利润函数分别为

$$\pi_r(r_R)=(p_r-w)Q_r+r_R L(r_R)$$
$$=(p_r-w+r_R c)(\theta A-p_r+\beta p_d+\lambda\tau)+r_R c[(1-\theta)A-p_d+\beta p_r+\lambda\tau]+\frac{r_R}{2}\eta\tau^2-r_R B, \qquad (10-3)$$

$$\pi_m(r_R)=(p_d-c)Q_d+(w-c)Q_r-\frac{1}{2}\eta\tau^2-r_R L(r_R)$$
$$=[p_d-(1+r_R)c][(1-\theta)A-p_d+\beta p_r+\lambda\tau]-\frac{(1+r_R)}{2}\eta\tau^2+[w-(1+r_R)c](\theta A-p_r+\beta p_d+\lambda\tau)+r_R B。 \qquad (10-4)$$

对式(10-3)求关于 p_r 的一阶偏导数并令其等于0,则可得
$$w+\theta A+\lambda\tau+\beta p_d-2p_r-cr_R+c\beta r_R=0。 \qquad (10-5)$$

第10章 考虑制造商资金约束的双渠道供应链碳减排决策

由式(10-5)可得零售商的线下销售价格为

$$p_r = \frac{w+\theta A+\lambda\tau+\beta p_d-cr_R(1-\beta)}{2}。 \tag{10-6}$$

将式(10-6)代入式(10-4),可得制造商的利润函数为

$$\pi_m(r_R)=[p_d-(1+r_R)c]\left\{(1-\theta)A-p_d+\frac{\beta[w+\theta A+\lambda\tau+\beta p_d-cr_R(1-\beta)]}{2}+\lambda\tau\right\}+[w-(1+r_R)c]\left[\theta A-\frac{w+\theta A+\lambda\tau+\beta p_d-cr_R(1-\beta)}{2}+\beta p_d+\lambda\tau\right]-\frac{(1+r_R)}{2}\eta\tau^2+r_R B。 \tag{10-7}$$

对式(10-7)分别求关于 p_d,w 和 τ 的二阶偏导数,可得到制造商利润函数 $\pi_m(r_R)$ 的 Hessian 的矩阵行列式为

$$H_1 = \begin{bmatrix} \frac{\partial^2 \pi_m}{\partial p_d^2} & \frac{\partial^2 \pi_m}{\partial p_d \partial w} & \frac{\partial^2 \pi_m}{\partial p_d \partial \tau} \\ \frac{\partial^2 \pi_m}{\partial w \partial p_d} & \frac{\partial^2 \pi_m}{\partial w^2} & \frac{\partial^2 \pi_m}{\partial w \partial \tau} \\ \frac{\partial^2 \pi_m}{\partial \tau \partial p_d} & \frac{\partial^2 \pi_m}{\partial \tau \partial w} & \frac{\partial^2 \pi_m}{\partial \tau^2} \end{bmatrix} = \begin{bmatrix} -2+\beta^2 & \beta & \lambda+\frac{\beta\lambda}{2} \\ \beta & -1 & \frac{\lambda}{2} \\ \lambda+\frac{\beta\lambda}{2} & \frac{\lambda}{2} & -\eta(1+r_R) \end{bmatrix}$$

$$=-2\eta(1-\beta^2)(1+r_R)+\frac{3}{2}(1+\beta)\lambda^2。$$

当 $-2\eta(1-\beta^2)(1+r_R)+\frac{3}{2}(1+\beta)\lambda^2<0$ 时,制造商利润函数的 Hessian 矩阵是正定的,所以采用提前支付融资策略时的制造商利润函数是关于线上直销价格 p_d、批发价格 w、碳减排率 τ 的凹函数,因而存在最优解。

对式(10-7)分别求制造商利润函数关于 p_d,w 和 τ 的一阶偏导数并令其等于0,则有

$$\frac{1}{2}[2w\beta+c(2-\beta-\beta^2)+2A-A\theta(2-\beta)+(2+\beta)\lambda\tau]-(2-\beta^2)p_d+c(1-\beta)r_R=0, \tag{10-8}$$

$$c(1-\beta)-2w+\theta A+\lambda\tau+2\beta p_d+2c(1-\beta)r_R=0, \tag{10-9}$$

$$w\lambda-\lambda c(3+\beta)(1+r_R)-2\eta\tau(1+r_R)+\lambda(2+\beta)p_d=0。 \tag{10-10}$$

由式(10-8)、式(10-9)和式(10-10)可得制造商的最优线上直销价格、最优批发价格和最优碳减排率分别为

$$p_d^* = \frac{4\eta[A+c(1-\beta^2)-A\theta(1-\beta)]-\lambda^2[A(1-2\theta)+2c(1+\beta)(3+\beta)]}{2(1+\beta)[4\eta(1-\beta)(1+r_R)-(3+\beta)\lambda^2]}+$$

· 145 ·

$$\frac{\{4A\eta(1-\theta+\beta\theta)+c(1+\beta)[8\eta(1-\beta)-(5+3\beta)\lambda^2]+4c(1-\beta^2)\eta r_R\}r_R}{2(1+\beta)[4\eta(1-\beta)(1+r_R)-(3+\beta)\lambda^2]},$$
(10 - 11)

$$w^* = \frac{4\eta[(1-\beta^2)c+A\theta+A\beta(1-\theta)]+\lambda^2[A(2+\beta)(1-2\theta)-c(1+\beta)(3+\beta)]}{2(1+\beta)[4\eta(1-\beta)(1+r_R)-(3+\beta)\lambda^2]} +$$

$$\frac{4\eta r_R[c(3-\beta)(1-\beta)^2+A(\beta+\theta-\beta\theta)]-\lambda^2 cr_R(8+9\beta-\beta^2)}{2(1+\beta)[4\eta(1-\beta)(1+r_R)-(3+\beta)\lambda^2]} +$$

$$\frac{4c\eta r_R^2(2-\beta)(1-\beta)^2}{2(1+\beta)[4\eta(1-\beta)(1+r_R)-(3+\beta)\lambda^2]},$$
(10 - 12)

$$\tau^* = \frac{-\lambda c(1-\beta)(3+\beta)+A\lambda[2-(1-\beta)\theta]-2\lambda c(1-\beta^2)r_R}{4\eta(1-\beta)(1+r_R)-(3+\beta)\lambda^2}。$$
(10 - 13)

进而可得零售商最优线下销售价格为

$$p_r^* = \frac{2A\eta(1+r_R)[2\beta+(1-\beta)(3+\beta)\theta]-A\lambda^2[1+2\beta+4\theta+2\beta\theta(2+\beta)]}{2(1+\beta)[4(1-\beta)\eta-(3+\beta)\lambda^2]+8\eta r_R(1-\beta^2)} +$$

$$\frac{2\eta c(1-\beta^2)(1+\beta+2\beta r_R^2)-2c(1+\beta)(3+\beta)[\lambda^2+\eta r_R(1-\beta)]}{2(1+\beta)[4(1-\beta)\eta-(3+\beta)\lambda^2]+8\eta r_R(1-\beta^2)} +$$

$$\frac{cr_R(1+\beta)(1-5\beta-4\beta^2)\lambda^2}{2(1+\beta)[4(1-\beta)\eta-(3+\beta)\lambda^2]+8\eta r_R(1-\beta^2)}。$$
(10 - 14)

推论 10 - 4 当制造商的初始资金 $B \in [\underline{B}(r_R), \bar{B}(r_R))$ 时,采用零售商提前支付的融资策略存在最优线上销售价格、最优线下销售价格、最优批发价格和最优碳减排率。

其中:$\bar{B}(r_R) = c[A-(p_d^*+p_r^*)(1-\beta)+2\lambda\tau^*]+\frac{1}{2}\eta\tau^{*2}$,

$$\underline{B}(r_R) = c[A-(p_d^*+p_r^*)(1-\beta)+2\lambda\tau^*]+\frac{1}{2}\eta\tau^{*2} -$$

$$\frac{w^*(\theta A - p_r^* + \beta p_d^* + \lambda\tau^*)}{(1+r_R)}。$$

10.2.3 银行贷款融资策略下的双渠道供应链分散式决策

在银行贷款融资策略下,当 $c[A-(p_d+p_r)(1-\beta)+2\lambda\tau]+\frac{1}{2}\eta\tau^2 > B$ 时,制造商的初始资金无法满足生产和碳减排的需要,此时制造商在生产和碳减排期初以贷款利率 r_B 向银行贷款获得生产和碳减排所需的资金,并在期末时将所借贷资金连本带息还给银行,制造商向银行融资规模为 $L(r_B) = c[A-(p_d+p_r)(1-\beta)+2\lambda\tau]+\frac{1}{2}\eta\tau^2 - B$,产品销售完后向银行还本付息(1+

第 10 章　考虑制造商资金约束的双渠道供应链碳减排决策

$r_B)L(r_B)$。此时零售商和制造商的利润函数分别为

$$\pi_r(r_B) = (p_r - w)Q_r = (p_r - w)(\theta A - p_r + \beta p_d + \lambda \tau), \quad (10-15)$$

$$\begin{aligned}\pi_m(r_B) &= (p_d - c)Q_d + (w - c)Q_r - \frac{1}{2}\eta\tau^2 - r_B L(r_B) \\ &= [p_d - (1+r_B)c][(1-\theta)A - p_d + \beta p_r + \lambda\tau] + r_B B + [w - (1+r_B)c](\theta A - p_r + \beta p_d + \lambda\tau) - \frac{(1+r_B)}{2}\eta\tau^2 \,\text{。}\end{aligned} \quad (10-16)$$

对式(10-15)求关于 p_r 的一阶偏导数并令其等于 0,则可得

$$w + \theta A + \lambda\tau + \beta p_d - 2p_r = 0 \,\text{。} \quad (10-17)$$

由式(10-17)可得零售商的线下销售价格为

$$p_r = \frac{w + \theta A + \lambda\tau + \beta p_d}{2} \,\text{。} \quad (10-18)$$

将式(10-18)代入式(10-16),则可得制造商的利润函数为

$$\begin{aligned}\pi_m(r_B) = &[p_d - (1+r_B)c]\left[(1-\theta)A - p_d + \frac{\beta(w+\theta A+\lambda\tau+\beta p_d)}{2} + \lambda\tau\right] + \\ & r_B B + [w - (1+r_B)c]\left(\theta A - \frac{w+\theta A+\lambda\tau+\beta p_d}{2} + \beta p_d + \lambda\tau\right) - \\ & \frac{(1+r_B)}{2}\eta\tau^2 \,\text{。}\end{aligned} \quad (10-19)$$

对式(10-19)分别求关于 p_d,w 和 τ 的二阶偏导数,则可得到制造商利润函数 $\pi_m(r_B)$ 的 Hessian 矩阵行列式为

$$H_2 = \begin{bmatrix} \dfrac{\partial^2 \pi_m}{\partial p_d^2} & \dfrac{\partial^2 \pi_m}{\partial p_d \partial w} & \dfrac{\partial^2 \pi_m}{\partial p_d \partial \tau} \\ \dfrac{\partial^2 \pi_m}{\partial w \partial p_d} & \dfrac{\partial^2 \pi_m}{\partial w^2} & \dfrac{\partial^2 \pi_m}{\partial w \partial \tau} \\ \dfrac{\partial^2 \pi_m}{\partial \tau \partial p_d} & \dfrac{\partial^2 \pi_m}{\partial \tau \partial w} & \dfrac{\partial^2 \pi_m}{\partial \tau^2} \end{bmatrix} = \begin{bmatrix} -2+\beta^2 & \beta & \lambda + \dfrac{\beta\lambda}{2} \\ \beta & -1 & \dfrac{\lambda}{2} \\ \lambda + \dfrac{\beta\lambda}{2} & \dfrac{\lambda}{2} & -\eta(1+r_B) \end{bmatrix}$$

$$= -2\eta(1-\beta^2)(1+r_B) + \frac{3}{2}(1+\beta)\lambda^2 \,\text{。}$$

当 $-2\eta(1-\beta^2)(1+r_R) + \dfrac{3}{2}(1+\beta)\lambda^2 < 0$ 时,可知制造商利润函数的 Hessian 矩阵是正定的,所以制造商在采用银行贷款融资策略下的利润函数是关于线上直销价格 p_d、批发价格 w、碳减排率 τ 的凹函数,因而存在最优解。

对式(10-19)分别求关于 p_d,w 和 τ 的一阶偏导数并令其等于 0,则有

$$2w\beta+c(2-\beta-\beta^2)+2A-(2-\beta)A\theta+\lambda\tau(2+\beta)-(4-2\beta^2)p_d+c(2-\beta-\beta^2)r_B=0, \tag{10-20}$$

$$c(1-\beta)-2w+A\theta+\lambda\tau+2\beta p_d+c(1-\beta)r_B=0, \tag{10-21}$$

$$w\lambda-\lambda c(3+\beta)-2\eta\tau(1+r_B)+(2+\beta)\lambda p_d-\lambda c(3+\beta)r_B=0。 \tag{10-22}$$

由式(10-20)、式(10-21)和式(10-22)可得制造商的最优线上直销价格、最优批发价格和最优碳减排率分别为

$$p_d^\# = \frac{4\eta[A+c(1-\beta^2)-A\theta(1-\beta)]-A\lambda^2(1-2\theta)+4A\eta r_B(1-\theta+\beta\theta)}{2(1+\beta)[4\eta(1-\beta)(1+r_B)-(3+\beta)\lambda^2]} -$$
$$\frac{2c\lambda^2(1+\beta)(3+\beta)(1+r_B)-4c\eta r_B(1-\beta^2)(2+r_B)}{2(1+\beta)[4\eta(1-\beta)(1+r_B)-(3+\beta)\lambda^2]}, \tag{10-23}$$

$$w^\# = \frac{4\eta(1-\beta^2)(1+r_B)^2+4A\eta(\beta+\theta-\beta\theta)(1+r_B)}{2(1+\beta)[4\eta(1-\beta)(1+r_B)-(3+\beta)\lambda^2]}$$
$$+\frac{A\lambda^2(2+\beta)(1-2\theta)-2c\lambda^2(1+\beta)(3+\beta)}{2(1+\beta)[4\eta(1-\beta)(1+r_B)-(3+\beta)\lambda^2]}, \tag{10-24}$$

$$\tau^\# = \frac{A\lambda[2-(1-\beta)\theta]-\lambda c(1-\beta)(3+\beta)(1+r_B)}{4\eta(1-\beta)(1+r_B)-(3+\beta)\lambda^2}。 \tag{10-25}$$

进而可得零售商最优线下销售价格为

$$p_r^\# = \frac{2Ac(1+\beta)(1-\beta^2)(1+r_B)^2+2A\eta(1-\beta)(3+\beta)\theta+4A\eta\beta(1+r_B)}{2(1+\beta)[4(1-\beta)\eta-(3+\beta)\lambda^2]+8\eta r_B(1-\beta^2)}$$
$$+\frac{A\lambda^2(3+2\beta)(1-2\theta)-2\lambda^2(1+\beta)(3+\beta)(1+r_B)}{2(1+\beta)[4(1-\beta)\eta-(3+\beta)\lambda^2]+8\eta r_B(1-\beta^2)} \tag{10-26}$$

推论10-5 当制造商的初始资金 $B \in [0, \bar{B}(r_B))$ 时,制造商采用银行贷款融资策略将存在最优线上销售价格、最优线下销售价格、最优批发价格以及最优碳减排率,其中 $\bar{B}(r_B) = c[A-(p_d^\#+p_r^\#)(1-\beta)+2\lambda\tau^\#]+\frac{1}{2}\eta\tau^{\#2}$。

10.2.4 两种融资策略对分散式决策下最优决策及利润影响的比较分析

在双渠道供应链分散式决策下,当制造商存在资金受约束时融资策略的选择将直接影响最优决策结果和双渠道供应链企业各自的利润。为了便于比较两种融资策略下的决策结果,假设采用零售商提前支付融资策略时的批发价格折扣率 r_R 与银行贷款利率 r_B 相等,进而对两种融资策略下的最优决策及各自的利润进行比较,得到下列结论。

推论10-6 在双渠道供应链分散式决策下,当存在资金约束的制造商采用提前支付融资策略的批发价格折扣率 r_R 和采用银行贷款融资策略的贷款利

率 r_B 相等时,有:

(1)采用提前支付融资策略时的最优线上销售价格、最优批发价格和最优碳减排率都大于银行贷款融资策略时的最优线上销售价格、最优批发价格和最优碳减排率。

(2)采用提前支付融资策略时的最优线下销售价格小于银行贷款融资策略时的最优线下销售价格。

(3)$2\eta(1-\beta)[4A\theta(1+r_R)-c(1+\beta)(4+5r_R+r_R^2)]+\lambda^2[4A(1-2\theta)-3cr_R(1-\beta^2)]>0$ 时,提前支付融资策略下的制造商利润大于银行贷款融资策略下的利润;反之,提前支付融资策略下的制造商利润小于银行贷款融资策略下的利润。

推论 10-7 在双渠道供应链分散式决策下,当存在资金约束的制造商采用提前支付融资策略的批发价格折扣率 r_R 和采用银行贷款融资策略的贷款利率 r_B 相等时,制造商的最优融资策略选择如下:

(1)当制造商的初始资金满足 $B \geqslant \overline{B}(r_R)$ 时,将根据制造商的自有资金来进行生产和碳减排;

(2)当制造商的初始资金满足 $\underline{B}(r_R) \leqslant B < \overline{B}(r_R)$ 时,制造商将选择零售商提前支付的融资策略进行生产和碳减排;

(3)当制造商的初始资金满足 $0 \leqslant B < \underline{B}(r_R)$ 时,制造商先采用零售商提前支付的融资策略来获得零售商的全部货款,然后决定是否还要采用银行贷款的融资策略来获得资金。

10.3 数值计算与分析

为了进一步说明双渠道供应链在不同融资策略下的最优决策、利润以及提前支付融资策略下批发价格折扣率 r_R 或银行贷款融资策略下的贷款利率 r_B 变化对最优决策值和利润的影响,这里用数值计算与分析对前面的结论进行验证。根据相关文献并结合实际情况选取相关数据,分析其对最优决策以及双方利润的影响,基本运营的参数设定如表 10-2 所示。

表 10-2 基本运营参数

β	θ	A	r_R	λ	η	r_B	c	B
0.5	0.4	500	0.2	30	6.5×10^4	0.2	20	5000

10.3.1 最优值分析

在不同决策模式及不同融资策略下,当参数取值如表10-2所示时,最优决策以及零售商、制造商、双渠道供应链利润的数值模拟结果如表10-3所示。

表10-3 集中式决策和分散式决策下不同融资策略的最优化结果

决策与融资模式	p_d	p_r	w	τ	π_r	π_m	π_c
集中式决策且无资金约束	283.5	250.17	—	0.2278	—	—	60073.8
集中式决策且银行贷款融资	284.29	250.96	—	0.1874	—	—	59612.6
分散式决策且提前支付融资	283.73	297.16	251.39	0.1686	2340.9	55240	57580.9
分散式决策且银行贷款融资	283.72	298.65	250.39	0.1684	2329.34	55143	57472.34

由表10-3可知,在集中式决策下,当 $-2\eta c(1-\beta)(1+r_B)[\eta(1+\beta)-\lambda^2]+\lambda^2[\eta A+\eta c(1-\beta)-4\lambda^4 c]<0$ 时,无资金约束时最优线上销售价格、线下销售价格都小于银行贷款融资策略时最优的线上销售价格、线下销售价格;无资金约束时最优碳减排率、双渠道供应链的利润都大于有资金约束且向银行贷款融资策略下的最优碳减排率、双渠道供应链的利润。在分散式决策下制造商有资金约束,当 $2\eta(1-\beta)[4A\theta(1+r_R)-c(1+\beta)(4+5r_R+r_R^2)]+\lambda^2[4A(1-2\theta)-3cr_R(1-\beta^2)]>0$ 时,制造商采用提前支付融资策略的利润大于采用银行贷款融资策略的利润;采用提前支付融资策略时最优线上销售价格、批发价格和碳减排率都大于银行贷款融资策略时最优线上销售价格、批发价格和碳减排率;采用提前支付融资策略时的最优线下销售价格小于银行贷款融资策略时的最优线下销售价格;最优碳减排率、供应链利润的大小按照无资金约束的集中式决策、有资金约束的集中式决策、分散式决策且提前支付的融资策略、分散式决策且银行贷款融资策略的顺序依次减少。

10.3.2 分散式决策下折扣率或贷款利率对最优决策及利润的影响

在分散式决策下,当制造商存在资金约束且其他参数取值如表10-2所示时,分别就 $r_R>r_B$,$r_R=r_B$ 和 $r_R<r_B$ 三种情况分析批发价格折扣率 r_R 或银行贷款利率 r_B 变化对最优决策及利润的影响,结果如图10-1~图10-6所示。

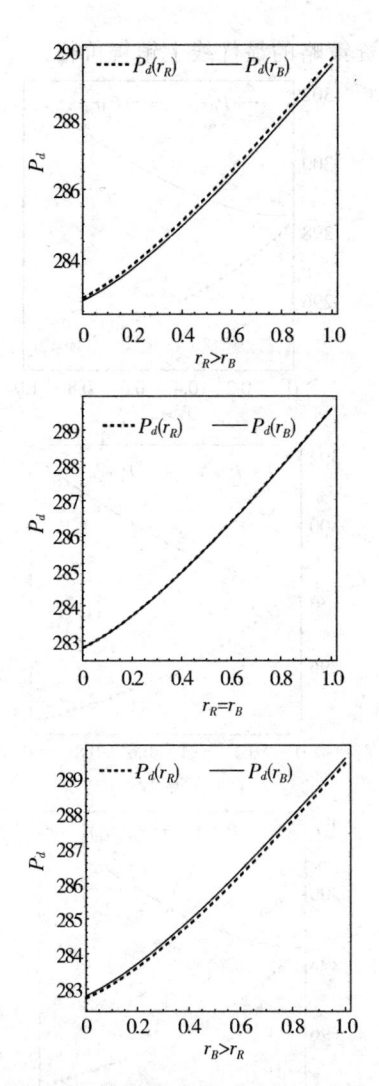

图 10-1 两种融资策略下双渠道供应链分散式决策 r_R 或 r_B 变化对最优线上销售价格的影响

由图 10-1 可知,不管是采用提前支付融资策略还是采用银行贷款融资策略,制造商的最优线上销售价格都随银行贷款利率 r_B 或批发价格折扣率 r_R 的增大而增大。在批发价格折扣率 r_R 大于银行贷款利率 r_B 时,采用提前支付融资策略的最优线上销售价格大于采用银行贷款融资策略的线上销售价格;当批发价格折扣率 r_R 等于银行贷款利率 r_B 时,采用提前支付融资策略的最优线上销售价格和采用银行贷款融资策略的最优线上销售价格非常接近;当批发价格折扣率 r_R 小于银行贷款利率 r_B 时,采用提前支付融资策略的最优线上销售价格小于采用银行贷款融资策略的最优线上销售价格。

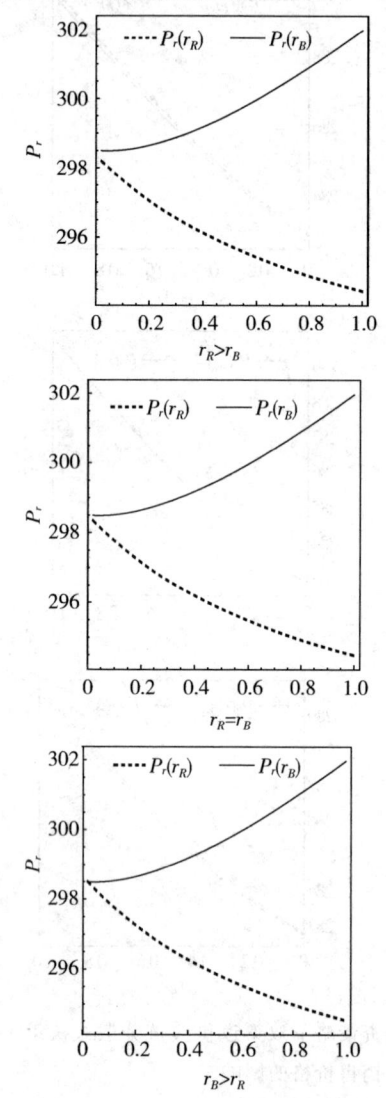

图 10-2 两种融资策略下双渠道供应链分散式决策时 r_R 或 r_B 变化对最优线下销售价格的影响

由图 10-2 可以看出,当采用提前支付融资策略时,零售商最优线下销售价格随提前支付融资策略的批发价格折扣率 r_R 的增大而减少;当采用银行贷款融资策略时,零售商最优线下销售价格随银行贷款利率 r_B 的增大而增大;无论批发价格折扣率 r_R 和银行贷款利率 r_B 如何变化,采用提前支付融资策略时零售商最优线下销售价格都小于采用银行贷款融资策略时零售商最优线下销售价格。

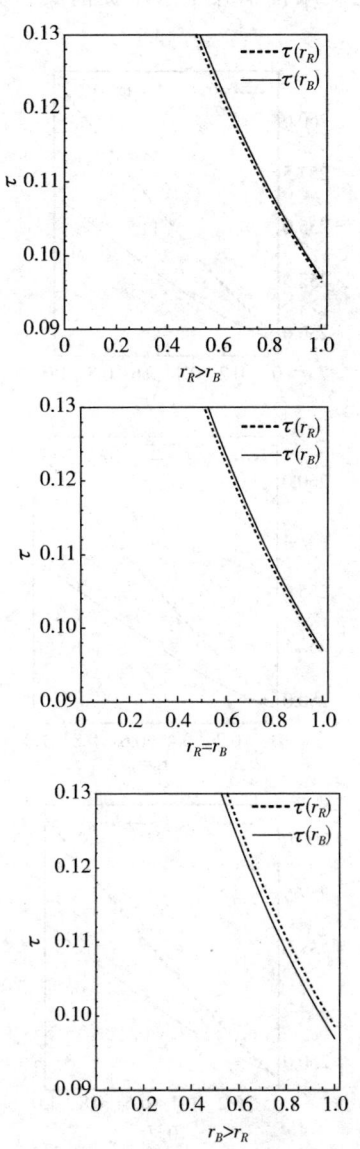

图 10-3 两种融资策略下双渠道供应链分散式决策时 r_R 或 r_B 变化对最优碳减排率的影响

由图 10-3 可知,不管是采用提前支付融资策略还是采用银行贷款融资策略,制造商的最优碳减排率都随银行贷款利率 r_B 或批发价格折扣率 r_R 的增大而减少。在银行贷款利率 r_B 大于或等于批发价格折扣率 r_R 时,采用银行贷款融资策略时制造商最优碳减排率小于采用提前支付融资策略的制造商最优碳减排率;当银行贷款利率 r_B 小于或等于批发价格折扣率 r_R 时,采用银行贷款融资策略时的制造商最优碳减排率大于采用提前支付融资策略时的制造商最优碳减排率。

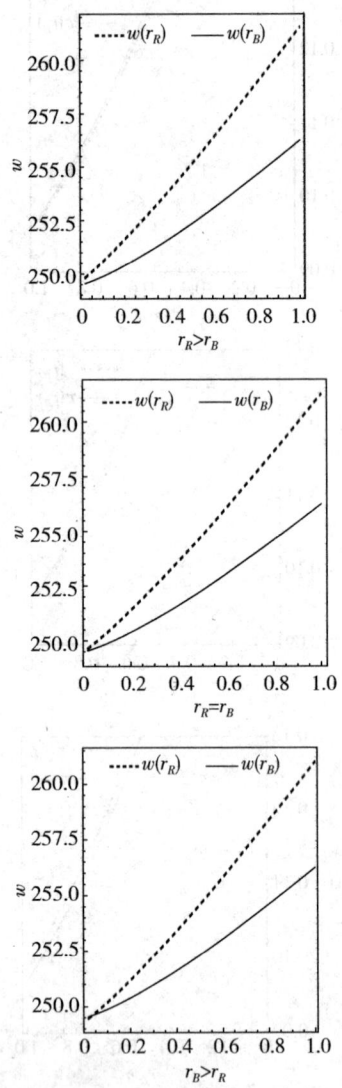

图 10-4 两种融资策略下双渠道供应链分散式决策时 r_R 或 r_B 变化对最优批发价格的影响

由图 10-4 可知,不管是采用提前支付融资策略还是采用银行贷款融资策略,制造商的最优批发价格都随批发价格折扣率 r_R 或银行贷款利率 r_B 的增大而增大;无论批发价格折扣率 r_R 和银行贷款利率 r_B 如何变化,采用提前支付融资策略时的制造商最优批发价格都大于采用银行贷款融资策略时的最优批发价格。

第 10 章 考虑制造商资金约束的双渠道供应链碳减排决策

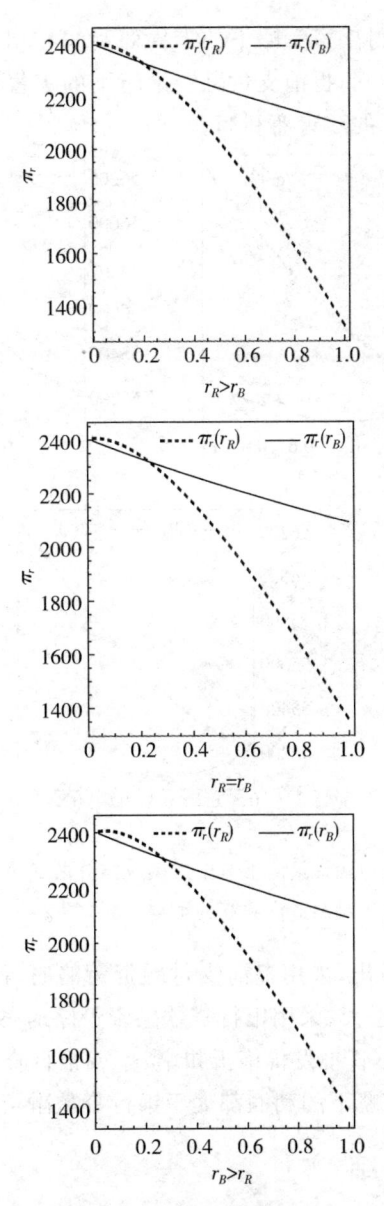

图 10 - 5 两种融资策略下双渠道供应链分散式决策
时 r_R 或 r_B 变化对零售商利润的影响

由图 10 - 5 可以看出,无论是提前支付融资策略还是银行贷款融资策略,零售商的利润都随提前支付融资策略的批发价格折扣率 r_R 或银行贷款利率 r_B 的增大而减少;在批发价格折扣率 r_R 或银行贷款利率 r_B 变动的区间内,采用提前支付融资策略的零售商利润曲线与采用银行贷款融资策略的零售商利润曲线存在交点,提前支付融资策略下的零售商利润在相交点左边大于银行贷款融资策略下的零售商利润,提前支付融资策略下的零售商利润在相交点右边小于银行贷款融资策略下的零售商利润。

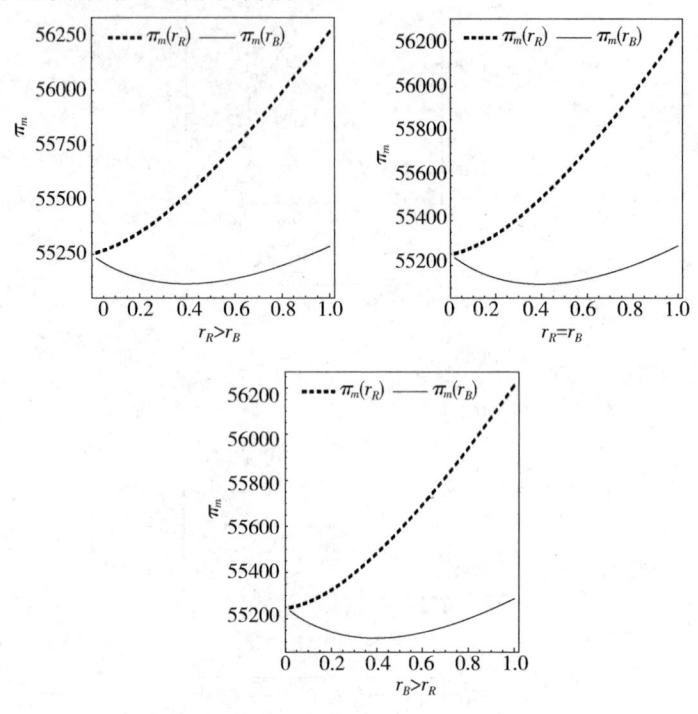

图 10-6 两种融资策略下双渠道供应链分散式决策时 r_R 或 r_B 变化对制造商利润的影响

由图 10-6 可以看出,采用提前支付融资策略时,制造商的利润随批发价格折扣率 r_R 的增大而增大;采用银行贷款融资策略时,制造商的利润银行贷款利率 r_B 成 U 形关系;不管批发价格折扣率 r_R 或银行贷款利率 r_B 如何变化,制造商在提前支付融资策略下的利润都大于银行贷款融资策略下的利润。

10.4 本章小结

考虑由一个零售商和一个制造商组成的双渠道供应链,本章研究了制造商资金约束时的双渠道供应链的最优定价、最优碳减排率以及融资策略的选择问题。针对制造商资金不足,本章首先分析了集中式决策下零售商提前支付融资策略与银行贷款融资策略下的最优决策,指出提前支付融资策略相当于无资金约束的模式,该融资策略下最优碳减排率和双渠道供应链利润要大于有资金约束时采用银行贷款融资策略的最优碳减排率和双渠道供应链利润;然后就分散式决策,分析了采用不同融资策略的双渠道供应链最优决策,并在两种融资策略下分别就批发价格折扣率与银行贷款利率的三种情况分析了批发价格折扣率或银行贷款利率变化对最优决策及双渠道供应链成员利润的影响。

研究结果表明:(1)采用提前支付融资策略时的零售商最优线下销售价格小于银行贷款融资策略的最优线下销售价格,而制造商在提前支付融资策略下的最优批发价格大于银行贷款融资策略下的最优批发价格;(2)无论是采用提前支付融资策略还是采用银行贷款融资策略,制造商的最优碳减排率都随批发价格折扣率或银行贷款利率的增大而减少,而制造商的最优线上销售价格都随批发价格折扣率或银行贷款利率的增大而增大;(3)无论批发价格折扣率或银行贷款利率如何变化,采用提前支付融资策略对制造商有利;(4)当批发价格折扣率或银行贷款利率较小时,采用提前支付融资策略对零售商有利,而当批发价格折扣率或银行贷款利率较大时,采用银行贷款融资策略对零售商有利。

此外,针对制造商资金短缺和融资困难,本章只考虑了提前支付融资策略和银行贷款融资策略,探讨其他更好的融资策略或者现实操作中其他融资策略对双渠道供应链定价及碳减排的影响将是后续需进一步研究的问题。

第六部分

闭环供应链碳减排决策篇

第 11 章 碳税政策下考虑消费者低碳偏好的闭环供应链碳减排策略

目前，不少学者从微观层面广泛而深入地研究了碳排放政策对行业、单个企业或供应链运作及碳减排决策的影响。Cheng 等（2007）研究了碳税政策对不同行业碳减排效果的影响；付丽苹和刘爱东（2012）通过建立政府与高碳企业间的委托—代理模型，指出设置科学合理的碳税政策有利于高碳排放行业实现碳排放的总量控制；Baker 和 Shittu（2006）研究了碳税政策对企业研发投入及碳减排决策的影响；熊中楷等（2014）研究了碳税和消费者环保意识对供应链碳排放的影响；Subramanian 等（2007）研究了在碳排放限额或碳交易政策约束下，采用三阶段博弈模型分析了生产商的应对策略。近年来，随着资源短缺、资源成本上升及环境保护意识的提高，碳排放政策下的闭环供应链逐渐成为研究热点。胡东滨等（2016）研究了基础产量碳配额分配对竞争性闭环供应链定价及回收影响；Fareeduddin 等（2015）分析了在三种不同的碳排放政策下闭环供应链系统的网络设计和物流运作，并找到了选址和运输模式、成本和碳排放间的均衡；邢光军等（2017）研究了碳交易政策下闭环供应链差别定价问题；王道平等（2017）针对碳限额与碳交易机制，考虑随机回收量且新产品与再制造品竞争时闭环供应链在分散式决策下的碳减排与差别定价策略；张杰芳和曹细玉（2018）研究了碳限额政策下闭环供应链的生产决策及协调问题。

从上述文献可知，现有的文献针对碳税政策下的闭环供应链运作策略的研究比较少，在碳税政策下考虑消费者低碳偏好及新产品与再制造品差别定价且相互竞争的研究比较缺乏，因此进行本章的研究很有必要。本章在碳税政策下，考虑消费者低碳偏好以及新产品与再制造产品差别定价且相互竞争，分别就制造商不实施碳减排和实施碳减排的情况，从集中化决策和分散化决策两个方面建立闭环供应链的利润模型，主要解决三个问题：(1)在碳税政策下，不实施碳减排和实施碳减排情形的闭环供应链如何进行产品定价、回收率及碳减排率的决策；(2)在碳税政策下如何实现不实施碳减排和实施碳减排情形的闭环供应链系统协调；(3)不实施碳减排和实施碳减排情形下碳税变化和市场竞争程度变化对新产品和再制造产品定价、回收率、碳减排率、闭环供应链利润的影响。

11.1 问题描述与相关假设

在由单个制造商和单个零售商构成的闭环供应链系统中,制造商负责新产品的生产以及废旧品的再制造,在质量和功能方面新产品和再制造产品存在一定的差异,但新产品和再制造品互为替代产品且在同一市场中存在基于价格的竞争,因此,制造商和零售商均对这两种产品进行差别定价。零售商从消费者手中回收废旧产品,并卖给制造商进行再制造。新产品生产和废旧产品的再制造都将产生一定的碳排放,政府对制造商的碳排放征收碳排放税,相关企业都是追求自身利益最大化的理性决策者,具体相关的符号及含义如表11-1所示。

表 11-1 相关符号及含义

符号	含义
e_i	生产单位产品碳排放量($i=1,2$ 其中 1 代表新产品,2 代表再制造产品)
c_i	单位产品的生产成本,$c_1>c_2$
p_i	单位产品的销售价格,$p_1>p_2$
w_i	单位产品的批发价格,$w_1>w_2$
λ	政府对制造商征收的单位碳排放税
τ	碳减排率,新产品碳减排技术资金投入满足:$C(\tau)=0.5\eta\tau^2$,η 为碳减排成本系数
β	再制造产品碳减排率与新产品碳减排率的比值,$0\leq\beta<1$,再制造产品碳减排技术资金投入为 $C(\beta\tau)=0.5\eta\beta^2\tau^2$
b_i	消费者低碳偏好中的产品低碳价值系数
Q_1	新产品的市场需求量或生产量,借鉴 Ferrer 和 Swaminathan(2010),Ferguson 和 Toktay(2006)的文献,设 $Q_1=D_0-\dfrac{p_1-p_2}{1-\theta}-b_1(1-\tau)e_1$,其中,$\theta$ 为新产品和再制造产品市场竞争程度,$\dfrac{1}{1-\theta}$ 为两种产品的交叉价格弹性,$0<\theta<1$,当 $\tau=0$ 时,需求量为新产品制造不实施碳减排的市场需求量或生产量。
Q_2	再制造产品的市场需求量或生产量,借鉴 Ferrer 和 Swaminathan(2010),Ferguson 和 Toktay(2006)的文献,设 $Q_2=\dfrac{\theta p_1-p_2}{\theta(1-\theta)}-b_2(1-\beta\tau)e_2$,当 $\tau=0$ 时,需求量为再制造产品不实施碳减排的市场需求量或生产量。
φ	产品的回收量率,取决于再制造品的市场需求量,借鉴邢光军和李培君(2017)的文献,这里 $\varphi=\dfrac{Q_2}{Q_1+Q_2}$

续　表

符号	含义
p_r	零售商回收单位废旧产品给予消费者的价格
p_m	零售商从制造商处获得的单位废旧产品价格

11.2　模型的构建与分析

11.2.1　制造商不实施碳减排时的闭环供应链模型

在制造商不进行碳减排时,零售商的利润 π_r^N、制造商的利润 π_m^N 和闭环供应链的利润 π_c^N 分别为

$$\pi_r^N = (p_1 - w_1)\left(D_0 - \frac{p_1 - p_2}{1-\theta} - b_1 e_1\right) + (p_2 - w_2 + p_m - p_r)\left[\frac{\theta p_1 - p_2}{\theta(1-\theta)} - b_2 e_2\right], \quad (11-1)$$

$$\pi_m^N = (w_1 - c_1 - \lambda e_1)\left(D_0 - \frac{p_1 - p_2}{1-\theta} - b_1 e_1\right) + (w_2 - c_2 - p_m - \lambda e_2) \cdot \left[\frac{\theta p_1 - p_2}{\theta(1-\theta)} - b_2 e_2\right], \quad (11-2)$$

$$\pi_c^N = (p_1 - c_1 - \lambda e_1)\left(D_0 - \frac{p_1 - p_2}{1-\theta} - b_1 e_1\right) + (p_2 - c_2 - \lambda e_2 - p_r) \cdot \left[\frac{\theta p_1 - p_2}{\theta(1-\theta)} - b_2 e_2\right]. \quad (11-3)$$

在集中式决策下分别求式(11-3)的二阶偏导数得到其 Hessian 矩阵为

$$H^N = \begin{vmatrix} \dfrac{\partial^2 \pi_C^N}{\partial p_1^2} & \dfrac{\partial^2 \pi_C^N}{\partial p_1 \partial p_2} \\ \dfrac{\partial^2 \pi_C^N}{\partial p_2 \partial p_1} & \dfrac{\partial^2 \pi_C^N}{\partial p_2^2} \end{vmatrix} = \begin{vmatrix} -\dfrac{2}{1-\theta} & \dfrac{2}{1-\theta} \\ \dfrac{2}{1-\theta} & -\dfrac{2}{\theta(1-\theta)} \end{vmatrix} = \dfrac{4}{\theta(1-\theta)} > 0.$$

由此可知闭环供应链存在最优解。对式(11-3)分别求关于 p_1 和 p_2 的偏导数并令其等于0,则有

$$\frac{\partial \pi_C^N}{\partial p_1} = D_0 - \frac{p_1 - p_2}{1-\theta} - b_1 e_1 - \frac{p_1 - c_1 - \lambda e_1}{1-\theta} + \frac{p_2 - c_2 - \lambda e_2 - p_r}{1-\theta} = 0, \quad (11-4)$$

$$\frac{\partial \pi_c^N}{\partial p_2} = \frac{p_1 - c_1 - \lambda e_1}{1-\theta} + \frac{\theta p_1 - p_2}{\theta(1-\theta)} - b_2 e_2 - \frac{p_2 - c_2 - \lambda e_2 - p_r}{\theta(1-\theta)} = 0. \quad (11-5)$$

由式(11-4)和式(11-5)可得新产品和再制造品存在价格竞争且消费者具有低碳偏好的情况下,闭环供应链新产品和再制造品的最优销售价格分别为

$$p_1^{N*} = \frac{D_0 + c_1 + \lambda e_1 - b_1 e_1 - \theta b_2 e_2}{2},$$

$$p_2^{N*} = \frac{\theta D_0 + c_2 + \lambda e_2 + p_r - \theta b_1 e_1 - \theta b_2 e_2}{2}。$$

进而可得制造商新产品和再制造产品的最优生产量分别为

$$Q_1^{N*} = \frac{D_0}{2} - \frac{c_1 - c_2 + \lambda(e_1 - e_2) + b_1 e_1(1-\theta)}{2(1-\theta)},$$

$$Q_2^{N*} = \frac{c_1\theta + \lambda e_1\theta - c_2 - \lambda e_2 - p_r - b_2 e_2\theta(1-\theta)}{2\theta(1-\theta)}。$$

由此可得集中式决策下最优回收率和闭环供应链的利润分别为

$$\varphi^{N*} = \frac{Q_2^{N*}}{Q_1^{N*} + Q_2^{N*}}$$

$$= \frac{c_1\theta + \lambda e_1\theta - c_2 - \lambda e_2 - p_r - b_2 e_2\theta(1-\theta)}{D_0(1-\theta) - c_2(1-\theta) - \lambda e_2(1-\theta) - b_1 e_1(1-\theta) - p_r + b_2 e_2\theta(1-\theta)},$$

$$\pi_c^{N*} = \frac{(D_0 - c_1 - \lambda e_1 - b_1 e_1 - \theta b_2 e_2)}{2} \cdot \left[\frac{D_0}{2} - \frac{c_1 - c_2 + \lambda(e_1 - e_2) + b_1 e_1(1-\theta)}{2(1-\theta)}\right] +$$

$$\frac{(\theta D_0 - c_2 - \lambda e_2 - p_r - \theta b_1 e_1 - \theta b_2 e_2)}{2} \cdot \frac{[c_1\theta + \lambda e_1\theta - c_2 - \lambda e_2 - p_r - b_2 e_2\theta(1-\theta)]}{2\theta(1-\theta)}。$$

定理 11-1 在不实施碳减排的情况下,新产品和再制造品的市场销售价格随着单位产品所征收碳税的增加而增加;新产品的生产量随着单位产品所征收碳税的增加而减少,再制造品的生产量是否随着单位产品所征收碳税的增加或减少取决于新产品和再制造品的碳排放量及其市场竞争程度。

证明:因为 $\dfrac{\partial p_1^{N*}}{\partial \lambda} = \dfrac{e_1}{2} > 0$,$\dfrac{\partial p_2^{N*}}{\partial \lambda} = \dfrac{e_2}{2} > 0$,所以新产品和再制造品的市场销售价格随着单位产品所征收碳税的增加而增加。

因为 $\dfrac{\partial Q_1^{N*}}{\partial \lambda} = -\dfrac{e_1 - e_2}{2(1-\theta)} < 0$,所以新产品的生产量随着单位产品所征收碳税的增加而减少。

因为 $\dfrac{\partial Q_2^{N*}}{\partial \lambda} = \dfrac{e_1\theta - e_2}{2\theta(1-\theta)}$,又 θ 为新产品和再制造产品的市场竞争程度,且 $0 < \theta < 1$,所以当生产新产品的单位碳排放量越大,新产品和再制造品的市场竞争越激烈,且满足 $e_1\theta > e_2$ 时,再制造品的生产量也会随着单位产品所征收碳税的增加而增加;否则随着单位产品所征收碳税的增加再制造品的生产量将减少或者不变。

定理 11-2 在不实施碳减排的情况下,闭环供应链的利润随着单位产品所征收碳税的增加而减少。

第11章 碳税政策下考虑消费者低碳偏好的闭环供应链碳减排策略

证明:由于

$$\frac{\partial \pi_C^N}{\partial \lambda} = -\frac{e_1}{2}Q_1^{N*} - \frac{e_2}{2}Q_2^{N*} - \frac{(e_1-e_2)(D_0-c_1-\lambda e_1-b_1e_1-\theta b_2e_2)}{4(1-\theta)} +$$

$$\frac{(e_1\theta-e_2)(\theta D_0-c_2-\lambda e_2-p_r-\theta b_1e_1-\theta b_2e_2)}{4\theta(1-\theta)}$$

$$= -\frac{e_1}{2}Q_1^{N*} - e_2Q_2^{N*} - \frac{e_1[2(1-\theta)Q_1^{N*}+p_r]}{4(1-\theta)},$$

又 $Q_1^{N*}>0, Q_2^{N*}>0, p_r>0$,由此可得 $\frac{\partial \pi_C^N}{\partial \lambda}<0$,可知结论成立。

在分散式决策下,对式(11-1)分别求关于 p_1 和 p_2 的偏导数并令其等于 0,则有

$$\frac{\partial \pi_r^N}{\partial p_1} = D_0 - \frac{p_1-p_2}{1-\theta} - b_1e_1 - \frac{p_1-w_1}{1-\theta} + \frac{p_2-w_2+p_m-p_r}{1-\theta} = 0, \quad (11-6)$$

$$\frac{\partial \pi_r^N}{\partial p_2} = \frac{p_1-w_1}{1-\theta} + \frac{\theta p_1-p_2}{\theta(1-\theta)} - b_2e_2 - \frac{p_2-w_2+p_m-p_r}{\theta(1-\theta)} = 0。 \quad (11-7)$$

由式(11-6)和式(11-7)可得

$$p_1 = \frac{D_0+w_1-b_1e_1-\theta b_2e_2}{2}, \quad (11-8)$$

$$p_2 = \frac{D_0\theta+w_2-b_1e_1\theta-\theta b_2e_2-p_m+p_r}{2}。 \quad (11-9)$$

将式(11-8)和式(11-9)代入式(11-2)可得

$$\pi_m^N = (w_1-c_1-\lambda e_1)\left[\frac{D_0}{2} - \frac{w_1-w_2+b_1e_1(1-\theta)+p_m-p_r}{2(1-\theta)}\right] +$$

$$(w_2-c_2-p_m-\lambda e_2)\frac{[\theta w_1-w_2-b_2e_2\theta(1-\theta)+p_m-p_r]}{2\theta(1-\theta)}。$$

$$(11-10)$$

对式(11-10)分别求关于 w_1 和 w_2 的偏导数并令其等于 0,则有

$$\frac{\partial \pi_m^N}{\partial w_1} = \frac{D_0}{2} - \frac{w_1-w_2+b_1e_1(1-\theta)+p_m-p_r}{2(1-\theta)} - \frac{w_1-c_1-\lambda e_1}{2(1-\theta)} +$$

$$\frac{w_2-c_2-p_m-\lambda e_2}{2(1-\theta)} = 0, \quad (11-11)$$

$$\frac{\partial \pi_m^N}{\partial w_2} = \frac{w_1-c_1-\lambda e_1}{2(1-\theta)} - \frac{w_2-c_2-p_m-\lambda e_2}{2\theta(1-\theta)} + \frac{\theta w_1-w_2-b_2e_2\theta(1-\theta)+p_m-p_r}{2\theta(1-\theta)} = 0。$$

$$(11-12)$$

由式(11-11)和式(11-12)可得

$$w_1^{N\#} = \frac{D_0 + c_1 + \lambda e_1 - b_1 e_1 - b_2 e_2 \theta}{2}, \tag{11-13}$$

$$w_2^{N\#} = \frac{D_0\theta + c_2 + \lambda e_2 + 2p_m - p_r - b_1 e_1 \theta - b_2 e_2 \theta}{2}. \tag{11-14}$$

将式(11-13)代入式(11-8),可得不实施碳减排时分散式决策下零售商新产品的最优销售价格为

$$p_1^{N\#} = \frac{3D_0 + c_1 + \lambda e_1 - 3b_1 e_1 - 3\theta b_2 e_2}{4}. \tag{11-15}$$

将式(11-14)代入式(11-9),可得不实施碳减排时分散式决策下零售商再制造产品的最优销售价格为

$$p_2^{N\#} = \frac{3D_0\theta + p_r + c_2 + \lambda e_2 - 3b_1 e_1 \theta - 3\theta b_2 e_2}{4}. \tag{11-16}$$

进而可得分散式决策线下新产品和再制造品的最优销售量分别为

$$Q_1^{N\#} = \frac{D_0}{4} - \frac{c_1 - c_2 + \lambda(e_1 - e_2) + b_1 e_1(1-\theta) - p_r}{4(1-\theta)},$$

$$Q_2^{N\#} = \frac{c_1\theta - c_2 + \lambda\theta e_1 - \lambda e_2 - p_r - \theta(1-\theta)b_2 e_2}{4\theta(1-\theta)}.$$

从而可得分散式决策下闭环供应链的利润为

$$\pi_c^{N\#} = \frac{(3D_0 - 3c_1 - 3\lambda e_1 - 3b_1 e_1 - 3\theta b_2 e_2)}{4} \cdot$$

$$\left[\frac{D_0}{4} - \frac{c_1 - c_2 + \lambda(e_1-e_2) + b_1 e_1(1-\theta) - p_r}{4(1-\theta)}\right] +$$

$$\frac{(3\theta D_0 - 3c_2 - 3\lambda e_2 - 3p_r - 3\theta b_1 e_1 - 3\theta b_2 e_2)}{4} \cdot$$

$$\frac{[c_1\theta - c_2 + \lambda\theta e_1 - \lambda e_2 - p_r + \theta b_2 e_2(1-\theta)]}{4\theta(1-\theta)}.$$

定理 11-3 在不实施碳减排的情况下采用两部定价合同能够实现闭环供应链协调。

证明：为了实现闭环供应链协调,采用两部定价合同(w_1, w_2, f),即在制造商给予零售商新产品和再制造品的批发价格分别为w_1和w_2的情况下,制造商从零售商那里获得一笔固定支付费用f,则两部定价合同机制下制造商和零售商的利润分别为

$$\pi_m^{NT} = (w_1 - c_1 - \lambda e_1)\left(D_0 - \frac{p_1 - p_2}{1-\theta} - b_1 e_1\right) + (w_2 - c_2 - p_m - \lambda e_2) \cdot$$

$$\left[\frac{\theta p_1 - p_2}{\theta(1-\theta)} - b_2 e_2\right] + f, \tag{11-17}$$

第 11 章 碳税政策下考虑消费者低碳偏好的闭环供应链碳减排策略

$$\pi_r^{NT} = (p_1 - w_1)\left(D_0 - \frac{p_1 - p_2}{1-\theta} - b_1 e_1\right) + (p_2 - w_2 + p_m - p_r) \cdot$$
$$\left[\frac{\theta p_1 - p_2}{\theta(1-\theta)} - b_2 e_2\right] - f_\circ \tag{11-18}$$

设从零售商利润中转移给制造商的固定收益 f 大于一个确定值 δ，因而有

$$f = (p_1 - w_1)\left(D_0 - \frac{p_1 - p_2}{1-\theta} - b_1 e_1\right) + (p_2 - w_2 + p_m - p_r)\left[\frac{\theta p_1 - p_2}{\theta(1-\theta)} - b_2 e_2\right] - \delta_\circ \tag{11-19}$$

将式(11-19)代入式(11-17)，可知制造商采用两部定价合同最大化利润为

$$\pi_m^{NT} = (p_1 - c_1 - \lambda e_1)\left(D_0 - \frac{p_1 - p_2}{1-\theta} - b_1 e_1\right) + (p_2 - c_2 - p_r - \lambda e_2) \cdot$$
$$\left[\frac{\theta p_1 - p_2}{\theta(1-\theta)} - b_2 e_2\right] - \delta,$$

$$\text{s.t.} \begin{cases} \dfrac{\partial \pi_r^N}{\partial p_1} = D_0 - \dfrac{p_1 - p_2}{1-\theta} - b_1 e_1 - \dfrac{p_1 - w_1}{1-\theta} + \dfrac{p_2 - w_2 + p_m - p_r}{1-\theta} = 0, \\ \dfrac{\partial \pi_r^N}{\partial p_2} = \dfrac{p_1 - w_1}{1-\theta} + \dfrac{\theta p_1 - p_2}{\theta(1-\theta)} - b_2 e_2 - \dfrac{p_2 - w_2 + p_m - p_r}{\theta(1-\theta)} = 0_\circ \end{cases}$$

$$\tag{11-20}$$

由式(11-20)可得，当 $w_1^{NT} = c_1 + \lambda e_1$, $w_2^{NT} = c_2 + \lambda e_2 + p_m$ 时，分散式供应链和集中式供应链的销售价格一致，闭环供应链因而能够实现协调。

11.2.2 制造商实施碳减排时的闭环供应链模型

在制造商实施碳减排时，零售商的利润 π_r^R、制造商的利润 π_m^R 和闭环供应链的利润 π_C^R 分别为

$$\pi_r^R = (p_1 - w_1)\left[D_0 - \frac{p_1 - p_2}{1-\theta} - b_1(1-\tau)e_1\right] + (p_2 - w_2 + p_m - p_r) \cdot$$
$$\left[\frac{\theta p_1 - p_2}{\theta(1-\theta)} - b_2(1-\beta\tau)e_2\right], \tag{11-21}$$

$$\pi_m^R = [w_1 - c_1 - \lambda(1-\tau)e_1]\left[D_0 - \frac{p_1 - p_2}{1-\theta} - b_1(1-\tau)e_1\right] + [w_2 - c_2 - \lambda(1-\beta\tau)e_2 - p_m]\left[\frac{\theta p_1 - p_2}{\theta(1-\theta)} - b_2(1-\beta\tau)e_2\right] - \frac{\eta\tau^2}{2} - \frac{\eta\beta^2\tau^2}{2},$$

$$\tag{11-22}$$

$$\pi_c^R = [p_1 - c_1 - \lambda(1-\tau)e_1]\left[D_0 - \frac{p_1 - p_2}{1-\theta} - b_1(1-\tau)e_1\right] + [p_2 - c_2 -$$

$$[\lambda(1-\beta\tau)e_2-p_r]\left[\frac{\theta p_1-p_2}{\theta(1-\theta)}-b_2(1-\beta\tau)e_2\right]-\frac{\eta\tau^2}{2}-\frac{\eta\beta^2\tau^2}{2}。$$

(11 - 23)

在集中式决策下分别求式(11 - 23)的二阶偏导数得到其 Hessian 矩阵为

$$H^R = \begin{vmatrix} \frac{\partial^2 \pi_c^R}{\partial p_1^2} & \frac{\partial^2 \pi_c^R}{\partial p_1 \partial p_2} & \frac{\partial^2 \pi_c^R}{\partial p_1 \partial \tau} \\ \frac{\partial^2 \pi_c^R}{\partial p_2 \partial p_1} & \frac{\partial^2 \pi_c^R}{\partial p_2^2} & \frac{\partial^2 \pi_c^R}{\partial p_2 \partial \tau} \\ \frac{\partial^2 \pi_c^R}{\partial t \partial p_1} & \frac{\partial^2 \pi_c^R}{\partial t \partial p_1} & \frac{\partial^2 \pi_c^R}{\partial \tau^2} \end{vmatrix} = \frac{4[2\lambda b_1 e_1^2 + 2\lambda\beta^2 b_2 e_2^2 - \eta(1+\beta^2)]}{\theta(1-\theta)} +$$

$$\frac{2[\beta b_2 e_2(1-\theta)+\theta\lambda e_1-\lambda\beta e_2]^2}{\theta^2(1-\theta)^3} + \frac{2[b_1 e_1(1-\theta)-\lambda e_1+\lambda\beta e_2]^2}{\theta(1-\theta)^3} +$$

$$\frac{4[b_1 e_1(1-\theta)-\lambda e_1+\lambda\beta e_2][\beta b_2 e_2(1-\theta)+\theta\lambda e_1-\lambda\beta e_2]}{\theta(1-\theta)^3} > 0。$$

由此可知,在实施碳减排的情况下,闭环供应链存在最优解。对式(11 - 23)分别求关于 p_1, p_2 和 τ 的一阶偏导数并令其等于 0,则有

$$\frac{\partial \pi_C^R}{\partial p_1} = D_0 - \frac{p_1-p_2}{1-\theta} - b_1(1-\tau)e_1 - \frac{p_1-c_1-\lambda(1-\tau)e_1}{1-\theta} +$$

$$\frac{p_2-c_2-\lambda(1-\beta\tau)e_2-p_r}{1-\theta} = 0,$$

(11 - 24)

$$\frac{\partial \pi_C^R}{\partial p_2} = \frac{p_1-c_1-\lambda(1-\tau)e_1}{1-\theta} + \frac{\theta p_1-p_2}{\theta(1-\theta)} - b_2(1-\beta\tau)e_2 -$$

$$\frac{p_2-c_2-\lambda(1-\beta\tau)e_2-p_r}{\theta(1-\theta)} = 0,$$

(11 - 25)

$$\frac{\partial \pi_c^R}{\partial \tau} = \lambda e_1\left[D_0 - \frac{p_1-p_2}{1-\theta}-b_1(1-\tau)e_1\right] + b_1 e_1[p_1-c_1-\lambda(1-\tau)e_1] +$$

$$\lambda\beta e_2\left[\frac{\theta p_1-p_2}{\theta(1-\theta)}-b_2(1-\beta\tau)e_2\right] + b_2\beta e_2[p_2-c_2-\lambda(1-\beta\tau)e_2-p_r]$$

$$-\eta\tau-\eta\beta^2\tau = 0。$$

(11 - 26)

由式(11 - 24)、式(11 - 25)可得

$$p_1 = \frac{D_0+c_1+\lambda e_1-b_1 e_1-\theta b_2 e_2+(b_1 e_1-\lambda e_1+\beta\theta b_2 e_2)\tau}{2},$$

(11 - 27)

$$p_2 = \frac{\theta D_0+c_2+\lambda e_2+p_r-\theta b_1 e_1-\theta b_2 e_2+(\beta\theta b_2 e_2+\theta b_1 e_1-\lambda\beta e_2)\tau}{2}。$$

(11 - 28)

将式(11 - 27)和式(11 - 28)代入式(11 - 26),可得实施碳减排情况下集中

第11章 碳税政策下考虑消费者低碳偏好的闭环供应链碳减排策略

式决策时闭环供应链的最优碳减排率为

$$\tau^{R*} = \frac{\lambda e_1 \theta A_2 + \theta(1-\theta) b_1 e_1 B_2 + \lambda \beta e_2 M_2 + b_2 e_2 \beta \theta(1-\theta) N_2}{2\theta(1-\theta)(1+\beta^2)\eta + \lambda \beta e_2 A_1 - \lambda e_1 \theta B_1 - b_1 e_1 \theta(1-\theta) M_1 - b_2 e_2 \beta \theta(1-\theta) N_1}。$$

(11 - 29)

这里 $A_1 = \lambda e_1 \theta - \beta b_2 e_2 \theta(1-\theta) - \lambda \beta e_2$, $B_1 = b_1 e_1(1-\theta) + \lambda e_1 - \lambda e_2$,
$M_1 = b_1 e_1 + \lambda e_1 + \beta b_2 e_2 \theta$, $N_1 = b_1 e_1 \theta + \lambda \beta e_2 + \beta b_2 e_2 \theta$,
$A_2 = D_0(1-\theta) - c_1 + c_2 + p_r - \lambda e_1 + \lambda e_2 + b_1 e_1(1-\theta)$,
$B_2 = D_0 - c_1 - \lambda e_1 - b_1 e_1 - b_2 e_2 \theta$,
$M_2 = \theta c_1 - c_2 - p_r + \lambda e_1 \theta - \lambda e_2 - b_2 e_2 \theta(1-\theta)$,
$N_2 = D_0 \theta - c_2 - p_r - \lambda e_2 - b_1 e_1 \theta - b_2 e_2 \theta$。

由此得到新产品和再制造品的最优销售价格分别为

$$p_1^{R*} = \frac{D_0 + c_1 + \lambda e_1 - b_1 e_1 - \theta b_2 e_2 + (b_1 e_1 - \lambda e_1 + \beta \theta b_2 e_2)\tau^{R*}}{2},$$

$$p_2^{R*} = \frac{\theta D_0 + c_2 + \lambda e_2 + p_r - \theta b_1 e_1 - \theta b_2 e_2 + (\beta \theta b_2 e_2 + \theta b_1 e_1 - \lambda \beta e_2)\tau^{R*}}{2}。$$

进而可得新产品和再制造品的最优生产量及最优回收率分别为

$$Q_1^{R*} = \frac{D_0}{2} + \frac{-c_1 + c_2 - \lambda(e_1 - e_2) - b_1 e_1(1-\theta) + [\lambda e_1 + b_1 e_1(1-\theta) - \lambda \beta e_2]\tau^{R*}}{2(1-\theta)},$$

$$Q_2^{R*} = \frac{c_1 \theta + \lambda e_1 \theta - c_2 - \lambda e_2 - p_r - b_2 e_2 \theta(1-\theta) + [\lambda \beta e_2 - \lambda e_1 \theta + b_2 e_2 \beta \theta(1-\theta)]\tau^{R*}}{2\theta(1-\theta)},$$

$$\varphi^{R*} = \frac{[c_1 \theta + \lambda e_1 \theta - c_2 - \lambda e_2 - p_r - b_2 e_2 \theta(1-\theta)]\theta + [\lambda \beta e_2 - \lambda e_1 \theta + b_2 e_2 \beta \theta(1-\theta)]\theta \tau^{R*}}{-(c_2 + \lambda e_2)(1-\theta) - (b_1 e_1 + b_2 e_2)\theta(1-\theta) - p_r + (\lambda \beta e_2 + b_1 e_1 + b_2 e_2 \beta)(1-\theta)(1-\theta)\tau^{R*}}。$$

从而可得集中式决策下闭环供应链的利润为

$$\pi_c^R = [p_1^{R*} - c_1 - \lambda(1-\tau^{R*})e_1]Q_1^{R*} + [p_2^{R*} - c_2 - \lambda(1-\beta\tau^{R*})e_2 - p_r] \cdot Q_2^{R*} - \frac{\eta \tau^{R*2}}{2} - \frac{\eta \beta^2 \tau^{R*2}}{2}。$$

在分散式决策下,对式(11 - 21)分别求关于 p_1 和 p_2 的一阶偏导数并令其等于 0,则有

$$\frac{\partial \pi_r^R}{\partial p_1} = D_0 - \frac{p_1 - p_2}{1-\theta} - b_1(1-\tau)e_1 - \frac{p_1 - w_1}{1-\theta} + \frac{p_2 - w_2 + p_m - p_r}{1-\theta} = 0,$$

(11 - 30)

$$\frac{\partial \pi_r^R}{\partial p_2} = \frac{p_1 - w_1}{1-\theta} + \frac{\theta p_1 - p_2}{\theta(1-\theta)} - b_2(1-\beta\tau)e_2 - \frac{p_2 - w_2 + p_m - p_r}{\theta(1-\theta)} = 0。$$

(11 - 31)

由式(11 - 30)和式(11 - 31)可得

$$p_1 = \frac{D_0 + w_1 - b_1 e_1(1-\tau) - \theta b_2 e_2(1-\beta\tau)}{2}, \tag{11-32}$$

$$p_2 = \frac{D_0\theta + w_2 - b_1 e_1 \theta(1-\tau) - \theta b_2 e_2(1-\beta\tau) - p_m + p_r}{2}. \tag{11-33}$$

将式(11-32)和式(11-33)代入式(11-22)可得

$$\pi_m^R = [w_1 - c_1 - \lambda(1-\tau)e_1]\left[\frac{D_0}{2} - \frac{w_1 - w_2 + b_1 e_1(1-\tau)(1-\theta) + p_m - p_r}{2(1-\theta)}\right] +$$

$$[w_2 - c_2 - p_m - \lambda(1-\beta\tau)e_2]\frac{[\theta w_1 - w_2 - b_2 e_2 \theta(1-\theta)(1-\beta\tau) + p_m - p_r]}{2\theta(1-\theta)} -$$

$$\frac{\eta\tau^2}{2} - \frac{\eta\beta^2\tau^2}{2}. \tag{11-34}$$

对式(11-34)分别求关于 w_1, w_2 和 τ 的一阶偏导数并令其等于 0,则有

$$\frac{\partial \pi_m^R}{\partial w_1} = \frac{D_0}{2} - \frac{w_1 - w_2 + b_1 e_1(1-\theta)(1-\tau) + p_m - p_r}{2(1-\theta)} - \frac{w_1 - c_1 - \lambda(1-\tau)e_1}{2(1-\theta)}$$

$$+ \frac{w_2 - c_2 - p_m - \lambda(1-\beta\tau)e_2}{2(1-\theta)} = 0, \tag{11-35}$$

$$\frac{\partial \pi_m^R}{\partial w_2} = \frac{w_1 - c_1 - \lambda(1-\tau)e_1}{2(1-\theta)} + \frac{\theta w_1 - w_2 - b_2 e_2 \theta(1-\theta)(1-\beta\tau) + p_m - p_r}{2\theta(1-\theta)} -$$

$$\frac{w_2 - c_2 - p_m - \lambda(1-\beta\tau)e_2}{2\theta(1-\theta)} = 0, \tag{11-36}$$

$$\frac{\partial \pi_m^R}{\partial \tau} = \lambda e_1\left[\frac{D_0}{2} - \frac{w_1 - w_2 + b_1 e_1(1-\theta)(1-\tau) + p_m - p_r}{2(1-\theta)}\right] +$$

$$\frac{b_1 e_1(1-\theta)[w_1 - c_1 - \lambda(1-\tau)e_1]}{2(1-\theta)} +$$

$$\lambda\beta e_2 \cdot \frac{[\theta w_1 - w_2 - b_2 e_2 \theta(1-\theta)(1-\beta\tau) + p_m - p_r]}{2\theta(1-\theta)} +$$

$$\frac{b_2 e_2 \theta(1-\theta)\beta[w_2 - c_2 - p_m - \lambda(1-\beta\tau)e_2]}{2\theta(1-\theta)} - \eta\tau - \eta\beta^2\tau = 0. \tag{11-37}$$

由式(11-35)、式(11-36)可得制造商实施碳减排时分散式决策下批发价格分别为

$$w_1^R = \frac{D_0 + c_1 + \lambda e_1(1-\tau) - b_1 e_1(1-\tau) - b_2 e_2 \theta(1-\beta\tau)}{2}, \tag{11-38}$$

$$w_2^R = \frac{D_0\theta + c_2 + \lambda(1-\beta\tau)e_2 + 2p_m - p_r - b_1 e_1 \theta(1-\tau) - b_2 e_2 \theta(1-\beta\tau)}{2}. \tag{11-39}$$

第 11 章 碳税政策下考虑消费者低碳偏好的闭环供应链碳减排策略

将式(11-38)和式(11-39)代入式(11-37),可得制造商实施碳减排时分散式决策下的最优碳减排率为

$$\tau^{R\#} = \frac{\lambda e_1 \theta A_2 + b_1 e_1 \theta (1-\theta) B_2 + \lambda \beta e_2 M_2 + b_2 e_2 \beta \theta (1-\theta) N_2}{4\theta(1-\theta)\eta(1+\beta^2) + \lambda \beta e_2 A_1 - \lambda e_1 \theta B_1 - b_1 e_1 \theta (1-\theta) M_1 - b_2 e_2 \beta (1-\theta) N_1}。$$

由此可得制造商实施碳减排时分散式决策下最优批发价格分别为

$$w_1^{R\#} = \frac{D_0 + c_1 + \lambda e_1 (1-\tau^{R\#}) - b_1 e_1 (1-\tau^{R\#}) - b_2 e_2 \theta (1-\beta \tau^{R\#})}{2},$$

$$w_2^{R\#} = \frac{D_0 \theta + c_2 + \lambda (1-\beta \tau^{R\#}) e_2 + 2p_m - p_r - b_1 e_1 \theta (1-\tau^{R\#}) - b_2 e_2 \theta (1-\beta \tau^{R\#})}{2}。$$

进而可得制造商实施碳减排时分散式决策下最优销售价格分别为

$$p_1^{R\#} = \frac{D_0 + w_1^{R\#} - b_1 e_1 (1-\tau^{R\#}) - \theta b_2 e_2 (1-\beta \tau^{R\#})}{2},$$

$$p_2^{R\#} = \frac{D_0 \theta + w_2^{R\#} - b_1 e_1 \theta (1-\tau^{R\#}) - \theta b_2 e_2 (1-\beta \tau^{R\#}) - p_m + p_r}{2}。$$

定理 11-4 在实施碳减排的情况下采用两部定价合同能够实现闭环供应链协调。

证明:为了实现闭环供应链协调,采用两部定价合同(w_1, w_2, f),在制造商给予零售商新产品和再制造品批发价格分别为 w_1 和 w_2 的情况下,制造商从零售商那里获得一笔固定支付费用 f,则两部定价合同机制下制造商和零售商的利润分别为

$$\pi_m^{RT} = [w_1 - c_1 - \lambda(1-\tau e_1)]\left[D_0 - \frac{p_1 - p_2}{1-\theta} - b_1(1-\tau)e_1\right] + [w_2 - c_2 - p_m$$

$$-\lambda(1-\beta\tau)e_2]\left[\frac{\theta p_1 - p_2}{\theta(1-\theta)} - b_2(1-\beta\tau)e_2\right] - \frac{\eta \tau^2}{2} - \frac{\eta \beta^2 \tau^2}{2} + f,$$

$$(11-40)$$

$$\pi_r^R = (p_1 - w_1)\left[D_0 - \frac{p_1 - p_2}{1-\theta} - b_1(1-\tau)e_1\right] + (p_2 - w_2 + p_m - p_r) \cdot$$

$$\left[\frac{\theta p_1 - p_2}{\theta(1-\theta)} - b_2(1-\beta\tau)e_2\right] - f。 \quad (11-41)$$

设从零售商利润中转移给制造商的固定收益 f 大于一个确定值 δ,因而有

$$f = (p_1 - w_1)\left[D_0 - \frac{p_1 - p_2}{1-\theta} - b_1(1-\tau)e_1\right] + (p_2 - w_2 + p_m - p_r) \cdot$$

$$\left[\frac{\theta p_1 - p_2}{\theta(1-\theta)} - b_2(1-\beta\tau)e_2\right] - \delta。 \quad (11-42)$$

将式(11-42)代入式(11-40),可得制造商采用两部定价合同最大化利

润为

$$\pi_m^{RT} = [p_1 - c_1 - \lambda(1-\tau)e_1]\left[D_0 - \frac{p_1-p_2}{1-\theta} - b_1(1-\tau)e_1\right] + [p_2 - c_2 - p_r$$
$$- \lambda(1-\beta\tau)e_2]\left[\frac{\theta p_1 - p_2}{\theta(1-\theta)} - b_2(1-\beta\tau)e_2\right] - \frac{\eta\tau^2}{2} - \frac{\eta\beta^2\tau^2}{2} - \delta,$$

$$s.t \begin{cases} \dfrac{\partial \pi_r^R}{\partial p_1} = D_0 - \dfrac{p_1-p_2}{1-\theta} - b_1(1-\tau)e_1 - \dfrac{p_1-w_1}{1-\theta} + \dfrac{p_2-w_2+p_m-p_r}{1-\theta} = 0, \\ \dfrac{\partial \pi_r^R}{\partial p_2} = \dfrac{p_1-w_1}{1-\theta} + \dfrac{\theta p_1-p_2}{\theta(1-\theta)} - b_2(1-\beta\tau)e_2 - \dfrac{p_2-w_2+p_m-p_r}{\theta(1-\theta)} = 0. \end{cases}$$

(11-43)

由式(11-43)可知，当 $w_1^{RT}=c_1+\lambda(1-\tau)e_1$，$w_2^{RT}=c_2+\lambda(1-\beta\tau)e_2+p_m$ 时，分散式供应链的销售价格、碳减排率和集中式供应链的销售价格、碳减排率一致，从而能够实现闭环供应链协调。

11.3 数值计算与分析

考虑由制造商、零售商和消费者构成的一个闭环供应链系统，假设 $D_0=1000, c_1=40, c_2=10, e_1=5, e_2=2, \lambda=1, \theta=0.7, p_r=5, b_1=10, b_2=8, \beta=0.6, \eta=60000, p_m=7$，则不同情形下最优结果如表 11-2 所示。

表 11-2 不同情形下最优的生产决策

		w_1	w_2	p_1	p_2	q_1	q_2	φ	π	τ
不实施碳减排	分散	491.90	337.40	715.35	494.60	215	14	0.061	1.45	—
	集中	—	—	491.90	335.40	420	27	0.060	1.96	—
	协调	45	19	491.90	335.40	420	27	0.060	1.96	—
实施碳减排	分散	496.36	340.90	722.47	499.95	217	13	0.056	1.52	0.17
	集中	—	—	500.93	342.47	431	26	0.057	2.00	0.35
	协调	43.25	18.58	500.93	342.47	431	26	0.057	2.00	0.35

注：小数点后四舍五入保留两位小数，利润需要乘 10^5。

由表 11-2 可知，无论是否实施碳减排，集中化决策时最优的新产品价格和再制造产品价格小于分散化决策的最优值，而新产品产量、再制造产品产量以及系统利润大于分散化决策时的最优值；二部定价契约可以实现闭环供应链系统的协调；与不实施碳减排相比，实施碳减排情形下新产品和再制造产品的销售价格、新产品产量、系统利润更高，但新产品和再制造产品的批发价格、再

第11章 碳税政策下考虑消费者低碳偏好的闭环供应链碳减排策略

制造产品产量和回收率更低。定理11-3和定理11-4得到验证。

进一步分析碳税 λ、新产品和再制造产品市场竞争程度 θ 对销售价格、回收率、碳减排率、闭环供应链利润的影响,通过数值分析得图11-1～图11-10。

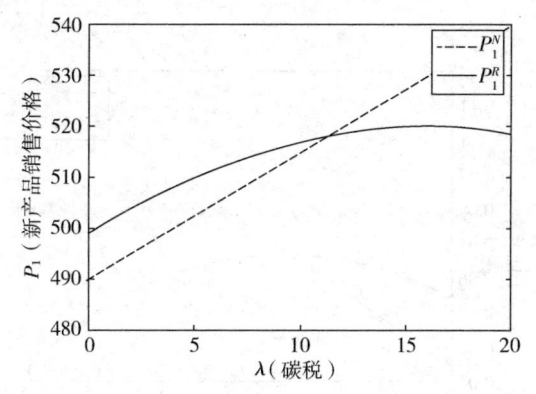

图 11-1 碳税对新产品销售价格的影响

由图11-1可知,在其他参数不变的情况下,随着碳税的增加,在不实施碳减排情形下新产品销售价格增加,但在实施碳减排时新产品销售价格则呈现先增加后降低的现象;至于实施碳减排时和不实施碳减排时新产品销售价格的大小,取决于碳税等参数的大小,因为当碳税较低且增加时,实施碳减排的新产品需要研发投入或者购买碳减排技术,成本增加,新产品销售价格较高,但当碳税超过一定值且增加过程中,实施碳减排时低碳偏好者产品需求量较高,以至于单位新产品的边际成本较不实施碳减排低,此时实施碳减排的新产品销售价格较低。故计划实施碳减排的企业可以根据政府制定的碳税来选择是否大于不实施碳减排时新产品销售价格的战略。

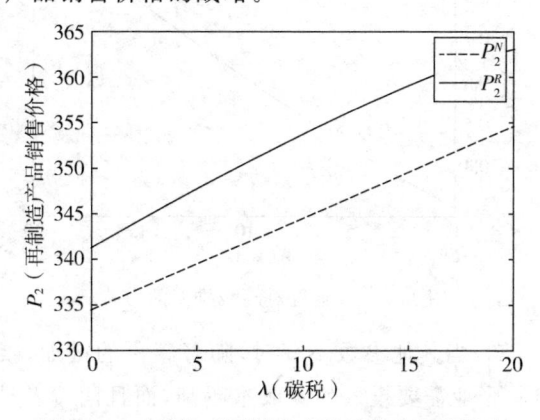

图 11-2 碳税对再制造产品销售价格的影响

由图11-2可知,当其他参数不变时,无论碳减排是否实施,再制造产品的销售价格随着碳税的增加而增加,而且不实施碳减排情形下的再制造产品价格小于实施碳减排时的价格。这是因为实施碳减排时也需要增加再制造产品的碳减排技术投入,生产成本增加,为保证自身的利润最大化,零售商势必会选择提高销售价格。

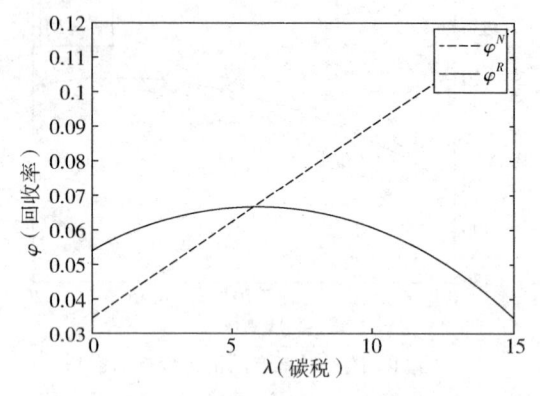

图 11-3 碳税对回收率的影响

由图 11-3 可知,当其他参数不变时,随着碳税的增加,在不实施碳减排情形下回收率增加,但在实施碳减排时回收率则呈现先增加后降低的现象;至于实施碳减排时和不实施碳减排时新产品销售价格的大小,取决于碳税等参数的大小。因此,从环境效益角度考虑,碳税并非越高越好,实施碳减排时回收率最大值的碳税最优,有利于资源的回收再利用。

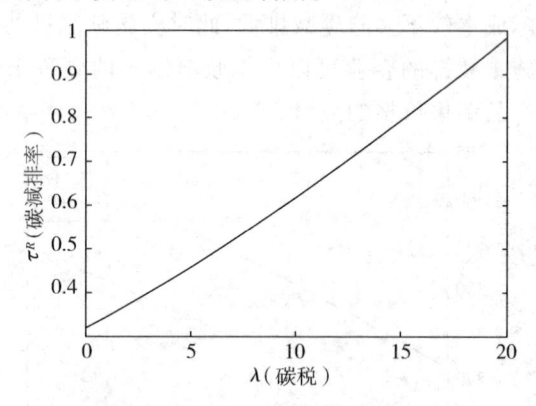

图 11-4 碳税对碳减排率的影响

由图 11-4 可知,当其他参数不变时,随着碳税的增加,碳减排率增加,因为碳税越高,意味着企业需要投入的碳成本越高,而且消费者具有低碳偏好,积极主动碳减排的企业不仅使得碳税成本降低,而且产品市场份额增加,更有利于企业的品牌建设。

第 11 章 碳税政策下考虑消费者低碳偏好的闭环供应链碳减排策略

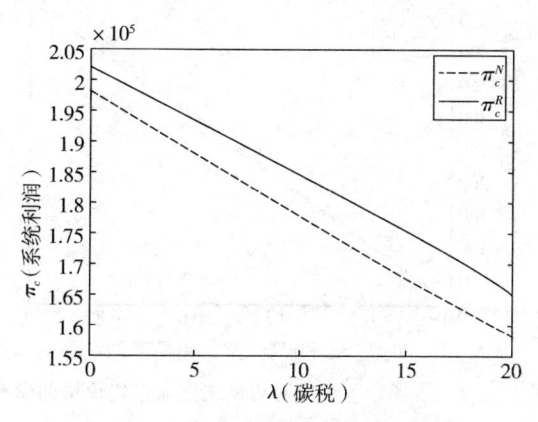

图 11-5 碳税对系统利润的影响

由图 11-5 可知,当其他参数不变时,无论碳减排是否实施,系统利润将随着碳税的增加而降低,这是由于碳税增加使得碳成本增加。此外,可以发现实施碳减排技术时的系统利润恒大于不实施碳减排时的利润,这是由于虽然实施碳减排技术使得碳减排投入增加,但随之单位产品的边际成本较不实施碳减排技术时的边际成本更低,利润较大。定理 11-1 和定理 11-2 得到验证。

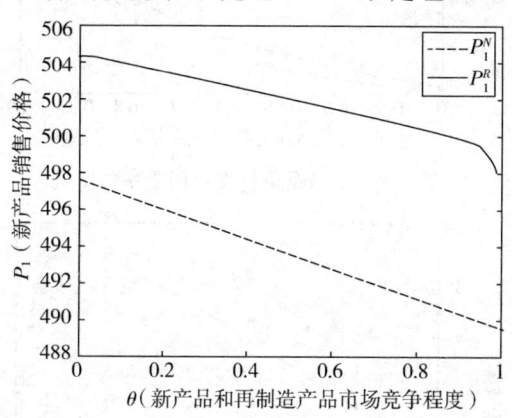

图 11-6 市场竞争程度对新产品销售价格的影响

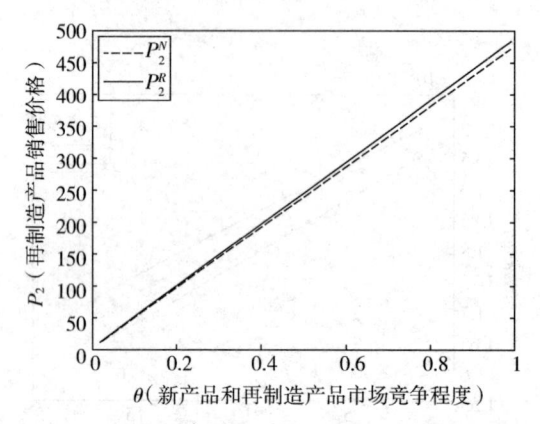

图 11-7 市场竞争程度对再制造产品销售价格的影响

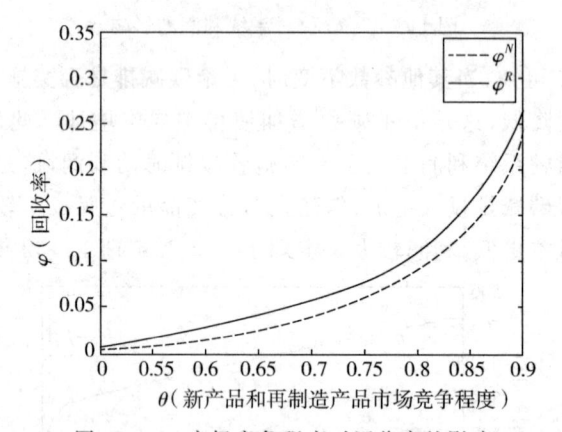

图 11-8 市场竞争程度对回收率的影响

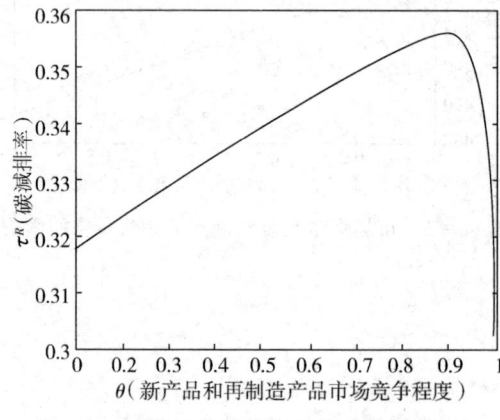

图 11-9 市场竞争程度对碳减排率的影响

第 11 章 碳税政策下考虑消费者低碳偏好的闭环供应链碳减排策略

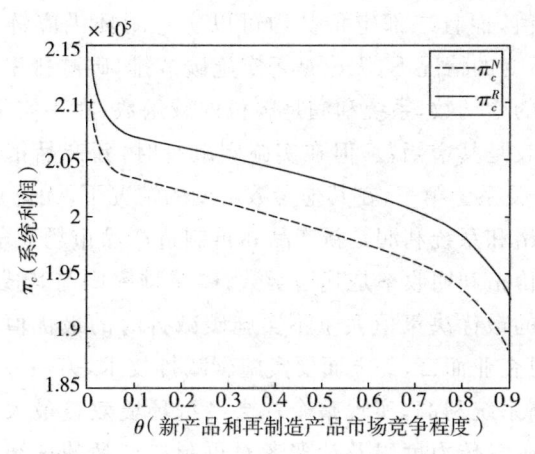

图 11 - 10 市场竞争程度对系统利润的影响

由图 11 - 6～图 11 - 10 可知,在其他参数不变的情况下,无论是否实施碳减排,新产品的销售价格和系统利润是新产品和再制造产品市场竞争程度的减函数,再制造产品销售价格和回收率是其增函数,碳减排率则与其成倒 U 形关系。这是因为新产品和再制造产品的市场竞争程度越高,表明新产品和再制造产品的可替代性越强,具有低碳偏好的消费者更愿意购买单位碳排放量更少的再制造产品,因而企业会提高再制造产品的价格,降低新产品的价格;实施碳减排时,当竞争较弱(可替代性较弱)时,新产品需求量较大,制造企业积极碳减排满足低碳偏好者,碳减排率增加,一旦两产品竞争达到一定程度时,再制造产品部分可以替代新产品,制造企业降低新产品的碳减排投入,碳减排率随之降低。故从环境效益来说,选择新产品和再制造产品的竞争程度达到碳减排率最优情形最佳,一方面需要企业加大对再制造产品功能等方面的改善,另一方面需要政府加大对市场的调控和消费者对再制造产品的认知。此外,从图中还可以发现实施碳减排技术时的最优决策变量恒大于不实施碳减排时最优的决策变量。

综上所述,当实施碳税政策时,对企业而言,实施碳减排更能实现经济效益和环境效益的最大化。

11.4 本章小结

本章在碳税政策下研究了具有低碳偏好的闭环供应链碳减排和差别定价问题,首先分别从分散化和集中化决策两个方面建立闭环供应链利润模型,然后通过二部定价契约实现系统协调,最后进行数值分析。研究结果表明:第一,无论是否实施碳减排,集中化决策时最优的新产品价格和再制造产品价格小于分散化决策的最优值,而新产品产量、再制造产品产量以及系统利润大于分散化决策时的最优值,而且二部定价契约可以实现闭环供应链系统的协调。第二,在其他参数不变的情况下,无论是否实施碳减排,碳减排率和再制造产品的销售价格是碳税的增函数,系统利润是碳税的减函数,在不实施碳减排时,新产品销售价格和回收是其增函数,但在实施碳减排时,新产品销售价格和回收率都与其成倒 U 形关系。第三,在其他参数不变的情况下,无论是否实施碳减排,新产品的销售价格和系统利润是新产品和再制造产品市场竞争程度的减函数,再制造产品销售价格和回收率是其增函数,碳减排率则与其成倒 U 形关系,而且实施碳减排时的最优决策恒大于不实施碳减排时的最优值。从中可以得到以下管理启示:对企业而言,一方面要实施碳减排技术,另一方面要加强与相关企业的合作,提高系统利润,实现整个社会经济环境效益最大化;对政府而言,一方面要加大低碳宣传力度以及消费者对再制造产品的认知,另一方面,碳税的制定并非越高越好,实施碳减排时回收率最大值的碳税最优,有利于资源的回收再利用。此外,本章的研究考虑确定性需求,而且新产品和再制造产品的价格相互影响,但在实际情境中,新产品和再制造产品的需求是随机的,新产品和再制造产品的碳减排投入或者单位产品碳排放量对低碳偏好的消费者也存在影响,这些都是未来的研究方向。

第 12 章　碳限额与交易约束下的闭环供应链碳减排决策及协调

在碳限额与交易约束下,企业生产运作过程中多出或者剩余的碳排放权可以在碳交易市场进行交易,因而碳排放约束将直接影响到企业的运作成本,这将对企业的经营决策产生重要影响。Rong 和 Lahdelma(2007)针对碳排放交易建立了多周期随机模型,利用仿真对企业的产量组合进行了优化;马秋卓等(2014)在碳交易政策下对企业产品定价及碳减排策略进行了研究。这些研究主要是针对单个企业,但在当前全球化、开放的市场环境下,每个企业都存在于相应的供应链体系中,而且整个供应链的碳排放量要远超供应链中某一企业的碳排放量,如果只关注单个企业的碳排放而不考虑整个供应链的碳排放,则不能从根本上减少和控制碳排放。为此,谢鑫鹏等针对碳限额与交易约束,研究了供应链企业间不同合作形式对碳减排效果和利润的影响;杨仕辉和王平(2016)研究了碳限额政策下供应链的碳减排博弈与优化问题;何华等(2016)研究了碳限额与交易下考虑低碳技术投入的产品定价策略。但上述研究主要针对正向供应链而言,事实上,再制造活动被视为一种能够实现可持续发展的绿色开发机制,通过对旧产品的回收再制造,可实现资源的再利用,减少生产过程对环境的负面影响,是发展循环经济、减少碳排放的一种典型模式。为此,王春阳等(2016)从低碳的视角对多目标闭环供应链网络设计进行了研究;高举红等(2015)在考虑政府对低碳消费者进行补贴的情况下研究了闭环供应链的优化问题;Yang 等(2016)在碳税约束下通过双线性非凸集混合整数规划模型设计了低碳供应链网络;高红举等(2014)研究了碳税和碳补贴对闭环供应链定价策略的影响,并指出基于碳税和碳补贴的奖惩决策机制更能有效降低闭环供应链的碳排放;焦建玲等(2016)在考虑新产品与再制造品差异以及消费者低碳偏好的基础上,就碳税政策对闭环供应链回收率及生产决策的影响进行了研究。以上文献考虑的主要是碳排放约束下闭环供应链网络优化及碳税约束下的闭环供应链决策问题,但没有考虑碳限额及交易下闭环供应链碳减排策略及运作优化问题。

本章针对一个市场需求为随机需求的两阶段闭环供应链,消费者具有低碳偏好,在碳限额及交易环境下,制造商可通过废旧品回收再制造和低碳技术投入来减少碳排放,通过建立碳限额及交易约束下闭环供应链模型,主要研究如下问题:(1)在碳限额及交易约束下,闭环供应链如何进行碳减排决策和制造/再制造决策?闭环供应链应该采取何种机制实现供应链协调?(2)碳限额及交易价格变化如何影响闭环供应链碳减排率、制造/再制造生产量、回收率及闭环供应链期望利润?(3)废旧品回收率如何对碳减排率产生影响?

12.1 问题描述与相关假设

设一个两阶段闭环供应链,产品的销售和废旧产品的回收由零售商负责,而制造商对新产品和回收后的废旧产品制造和再制造。设制造商生产单位新产品的成本为 c_1,其单位产品的碳排放为 e_1;制造商对回收的废旧产品进行再制造,然后像新产品一样销售,设其再制造单位产品的成本为 $c_2(c_1>c_2)$,再制造单位产品的碳排放为 $e_2(e_1>e_2)$。设零售商回收的废旧产品数量为其销售量的 r 比例,其回收的固定投入为 kr^2,k 为回收投入系数,且假设所回收的废旧产品全部可以进行再制造。设零售商以单位价格 p_0 从消费者处回收废旧,然后以单位价格 w_0 卖给制造商进行再制造。设政府给予制造商的碳排放总配额为 E_0,制造商生产产品时超过或剩余的碳排放权可以在碳排放交易市场以单位碳排放价格 p_e 购买或出售。零售商以单位产品的批发价格 w 从制造商处批发产品,然后以单位产品价格 p 进行销售。因为单位再制造产品的碳排放远远低于单位新产品制造的碳排放,所以这里只考虑新产品生产的碳减排问题,不考虑再制造产品的碳减排。设制造商通过低碳技术投入后单位产品碳减排率为 τ,$C(\tau)$ 为制造商的碳减排成本函数,设其碳减排成本函数 $C(\tau)=\beta\ln\left(\dfrac{1}{1-\tau}\right)$,$\beta$ 为碳减排成本系数。考虑到消费者的低碳偏好,即随机市场需求 x 与碳减排率 τ 具有相关性,设市场需求的概率密度函数为 $f(x|\tau)$,累积分布函数为 $F(x|\tau)$,且 $\dfrac{\partial F(x|\tau)}{\partial \tau}<0$,设市场的期望需求为 μ,令 $\bar{F}(x|\tau)=1-F(x|\tau)$。设闭环供应链的生产量或订货量为 Q,在给定订货量和碳减排率下的期望销售量为 $S(Q,\tau)$(由于再制造产品的碳排放量很低,即使进行碳减排后新产品生产的碳排放也高于再制造产品,因此,这里假定销售量只与新产品生产的碳减排率有关),即 $S(Q,\tau)=\min(Q,x)$,则有 $S(Q,\tau)=Q-\int_0^Q F(x|\tau)\mathrm{d}x$,$\dfrac{\partial S(Q,\tau)}{\partial \tau}>0$。设销售季节结束后剩余的产品为 $I(Q,\tau)$,未能满足消费者的需求量为 $L(Q,\tau)$,则有 $I(Q,\tau)=Q-S(Q,\tau)$,$L(Q,\tau)=\mu-S(Q,\tau)$。设 h 为单位产品缺货的机会损失,S 为单位剩余产品的残值。

12.2 模型的构建与分析

在碳限额与交易约束下,由前面的假设可得零售商、制造商和闭环供应链的期望利润分别为

$$\pi_r(Q,r,\tau) = pS(Q,\tau) + sI(Q,\tau) - hL(Q,\tau) + (w_0 - p_0)rS(Q,\tau) - wQ - kr^2$$
$$= (p + h - s + w_0 r - p_0 r)S(Q,\tau) - (w - s)Q - h\mu - kr^2,$$
$$(12-1)$$

$$\pi_m(Q,r,\tau) = wQ - c_1[Q - rS(Q,\tau)] - (c_2 + w_0)rS(Q,\tau) - \beta \ln \frac{1}{1-\tau}$$
$$- p_e\{e_1(1-\tau)[Q - rS(Q,\tau)] + e_2 rS(Q,\tau) - E_0\}$$
$$= [w - c_1 - p_e e_1(1-\tau)]Q + [c_1 - c_2 - w_0 + p_e e_1(1-\tau) - p_e e_2]rS(Q,\tau) + p_e E_0 - \beta \ln \frac{1}{1-\tau},$$
$$(12-2)$$

$$\pi_c(Q,r,\tau) = \{p + h - s + r[c_1 - c_2 - p_0 + p_e e_1(1-\tau) - p_e e_2]\}S(Q,\tau) - h\mu - [c_1 + p_e e_1(1-\tau) - s]Q + p_e E_0 - \beta \ln \frac{1}{1-\tau} - kr^2.$$
$$(12-3)$$

在给定碳减排率和回收率下,令 Q^* 为闭环供应链的最优订货量,则 Q^* 满足条件:

$$\frac{\partial \pi_c(Q,r,\tau)}{\partial Q} = \{p + h - s + r[c_1 - c_2 - p_0 + p_e e_1(1-\tau) - p_e e_2]\}\frac{\partial S(Q,\tau)}{\partial Q} - [c_1 + p_e e_1(1-\tau) - s] = 0_\circ$$
$$(12-4)$$

在给定订货量和回收率下,令 τ^* 为闭环供应链的最优碳减排率,则 τ^* 满足条件:

$$\frac{\partial \pi_c(Q,r,\tau)}{\partial \tau} = \{p + h - s + r[c_1 - c_2 - p_0 + p_e e_1(1-\tau) - p_e e_2]\}\frac{\partial S(Q,\tau)}{\partial \tau} - rp_e e_1 S(Q,\tau) + p_e e_1 Q - \frac{\beta}{1-\tau} = 0_\circ$$
$$(12-5)$$

在给定订货量和碳减排率下,令 r^* 为闭环供应链的废旧品最优回收率,则 r^* 满足条件:

$$\frac{\partial \pi_c(Q,r,\tau)}{\partial r} = [c_1 - c_2 - p_0 + p_e e_1(1-\tau) - p_e e_2]S(Q,\tau) - 2kr = 0_\circ$$
$$(12-6)$$

要实现闭环供应链协调,则最优碳减排率 τ^* 必须满足如下条件:

$$\frac{\partial \pi_m(Q,r,\tau)}{\partial \tau} = p_e e_1 Q - \frac{\beta}{1-\tau} - rp_e e_1 S(Q,\tau) = 0。 \quad (12-7)$$

比较式(12-5)和式(12-7)可知,在碳限额与交易约束下,采用批发价格契约不能实现闭环供应链协调。

要使闭环供应链协调,这里采用收益共享契约,而且零售商分摊制造商的碳减排技术投入成本和碳交易成本,同时制造商对零售商的回收投入成本进行分摊。设制造商共享零售商销售收入的比例为 θ,零售商分摊制造商碳减排技术投入和碳交易成本的比例为 φ,而制造商给予零售商回收废旧品投入成本分担 $(1-\varphi)$ 比例,则此时零售商和制造商的期望利润分别为

$$\pi_r(Q,r,\tau) = \{(1-\theta)(p+h-s) + \theta h + w_0 r - p_0 r + \varphi r p_e [e_1(1-\tau) - e_2]\} S(Q,\tau) - [(1-\theta)(w-s) + \varphi p_e e_1(1-\tau)] Q - h\mu - \varphi \beta \ln \frac{1}{(1-\tau)} + \varphi p_e E_0 - \varphi k r^2, \quad (12-8)$$

$$\pi_m(Q,r,\tau) = [w - c_1 - (1-\varphi) p_e e_1(1-\tau) - \theta(w-s)] Q + (1-\varphi) p_e E_0 + [c_1 - c_2 - w_0 + (1-\varphi) p_e e_1(1-\tau) - (1-\varphi) p_e e_2] r S(Q,\tau) - (1-\varphi) k r^2 - (1-\varphi) \beta \ln \frac{1}{(1-\tau)}。 \quad (12-9)$$

在闭环供应链协调的情况下,最优订货量 Q^* 由式(12-8)可知满足条件:

$$\frac{\partial \pi_r(Q,r,\tau)}{\partial Q} = \{(1-\theta)(p+h-s) + \theta h + w_0 r - p_0 r + \varphi r p_e [e_1(1-\tau) - e_2]\} \frac{\partial S(Q,\tau)}{\partial Q} - [(1-\theta)(w-s) + \varphi p_e e_1(1-\tau)] = 0。$$

$$(12-10)$$

在闭环供应链协调的情况下,最优碳减排率 τ^* 由式(12-9)可知满足条件:

$$\frac{\partial \pi_m(Q,r,\tau)}{\partial \tau} = [c_1 - c_2 - w_0 + (1-\varphi) p_e e_1(1-\tau) - (1-\varphi) p_e e_2] r \frac{\partial S(Q,\tau)}{\partial \tau} - (1-\varphi) r p_e e_1 S(Q,\tau) + (1-\varphi) p_e e_1 Q - \frac{(1-\varphi)\beta}{(1-\tau)} = 0。$$

$$(12-11)$$

在闭环供应链协调的情况下,最优回收率 r^* 由式(12-8)可知满足条件:

$$\frac{\partial \pi_r(Q,r,\tau)}{\partial r} = \{w_0 - p_0 + \varphi p_e [e_1(1-\tau) - e_2]\} S(Q,\tau) - 2\varphi k r = 0。$$

$$(12-12)$$

比较式(12-4)和式(12-10)、式(12-5)和式(12-11)、式(12-6)和式

(12 - 12),闭环供应链在收益共享与成本分摊契约下能够实现协调,且契约参数满足下列条件:

$$\varphi^* = \frac{[h+r(w_0-p_0)](w-s)}{(p-s)(w-c_1)+[h+r(c_1-c_2-p_0)](w-s)}\theta^*$$

$$= \frac{(p+h-s-rp_0)(w-c_1)+r(c_1-c_2)(w-s)-rw_0(c_1-s)}{(p-s)(w-c_1)+[h+r(c_1-c_2-p_0)](w-s)}\varphi^*$$

$$= \frac{(w_0-p_0)[(p-s)(w-c_1)+(w-s)h]+h(w-s)[p_e e_1(1-\tau)-p_e e_2]}{[c_1-c_2-p_0+p_e e_1(1-\tau)-p_e e_2]\{(p-s)(w-c_1)+(w-s)[h+r(c_1-c_2-p_0)]\}} +$$

$$\frac{(w_0-p_0)(w-s)r}{(p-s)(w-c_1)+(w-s)[h+r(c_1-c_2-p_0)]}. \qquad (12-13)$$

12.3 模型的优化分析

在碳限额与交易约束下,闭环供应链通过收益共享与成本分摊契约能够实现协调,因此,优化问题就是寻求碳减排率、订货量和回收率的最优解,使得闭环供应链的期望利润最大。

设随机市场需求为 $x=D_0+a\tau+\varepsilon$,其中 D_0 为不考虑碳减排时消费者的需求且为常数,a 为消费者对碳减排率的敏感系数,ε 为不依赖于碳减排率 τ 的随机变量,且其概率密度函数和累积分布函数分别为 $f(\varepsilon)$ 和 $F(\varepsilon)$,进而有 $f(x|\tau)=f(x-D_0-a\tau)$,$F(x|\tau)=F(x-D_0-a\tau)$,由此可得零售商的期望销售量为 $S(Q,\tau)=Q-\int_{D_0+a\tau}^{Q}F(x-D_0-a\tau)dx$。

将 $S(Q,\tau)=Q-\int_{D_0+a\tau}^{Q}F(x-D_0-a\tau)dx$ 代入式(12 - 3)可得

$$\pi_c(Q,r,\tau) = \{p+h-c_1+r(c_1-c_2-p_0-p_e e_2)-(1-r)p_e e_1(1-\tau)\}Q -$$
$$\{p+h-s+r[c_1-c_2-p_0+p_e e_1(1-\tau)-p_e e_2]\}\int_{D_0+a\tau}^{Q}F(x-$$
$$D_0-a\tau)dx-h\mu+p_e E_0-\beta\ln\frac{1}{(1-\tau)}-kr^2. \qquad (12-14)$$

对式(12 - 14)求关于订货量 Q 的偏导数并令其等于 0,则有

$$\frac{\partial \pi_c(Q,r,\tau)}{\partial Q} = p+h-c_1+r(c_1-c_2-p_0-p_e e_2)-(1-r)p_e e_1(1-\tau) -$$
$$\{p+h-s+r[c_1-c_2-p_0+p_e e_1(1-\tau)-p_e e_2]\}F(Q-$$
$$D_0-a\tau)$$
$$=0. \qquad (12-15)$$

由此可得闭环供应链最优订货量为

$$Q^* = F^{-1}\left\{\frac{p+h-c_1+r(c_1-c_2-p_0-p_e e_2)-(1-r)p_e e_1(1-\tau)}{p+h-s+r[c_1-c_2-p_0+p_e e_1(1-\tau)-p_e e_2]}\right\}+D_0+a\tau.$$

把 Q^* 和 $\varepsilon = x - D_0 - a\tau$ 代入式(12-14),化简得

$$\pi_c(Q(\tau),r,\tau) = [p+h-c_1+r(c_1-c_2-p_0-p_e e_2)-(1-r)p_e e_1(1-\tau)] \cdot$$
$$(D_0+a\tau) + \{p+h-s+[c_1-c_2-p_0+p_e e_1(1-\tau)-p_e e_2]\}$$
$$\int_0^{F^{-1}} \left\{ \frac{p+h-q_1+r(c_1-c_2-p_0-p_{s0}e_1)-(1-r)p_e e_1(1-\tau)}{p+h-s+r[c_1-c_2-p_0+p_e e_1(1-\tau)-p_e e_2]} \right\}$$
$$\varepsilon f(\varepsilon)\mathrm{d}\varepsilon - h\mu + p_e E_0 - \beta \ln \frac{1}{(1-\tau)} - kr^2 \text{。} \qquad (12-16)$$

设 ε 为区间 $[A,B]$ 上的均匀分布,则有 $f(\varepsilon) = \frac{1}{B-A}$, $F^{-1}(\varepsilon) = A + (B-A)\varepsilon$,将其代入式(12-16)化简可得

$$\pi_c(Q(\tau),r,\tau) = [p+h-c_1+r(c_1-c_2-p_0-p_e e_2)-(1-r)p_e e_1(1-\tau)] \cdot$$
$$\left\{ D_0 + a\tau + A + \right.$$
$$\left. \frac{(B-A)[p+h-c_1+r(c_1-c_2-p_0-p_e e_2)-(1-r)p_e e_1(1-\tau)]}{2\{p+h-s+r[c_1-c_2-p_0+p_e e_1(1-\tau)-p_e e_2]\}} \right\}$$
$$+ \frac{A^2\{p+h-s+r[c_1-c_2-p_0+p_e e_1(1-\tau)-p_e e_2]\}}{2(B-A)} - h\mu$$
$$+ p_e E_0 - \beta \ln \frac{1}{(1-\tau)} - kr^2 \text{。} \qquad (12-17)$$

由式(12-17)求关于 τ 的一阶导数并令其等于 0,则有

$$\frac{\partial \pi_c(Q(\tau),r,\tau)}{\partial \tau} = (1-r)p_e e_1 \Big\{ D_0 + a\tau + A +$$
$$\frac{(B-A)[p+h-c_1+r(c_1-c_2-p_0-p_e e_2)-(1-r)p_e e_1(1-\tau)]}{2\{p+h-s+r[c_1-c_2-p_0+p_e e_1(1-\tau)-p_e e_2]\}} \Big\} +$$
$$[p+h-c_1+r(c_1-c_2-p_0-p_e e_2)-(1-r)p_e e_1(1-\tau)]\Big\{ a +$$
$$\frac{(B-A)[p+h-s-r(c_2+p_0+p_e e_2-s)]}{2\{p+h-s+r[c_1-c_2-p_0+p_e e_1(1-\tau)-p_e e_2]\}^2} \Big\} -$$
$$\frac{A^2 r p_e e_1}{2(B-A)} - \frac{\beta}{1-\tau} = 0 \text{。} \qquad (12-18)$$

由式(12-17)求关于 r 的一阶导数并令其等于 0,则有

$$\frac{\partial \pi_c(Q(\tau),r,\tau)}{\partial r} = [c_1-c_2-p_0-p_e e_2+p_e e_1(1-\tau)]\Big\{ D_0 + a\tau + A +$$
$$\frac{(B-A)[p+h-c_1+r(c_1-c_2-p_0-p_e e_2)-(1-r)p_e e_1(1-\tau)]}{2\{p+h-s+r[c_1-c_2-p_0+p_e e_1(1-\tau)-p_e e_2]\}} \Big\}$$
$$+ [p+h-c_1+r(c_1-c_2-p_0-p_e e_2)-(1-r)p_e e_1(1-\tau)] \cdot$$
$$\frac{(B-A)[c_1-c_2-p_0-p_e e_2+p_e e_1(1-\tau)](c_1-s)p_e e_1(1-\tau)}{2\{p+h-s+r[c_1-c_2-p_0+p_e e_1(1-\tau)-p_e e_2]\}^2}$$

$$+\frac{A^2[c_1-c_2-p_0+p_e e_1(1-\tau)-p_e e_2]}{2(B-A)}-2kr=0。$$

(12-19)

根据式(12-18)和(12-19)可得最优的碳减排率 τ^* 和最优废旧品回收率 r^*,进而可得最优的订货量 Q^*。

12.4 数值计算与分析

假设制造商所制造和再制造的产品在某市场销售,设 $p=120,w=50,c_1=30,c_2=15,w_0=8,p_0=6,k=15000,s=5,h=5,a=5,A=10,B=20,D_0=800,e_1=1,e_2=0.3,\beta=2000,E_0=900,p_e=3,\mu=850$。此时闭环供应链的各最优值及最大期望利润如表12-1所示。

表12-1 闭环供应链的最优值及期望利润

	τ^*	r^*	Q^*	π^*	φ^*	θ^*	φ^*
最优值	0.0888	0.2967	819	75311	0.0952	0.9471	0.2007

当碳减排成本系数、单位碳排放交易价格、碳排放总配额、废旧品回收率发生不同变化时,闭环供应链的最优解和期望利润变化如图12-1~图12-6所示。

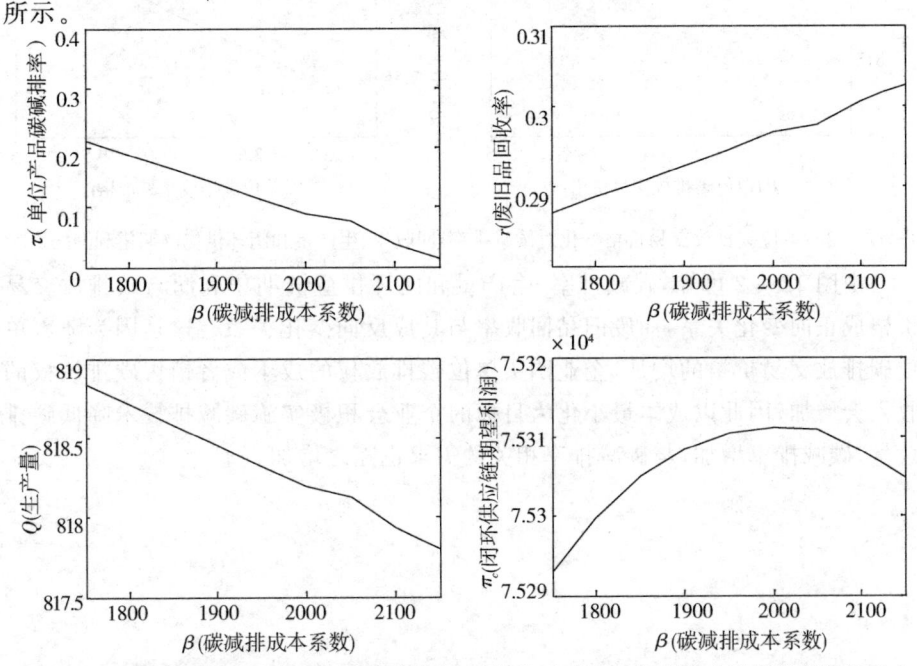

图12-1 碳减排成本系数变化对碳减排率、回收率、生产量和闭环供应链期望利润的影响

由图 12-1 可知,碳减排率、生产量与碳减排成本系数成反向变化关系,废旧产品回收率与碳减排成本系数成正向变化关系,而碳减排成本系数与闭环供应链期望利润成倒 U 形关系。这是因为碳减排成本越高,碳减排的积极性越低,碳减排率也就越低,导致与碳减排率相关的需求随之降低。根据闭环供应链期望利润的变化可知,闭环供应链企业要选择合适的碳减排投入才能实现整个闭环供应链系统利润的最大化。

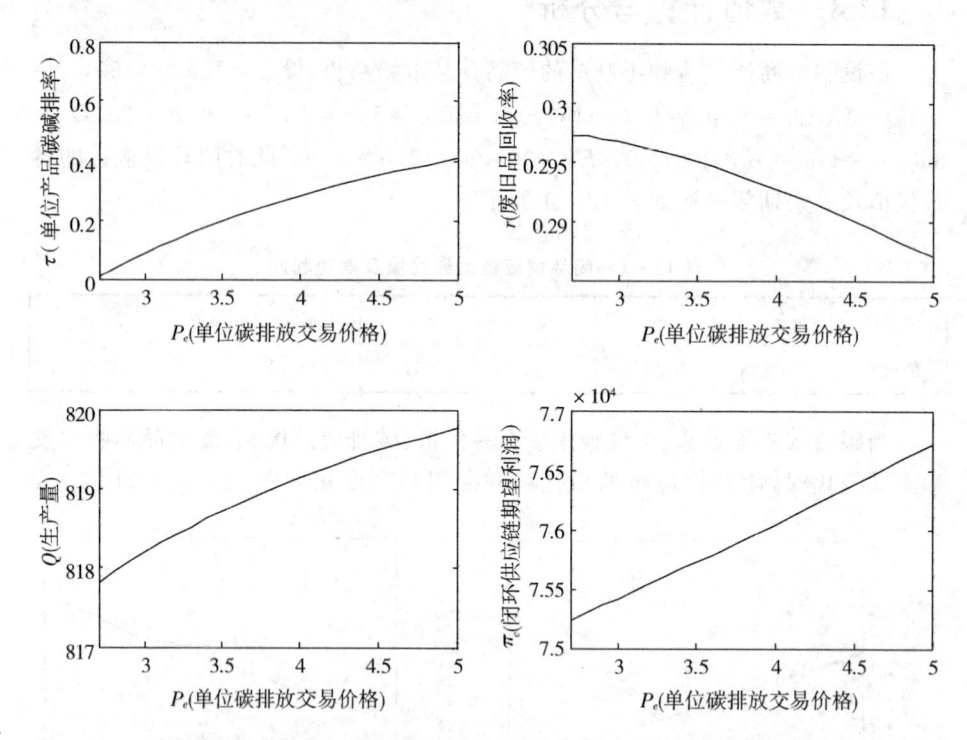

图 12-2　单位碳排放交易价格变化对碳减排率、回收率、生产量和闭环供应链期望利润的影响

由图 12-2 可知,碳减排率、生产量和闭环供应链期望利润与碳排放交易价格成正向变化关系,而废旧品回收率与其成反向变化关系。这是因为随着单位碳排放交易价格的增加,企业购买单位碳排放权的成本或者销售碳排放权的收入会增加,因此以成本最小化为目标的企业会积极实施碳减排技术降低碳排放量,碳减排率增加,与碳减排率相关的需求也随之增加。

第 12 章 碳限额与交易约束下的闭环供应链碳减排决策及协调

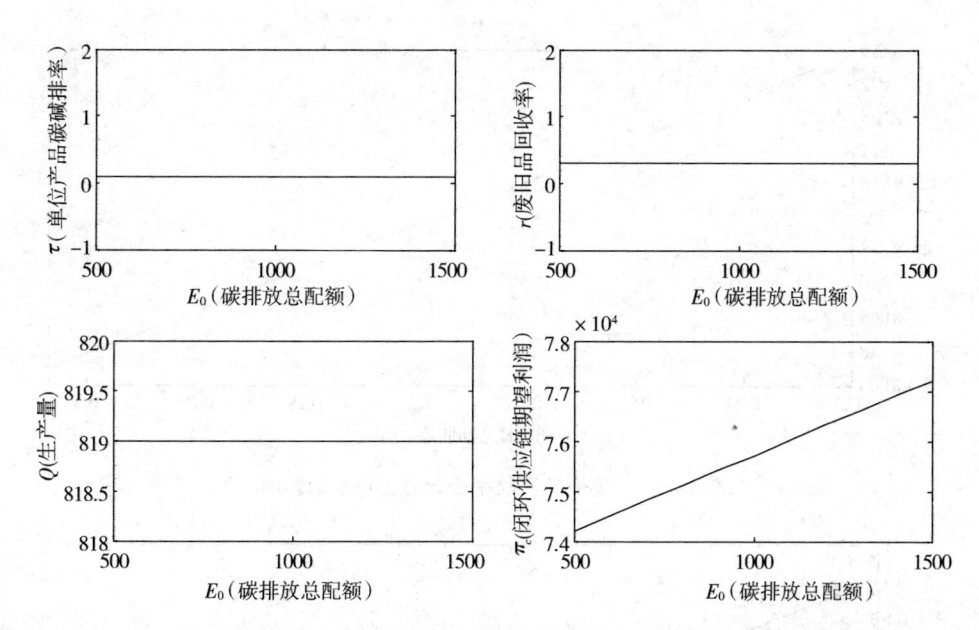

图 12 - 3 碳排放总配额变化对碳减排率、回收率、生产量和闭环供应链期望利润的影响

由图 12 - 3 可知,碳减排率、生产量和废旧产品回收率与碳排放总配额无关,但闭环供应链期望利润与其成正向变化关系。这是因为碳排放总配额越高,企业需进行的碳排放交易量越少,成本降低。

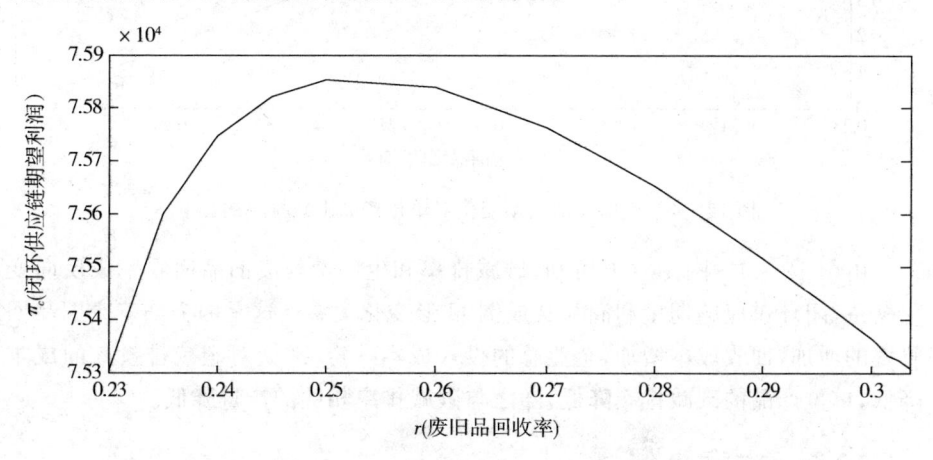

图 12 - 4 废旧品回收率变化对闭环供应链期望利润的影响

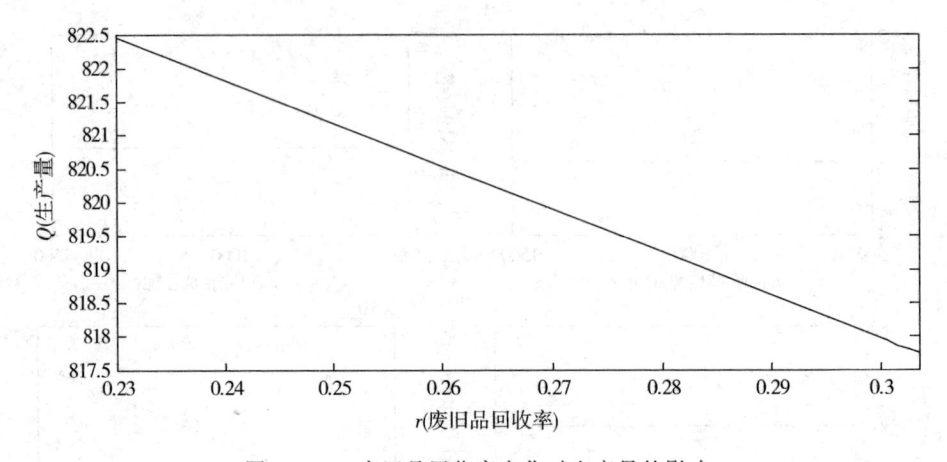

图 12-5　废旧品回收率变化对生产量的影响

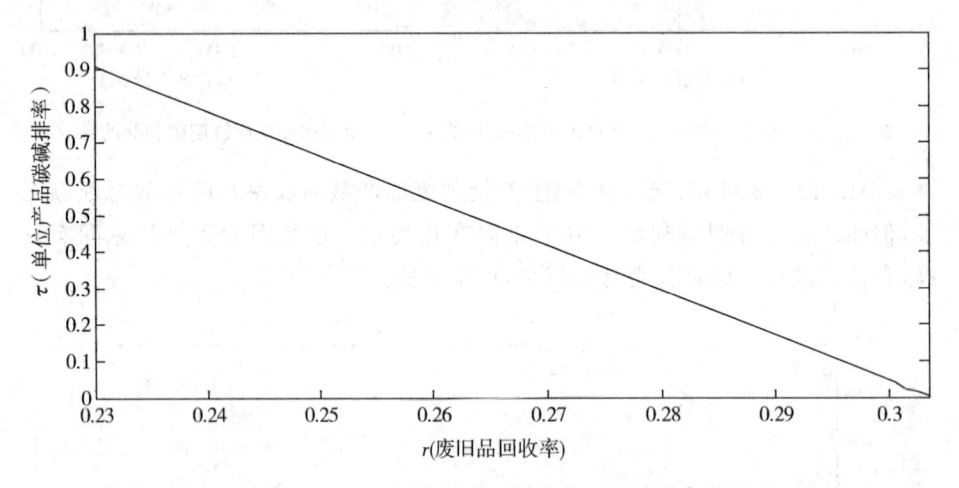

图 12-6　废旧品回收率变化对单位产品碳减排率的影响

由图 12-4～图 12-6 可知,碳减排率和生产量与废旧品回收率成反向变化关系,闭环供应链期望利润与其成倒 U 形变化关系。这是因为随着废旧品回收率的增加,回收成本增加,企业总的投入成本一定,那么对碳减排投入的成本降低,单位产品的碳减排率降低,随之与碳减排率相关的产量降低。

12.5　本章小结

本章在碳限额与交易约束下,考虑消费者低碳偏好且制造商进行碳减排技术投入及回收再制造的闭环供应链碳减排策略及协调问题。本章通过构建碳减排博弈模型,利用收益共享契约、碳减排技术投入成本与碳排放成本分担及回收废旧品投入成本分担能够实现闭环供应链协调;通过数值计算,分析了碳减排成本系数、碳交易价格、碳排放限额以及废旧品回收率对最优决策的影响。分析结果发现:碳减排成本系数与碳减排率、生产量成反向变化关系,与回收率成正向变化关系,而与闭环供应链期望利润成倒 U 形变化关系;单位碳排放交易价格与碳减排率、生产量、闭环供应链期望利润成正向变化关系,而与回收率成反向变化关系;碳排放总配额不影响碳减排率、生产量、废旧产品回收率,但与闭环供应链期望利润成正向变化关系;废旧回收率与碳减排率、生产量成反向变化关系,而与闭环供应链期望利润成倒 U 形变化关系。当然,本章的研究是考虑新产品和再制造产品售价相同,但由于消费者认知等差异考虑新产品和再制造产品差别定价使研究更加贴近实际,这将是未来的研究方向。

参 考 文 献

[1] CRAMTON P, KERR S. Tradeable carbon permit auctions: How and why to auction not grandfather[J]. Energy Policy, 2002, 30(4): 333-345.

[2] HERBER B P, RAGA J T. An international carbon tax to combat global warming: An economic and political analysis of the European Union proposal[J]. The American Journal of Economics and Sociology, 1995, 54(3): 257-267.

[3] MNIF W, DAVISON M. What can we learn from the EU ETS experience? Recommendations for effective design and ecient trading[J]. Energy Policy, 2012, 51(2): 59-72.

[4] 覃艳华, 曹细玉, 袁传怀. 不同碳排放政策下考虑碳减排投入的供应链协调[J]. 工业工程, 2015, 18(4): 99-106.

[5] 袁永娜, 石敏俊, 李娜. 碳排放许可的初始分配与区域协调发展——基于多区域 CGE 模型的模拟分析[J]. 管理评论, 2013, 25(2): 43-50.

[6] RONG A, LAHDELMA R. CO_2 emissions trading planning in combined heat and power production via multi-period stochastic optimization[J]. European Journal of Operational Research, 2007, 176(1): 1874-1895.

[7] 马秋卓, 宋海清, 陈功玉. 碳配额交易体系下企业低碳产品定价及最优碳排放策略[J]. 管理工程学报, 2014, 28(2): 127-136.

[8] HOVELAQUE V, BIRONNEAU L. The carbon-constrained EOQ model with carbon emission dependent demand[J]. International Journal of Production Economics, 2015, 164(6): 285-291.

[9] BENJAAFAR S, LI Y Z, DASKIN M. Carbon footprint and the management of supply chains: Insights from simple models[J]. IEEE Transactions on Automation Science and Engineering, 2013, 10(1): 99-116.

[10] JABER M Y, GLOCK C H, EI SAADANY A M A. Supply chain coordination with emissions reduction incentives[J]. International Journal of Production Research, 2013, 51(1): 69-82.

[11] 李媛, 赵道致. 考虑公平偏好的低碳化供应链两部定价契约协调[J]. 管理评论, 2014, 26(1): 159-167.

[12] 谢鑫鹏,赵道致,刘永军.需求具有碳排放敏感性的低碳供应链收益共享寄售契约[J].系统管理学报,2015,24(1):107-115.

[13] 李治国.看超市如何实现低碳运营[N].经济日报,2011-4-18.

[14] 岳书苇.低碳经济背景下中国零售业的发展策略[J].产业与科技论坛,2013,12(22):17-18.

[15] 岳晓娟.考虑碳排放的零售商定价策略研究[D].成都:西南交通大学,2013:56-78.

[16] MONTERO J P. A note on environmental policy and innovation when governments cannot commit[J].Energy Economics,2011,33(1):13-19.

[17] LIU Z,ANDERSON T D,CRUZ J M.Consumer environmental awareness and competition in two-stage supply[J].European Journal of Operational Research,2012,218(3):602-613.

[18] 骆瑞玲,范体军,夏海洋.碳排放交易政策下供应链碳减排技术投资的博弈分析[J].中国管理科学,2014,22(11):44-53.

[19] 赵道致,原白云,徐春秋.考虑产品碳排放约束的供应链协调机制研究[J].预测,2014,33(5):76-80.

[20] CARMONA R,FEHR M,HINZ J,et al.Market designs for emissions trading schemes[J].SIAM Review,2010,52(3):403-452.

[21] YI W J,ZHOU L L,GUO J,et al.How can China reach its CO_2 intensity reduction targets by 2020? A regional allocation based on equity and development[J].Energy Policy,2011,39(5):2407-2415.

[22] 许广永.低碳经济下我国碳排放定价机制形成的障碍与对策[J].华东经济管理,2010,24(9):35-38.

[23] HELMRICH M R,JANS R,VAN DEN HEUVEL W,et al.The economic lot-sizing problem with an emission capacity constraint[J].European Journal of Operational Research,2014,241(1):50-62.

[24] LI S D,GU M D.The effect of emission permit trading with banking on firm's production inventory strategies[J].International Journal of Production Economics,2012,137(3):304-308.

[25] 申成然,熊中楷.碳排放约束下制造商再制造决策研究[J].系统工程学报,2014,29(4):537-549.

[26] PAKSOY A.Optimizing a supply chain network with emission trading factor[J].Scientific Research and Essays,2010,17(5):2535-2546.

[27] CHAABANE A,RAMUDHIN A,KHAROUNE M,et al.Trade off model

for carbon market sensitive green supply chain network design[J]. International Journal of Operational Research,2011,11(4):416-441.

[28] 付秋芳,忻莉燕,马健瑛.考虑碳排放权的二级供应链碳减排Stackelberg模型[J].工业工程,2013,16(2):41-47.

[29] CHITRA K.In search of the green consumers:A perceptual study[J]. Journal of Services Research,2007,7(1):173-191.

[30] 帅传敏,张钰坤.中国消费者低碳产品支付意愿的差异分析——基于碳标签的情景实验数据[J].中国软科学,2013(7):61-70.

[31] MATTHEWS H D,GILLETT N,STOTT P,et al.The proportionality of global warming to cumulative carbon emissions[J].Nature,2009,459(7248):829-832.

[32] PETRAKIS E,POYAGO THEOTOKY J.R&D subsidies versus R&D cooperation in a duopoly with spillovers and pollution[J]. Australian Economic,2002,41(2):37-52.

[33] 李友东,赵道致,夏良杰.低碳供应链纵向减排合作下的政府补贴策略[J].运筹与管理,2014,23(4):1-11.

[34] 朱庆华,夏西强,王一雷.政府补贴下低碳与普通产品制造商竞争研究[J].系统工程学报,2014,29(5):640-651.

[35] 柳键,邱国斌.政府补贴背景下制造商和零售商博弈研究[J].软科学,2011,25(9):48-53.

[36] 李友东,赵道致.考虑政府补贴的低碳供应链研发成本分摊比较研究[J].软科学,2014,28(2):21-26,31.

[37] 高举红,王海燕,孟燕莎.基于补贴与碳税的闭环供应链定价策略[J].工业工程,2014,17(3):61-67.

[38] ASPREMONT C D,JACQUENMIN A.Cooperative and no-cooperative R&D in duopoly with Spillovers[J].The American Economic Review,1988,78(5):1133-1137.

[39] 王芹鹏,赵道致.消费者低碳偏好下的供应链收益共享契约研究[J].中国管理科学,2014,22(9):106-113.

[40] 徐最,朱道立,朱文贵.销售努力水平影响需求情况下的供应链回购契约[J].系统工程理论与实践,2008(4):1-11.

[41] 孟卫军.基于减排研发的补贴和合作政策比较[J].系统工程,2010,28(11):123-126.

[42] 杨仕辉,付菊.基于消费者补贴的供应链碳减排优化[J].产经评论,2015,6

(6):104-115.

[43] MAO Z F,ZHANG S,LI X M.Low carbon supply chain firm integration and firm performance in China[J].Journal of Cleaner Production,2017,153(1):354-361.

[44] JI J N,ZHANG Z Y,YANG L.Carbon emission reduction decisions in the retail-/dual-channel supply chain with consumers' preference[J].Journal of Cleaner Production,2017,141(2):852-867.

[45] 杨磊,张琴,张智勇.碳交易机制下供应链渠道选择与减排策略[J].管理科学学报,2017,20(11):75-87.

[46] 李金溪,易余胤.考虑垂直溢出的供应链碳减排决策模型[J].管理工程学报,2020,34(1):136-146.

[47] 叶同,关志民,陶璟,等.考虑消费者低碳偏好和参考低碳水平效应的供应链联合减排动态优化与协调[J].中国管理科学,2017,25(10):52-61.

[48] 赵道致,原白云,徐春秋.低碳环境下供应链纵向减排合作的动态协调策略[J].管理工程学报,2016,30(1):147-154.

[49] 王道平,王婷婷.政府奖惩下供应链合作减排与低碳宣传的动态优化[J].运筹与管理,2020,29(4):113-120.

[50] FREEMAN R E.Strategic management:A stakeholder approach[M].Boston:Pitman Press,1984.

[51] HSUEH C F.Improving corporate social responsibility in a supply chain through a new revenue sharing contract[J].International Journal of Production Economics,2014,151(5):214-222.

[52] 倪得兵,李璇,唐小我.供应链中的 CSR 运作:相互激励、CSR 配置与合作[J].中国管理科学,2015,23(9):97-105.

[53] 曹裕,周默亭,胡韩莉.考虑政府补贴与企业社会责任的两级供应链优化[J].中国管理科学,2020,28(5):101-111.

[54] PANDA S.Coordination of a socially responsible supply chain using revenue sharing contract[J].Transportation Research Part E:Logistics and Transportation Review,2014,67(6):92-104.

[55] GREGORY G E.Corporate social responsibility and marketing channel coordination[J].Research in Economics,2012,66(2):142-148.

[56] 范建昌,倪得兵,唐小我.企业社会责任与供应链产品质量选择及协调契约研究[J].管理学报,2017,14(9):1374-1383.

[57] 林志炳,鲍蕾.企业社会责任对供应链减排决策及政府补贴效率的影响研究

[J].中国管理科学,2021,29(11):111-121.

[58] 唐书传,刘云志,肖条军.考虑社会责任的供应链定价与碳减排决策[J].中国管理科学,2020,28(4):99-108.

[59] PANDA S,MODAK N M,BASU M,et al.Channel coordination and profit distribution in a social responsible three-layer supply chain[J].International Journal of Production Economics,2015,168:224-233.

[60] MANKIWN G.经济学原理[M].梁小民,梁砾,译.北京:北京大学出版社,2015.

[61] ABDALLAH T,FARHAT A,DIABAT A,et al.Green supply chain with carbon trading and environmental sourcing:Formulation and life cycle assessment[J].Applied Mathematical Modelling,2012,36(9):4271-4285.

[62] 陈晓红,曾祥宇,王傅强.碳限额交易机制下碳交易价格对供应链碳排放的影响[J].系统工程理论与实践,2016,36(10):2562-2571.

[63] 王道平,李小燕,赵亮.碳交易机制下考虑制造商竞争的供应链协调研究[J].运筹与管理,2018,27(4):62-71.

[64] 谢鑫鹏,赵道致.低碳供应链企业减排合作策略研究[J].管理科学,2013,26(3):108-119.

[65] 覃艳华,曹细玉,曹磊.碳排放交易机制下的供应链运作策略及协调研究[J].运筹与管理,2017,26(3):36-42.

[66] 孙嘉楠,肖忠东.考虑消费者双重偏好的低碳供应链减排策略研究[J].中国管理科学,2018,26(4):49-56.

[67] 张令荣,王健,彭博.内外部碳配额交易路径下供应链减排决策研究[J].中国管理科学,2020,28(11):145-154.

[68] MCWILLIAMS A,SIEGEL D.Corporate social responsibility:A theory of the firm perspective[J].Academy of Management Review,2001,26(1):117-127.

[69] AXJONOW A,ERNSTBERGER J,POTT C.The impact of corporate social responsibility disclosure on corporate reputation:A non-professional stakeholder perspective[J].Journal of Business Ethics,2018,151(3):429-450.

[70] HABIB S,WAHID A.A corporate industry perspective of corporate social responsibility:A new approach to build corporate identity[J].Pakistan Business Review,2016,18(1):140-158.

[71] 陈晓峰.企业社会责任与顾客忠诚度关系的实证分析——基于牛乳制品消

费者的视角[J].科研管理,2014,35(1):98-106.

[72]NEMATOLLAHI M,HOSSEINI-MOTLAGH S M,HEYDARI J.Coordination of social responsibility and order quantity in a two-echelon supply chain:A collaborative decision-making perspective [J]. International Journal of Production Economics,2017,184(1):107-121.

[73]吴定玉.供应链企业社会责任管理研究[J].中国软科学,2013(2):55-63.

[74]CARTER C R,JENNINGS M M.Social responsibility and supply chain relationships[J]. Transportation Research E-logistics and Transportation Review,2002,38(1):37-52.

[75]SWAMI S,GARG E,GHOSH D,et al.Corporate social responsibility in supply chains[J].Encyclopedia of Renewable and Sustainable Materials [J].2020,5(2):344-352.

[76]郭春香,李旭升,郭耀煌.社会责任环境下供应链的协作与利润分享策略研究[J].管理工程学报,2011,25(2):103-108.

[77]李新然,李刚.考虑企业社会责任承担的两阶段闭环供应链协调机制研究[J].中国管理科学,2020,28(12):77-86.

[78]曾伟,王瑶池,周洪涛,碳限额与交易机制下供应链运作优化研究[J].管理工程学报,2015,29(3):199-206.

[79]支帮东,陈俊霖,刘晓红.碳限额与交易机制下基于成本共担契约的两级供应链协调策略[J].中国管理科学,2017,25(7):48-56.

[80]XU X P,HE P,XU H,et al.Supply chain coordination with green technology under cap-and-trade regulation [J]. International Journal of Production Economics,2017,183(2):433-442.

[81]张学龙,吴豆豆,王军进,等.考虑退货风险的制造商双渠道供应链定价决策研究[J].中国管理科学,2018,26(3):59-70.

[82]ZHANG F,WANG C.Dynamic pricing strategy and coordination in a dual-channel supply chain considering service value[J].Applied Mathematical Modelling,2018, 54(2):722-742.

[83]LI B,ZHU M Y,JIANG Y S,et al.Pricing policies of a competitive dual-channel green supply chain[J].Journal of Cleaner Production,2016,112 (20):2029-2042.

[84]WANG X Y,XUE M G,XING L.Analysis of carbon emission reduction in a dual-channel supply chain with cap-and-trade regulation and low-carbon preference[J].Sustainability,2018,10(3):1-18.

[85] XU L, WANG C X, ZHAO J J. Decision and coordination in the dual-channel supply chain considering cap-and-trade regulation[J]. Journal of Clean Production, 2018, 197(1):551-561.

[86] WEI Y, LIU L, FAN Y, et al. The impact of life style on energy use and CO_2 emission: An empirical analysis of China's residents[J]. Energy Policy, 2007, 35(1):247-257.

[87] LI F, DONG S, XUE L, et al. Energy consumption-economic growth relationship and carbon dioxide emissions in China[J]. Energy Policy, 2011, 39(2):568-574.

[88] 徐春秋,赵道致,原白云,等.上下游联合减排与低碳宣传的微分博弈模型[J].管理科学学报,2016,19(2):53-65.

[89] 陈山,王旭,吴映波,等.低碳环境下双渠道供应链线上线下广告策略的微分博弈分析[J].控制与决策,2020,35(11):2707-2714.

[90] CHIANG W Y K, MONAHAN G E. Managing inventories in a two-echelon dual-channel supply chain[J]. European Journal of Operational Research, 2005, 162(2):325-341.

[91] SHANG W F, YANG L. Contract negotiation and risk preferences in dual-channel supply chain coordination[J]. International Journal of Production Research, 2015, 53(16):4837-4856.

[92] 许民利,聂晓哲,简惠云.不同风险偏好下双渠道供应链定价决策[J].控制与决策,2016,31(1):91-98.

[93] CHEN J X, LIANG L, YAO D Q, et al. Price and quality decisions in dual-channel supply chains[J]. European Journal of Operational Research, 2017, 259(3):935-948.

[94] XIA L J, GUO T T, QIN J J, et al. Carbon emission reduction and pricing policies of a supply chain considering reciprocal preferences in cap-and-trade system[J]. Annals of Operations Research, 2018, 268(1-2):149-175.

[95] QI Q, WANG J, XU J T. A dual-channel supply chain coordination under carbon cap-and-trade regulation[J]. International Journal of Environmental Research and Public Health, 2018, 15(7):1-18.

[96] ZHOU Y J, BAO M J, CHEN X H, et al. Co-op advertising and emission reduction cost sharing contracts and coordination in low-carbon supply chain based on fairness concerns[J]. Journal of Cleaner Production, 2016, 133(2):402-413.

[97] 周熙登.考虑品牌差异的双渠道供应链减排与低碳宣传策略[J].运筹与管理,2017,26(11):93-99.

[98] 向小东,李翀.三级低碳供应链联合减排及宣传促销微分博弈研究[J].控制与决策,2019,34(8):1776-1788.

[99] 王婷婷,王道平.政府补贴下供应链合作减排与低碳宣传的动态协调策略[J].运筹与管理,2020,29(8):52-61.

[100] 陈国鹏,张旭梅,肖剑.双渠道供应链中制造商与零售商合作广告协调模型[J].系统管理学报,2017,26(6):1168-1175.

[101] HUA G W, CHENG T C, WANG S Y. Manging carbon footprints in inventory management[J]. International Journal of Production Economics, 2011,132(2):178-185.

[102] 周艳菊,熊凯伦.碳限额交易机制下嵌入式低碳服务供应链模型研究[J].软科学,2018,32(2):50-54.

[103] 刘名武,许以撒,付红.双渠道背景下低碳供应链决策及渠道合作策略[J].软科学,2019,33(2):105-111.

[104] YAO D Q, LIU J J. Competitive pricing of mixed retail and e-tail distribution channels[J]. Omega,2005,33(3):235-247.

[105] CHIANG W K, CHHAJED D, HESS J D. Direct marketing indirect profits a strategic analysis of dual-channel supply chain design[J]. Management Science,2003,49(1):1-20.

[106] CAI G S. Channel selection and coordination in dual-channel supply chains[J]. Journal of retailing,2010,86(1):22-36.

[107] CHEN J, ZHANG H, SUN Y. Implementing coordination contracts in a manufacturer stackelberg dual-channel supply chain[J]. Omega,2012,40(5):571-583.

[108] 许传永,苟清龙,周垂日,等.两层双渠道供应链的定价问题[J].系统工程理论与实践,2010,30(10):1741-1752.

[109] 但斌,徐广业,张旭梅.电子商务环境下双渠道供应链协调的补偿策略研究[J].管理工程学报,2012,26(1):125-130.

[110] 曹细玉.需求与退货价格具有相关性的双渠道供应链模型与协调[J].华中师范大学学报(自然科学版),2015,49(3):470-476.

[111] BENJAMIN C, ANDERSEN M S, EKINS P. Carbon-energy taxation: Lessons from Europe[M]. Oxford: Oxford University Press,2010.

[112] 范允奇,王文举.欧洲碳税政策实践对比研究与启示[J].经济学家,2012,

(7):96-104.

[113]熊中楷,张盼,郭年.供应链中碳税和消费者环保意识对碳排放影响[J].系统工程理论与实践,2014,34(9):2245-2252.

[114]马秋卓,宋海清,陈功玉.考虑碳交易的供应链环境下产品定价与产量决策研究[J].中国管理科学,2014,22(8):37-46.

[115]杨惠霄,骆建文.碳税政策下的供应链减排决策研究[J].系统工程理论与实践,2016,36(12):3092-3102.

[116]杨仕辉,肖导东.两级低碳供应链渠道选择与协调[J].软科学,2017,31(3):92-98.

[117]WUTTKE D A,BLOME C,HENKE M.Focusing the financial flow of supply chains:an empirical investigation of financial supply chain management[J].International Journal of Production Economics,2013,145(2):773-789.

[118]Yan R,Pei Z.Retail services and firm profit in a dual-channel market[J].Journal of Retailing and Consumer Services,2009,16(4):306-314.

[119]TSAY A A,AGRAWAL N.Channel conflict and coordination in the E-commerce age[J].Production and Operations Management,2004,13(1):93-110.

[120]浦徐进,龚磊.消费者"搭便车"行为影响下的双渠道供应链定价和促销策略研究[J].中国管理科学,2016.24(10):86-94.

[121]CHIANG W K.Product availability in competitive and cooperative dual-channel distribution with stock-out based substitution[J].European Journal of Operational Research,2010,200(1):111-126.

[122]Xiao S,SETHI S P,LIU M Q,et al.Coordinating contracts for a financially constrained supply chain[J].Omega,2017,72(1):71-86.

[123]张小娟,王勇.零售商资金约束的双渠道供应链决策[J].控制与决策,2014,29(2):299-306.

[124]郭金森,周永务,任鸣鸣,等.双边资金约束下基于公平偏好制造商的双渠道供应链融资策略[J].系统管理学报,2021,30(5):892-904.

[125]杨浩雄,段炜钰.面向制造商资金约束的绿色供应链融资策略研究[J].运筹与管理,2019,28(8):126-133.

[126]JING B,SEIDMANN A.Finance sourcing in a supply chain[J].Decision Support Systems,2014,58(2):15-20.

[127]CHEN X F.A model of trade credit in a capital-constrained distribution

channel[J].International Journal of Production Economics,2015,159(1):347-357.

[128] 郭金森,周永务,钟远光.基于资金约束零售商的双渠道制造商贸易信贷与提前订货折扣契约选择策略研究[J].系统工程理论与实践,2017,37(5):1254-1264.

[129] 占济舟,张福利,赵佳宝.供应链应收账款融资和商业信用联合决策研究[J].系统工程学报,2014,29(3):384-393,432.

[130] TANG C S,YANG S A,Wu J.Sourcing from suppliers with financial constraints and performance risk[J].Manufacturing and Service Operations Management,2018,20(1):70-84.

[131] DENG S M,GU C C,CAI G S,et al.Financing multiple heterogeneous suppliers in assembly systems:buyer finance vs.bank finance[J].Manufacturing & Service Operations Management,2018,20(1):53-69.

[132] WANG Y J,CHEN W D,Liu B Y.Manufacturing/remanufacturing decisions for a capital constrained manufacturer considering carbon emission cap and trade[J].Journal of Cleaner Production,2017,140(3):1118-1128.

[133] CONG J,PANG T,PENG H J.Optimal strategies for capital constrained low-carbon supply chains under yield uncertainty[J].Journal of Cleaner Production,2022,256(5):1-13.

[134] QIN J J,ZHAO Y H,XIA L.Carbon emission reduction with capital constraint under greening financing and cost sharing contract[J].International Journal of Environmental Research and Public Health,2018,15(4):1-32.

[135] 黄瑞芬,孙俊凤,王君.碳限额与交易机制下受资金约束的供应链优化[J].运筹与管理,2020,29(6):82-89.

[136] 周永务,张雄,李璐.制造商资金约束的双渠道供应链定价与融资决策[J].系统工程学报,2020,35(5):670-688.

[137] 赵琳,张克勇,高寅.制造商资金约束的双渠道供应链融资策略[J].运筹与管理,2023,32(6):172-178.

[138] 肖肖,骆建文.面向资金约束制造商的双渠道供应链融资策略[J].系统管理学报,2016,25(1):121-128,138.

[139] 梁喜,张余婷.基于消费者偏好的低碳双渠道供应链定价与减排策略[J].运筹与管理,2020,29(12):107-117.

[140] 王文隆,王福乐,张涑贤.考虑低碳努力的双渠道供应链协调契约研究[J].管理评论,2021,33(4):315-326.

[141] GHOSH D, SHAH J. A comparative analysis of greening policies across supply chain structures[J]. International Journal of Production Economics, 2012, 135(2): 568-583.

[142] LEE C F, LIN S J, LEWIS C, et al. Effects of carbon taxes on different industries by fuzzy goal programming: A case study of the petrochemical-related industries, Taiwan[J]. Energy Policy, 2007, 35(8): 4051-4058.

[143] 付丽苹, 刘爱东. 征收碳税对高碳企业转型的激励模型[J]. 系统工程, 2012, 30(7): 94-98.

[144] BAKER E, SHITTU E. Profit-maximizing R&D in response to a random carbon tax[J]. Resource and Energy Economics, 2006, 28(2): 160-180.

[145] SUBRAMANIAN R, GUPTA S, TALBOT B. Compliance strategies under permits for emission[J]. Productions and Operation Management, 2007, 16(6): 763-779.

[146] 胡东滨, 肖晨曦. 基于产量碳配额分配对竞争性闭环供应链定价及回收影响研究[J]. 工业技术经济, 2016, 35(9): 52-59.

[147] FAREEDUDDIN M, HASSAN A, SYED M N, et. al. The impact of carbon policies on closed-loop supply chain network design[J]. Procedia CIRP, 2015, 26(1): 335-340.

[148] 焦建玲, 汪耘欣, 李兰兰. 碳税政策对考虑消费者偏好的闭环供应链影响[J]. 软科学, 2016, 30(2): 107-111.

[149] 邢光军, 李培君. 碳减排情形下的闭环供应链差别定价模型研究[J]. 软科学, 2017, 31(9): 138-144.

[150] 王道平, 张博卿, 王路. 考虑随机回收量的闭环供应链碳减排与定价策略研究[J]. 软科学, 2017, 31(8): 86-90.

[151] 张杰芳, 曹细玉. 碳限额政策下闭环供应链的生产决策及协调研究[J]. 软科学, 2018, 32(2): 44-49.

[152] FERRER G, SWAMINATHAN J M. Managing new and differentiated remanufactured products[J]. European Journal of Operational Research, 2010, 203(2): 370-379.

[153] FERGUSON M E, TOKTAY L B. The effect of competition on recovery strategies[J]. Production & Operations Management, 2006, 15(15): 351-368.

[154] 杨仕辉, 王平. 基于碳配额政策的两级低碳供应链博弈与优化[J]. 控制与决策, 2016, 31(5): 924-928.

[155] 何华,马常松,吴忠和.碳限额与交易政策下考虑绿色技术投入的定价策略研究[J].中国管理科学,2016,24(5):74-84.

[156] 王春阳,杨斌,朱小林.基于低碳理念的多目标闭环供应链网络设计[J].工业工程,2016,19(3):37-44.

[157] 高举红,王瑞,王海燕.碳补贴政策下闭环供应链网络优化[J].计算机集成制造系统,2015,21(11):3033-3040.

[158] YANG J H,GUO J D,MA S G.Low-carbon city logistics distribution network design with resource deployment[J].Journal of Cleaner Production,2016(15):223-228.

[159] 聂佳佳,王拓,赵映雪,等.碳排放约束下再制造闭环供应链回收策略[J].管理工程学报,2015,29(3):249-256.